시와 술과 차가 있는
중국 인문 기행
4

시와 술과 차가 있는

중국 인문 기행
中 國 人 文 紀 行

4

송
재
소
지
음

창비

이번 중국 인문 기행의 무대는 사천성(四川省)이다. 사천성은 풍부한 문화 유적과 수려한 자연 풍광을 갖추고 있어 나는 감히 사천성을 '중국 답사 일번지'라 부르고 싶다. 그만큼 매력적인 곳이다. 돌이켜보면 이 매력에 이끌려 나는 다섯 차례나 사천성을 여행했다.

첫 번째는 1992년 제남(濟南)의 산동대학에서 열린 제2회 '동방실학 연토회(東方實學硏討會)'에 참석한 후 일행들과 함께 여행한 것인데 그때는 성도(成都)만 둘러보았다. 그러니 사천성을 옳게 보았다고 할 수 없다. 두 번째는 1993년 내가 북경사범대학 연구교수로 있을 때 개인적으로 간 여행인데 그 전해에 성도만 여행한 것이 아쉬워 다시 찾은 것이다. 그 때에는 꽤 많은 곳을 돌아다녔다. 세 번째는 2010년 동호회인 금란회(金蘭會) 회원들과 함께 갔었다.

네 번째는 2014년, 성균관대학교 교수들과 한문학과 졸업생들이 주축

이 되어 함께 갔는데 이때는 범위를 넓혀서 그동안 가보지 못한 여러 곳을 답사했다. 세 번째 여행까지는 기행문을 남기려는 생각이 없이 그냥 구경하고 먹고 마시는 그런 여행이었다. 네 번째 여행부터는 틈나는 대로 메모를 해서 언젠가는 기록으로 남겨야겠다고 생각했다. 그러나 밤마다 술판이 벌어져 그날 있었던 일을 꼼꼼히 메모할 겨를이 없었다. 그래서 여행하면서 간단히 메모한 것을 후일 들여다보면 무슨 말인지 모를 경우가 많았다. 다섯 번째는 2018년 다산연구소에서 주관한 제7회 중국 인문 기행이었다. 그때는 나까지 포함해서 31명이나 참가해서 대규모 여행단이 되었다.

2018년 5월 27일부터 6월 2일까지 다섯 번째 사천성 여행을 마치고 돌아온 그다음 해(2019년) 5월에 섬서성(陝西省)을 다녀왔는데 이것이 마지막 중국 여행이었다. 그해 연말에 유행한 코로나19 때문에 지금까지 근 4년간 중국을 갈 수 없었던 것이다. 그래서 이번 『중국 인문 기행』 제4권 사천성 편은 2018년 여행의 동선에 따라 글을 작성했다. 2018년의 여행이 내가 가장 최근에 다녀온 사천성 여행이었기 때문이다.

이번에도 각 유적지 건물에 있는 편액과 대련을 가능한 한 많이 소개하려고 노력했지만 편액과 대련이 워낙 많고 또 내가 해독할 수 없는 것들도 있어 모두 다 소개하지는 못했다. 가슴 한구석에 진한 아쉬움이 남아 있다.

사천성은 중국의 명주가 가장 많이 생산되는 곳이다. 사천성에서 생산되는 수많은 술 중에서 이른바 '육타금화(六朶金花, 여섯 송이 금화)'라고

하는 백주가 사천성을 대표하는 술인데 타패주(沱牌酒), 오량액(五糧液), 노주노교특국(瀘州老窖特麴), 검남춘(劍南春), 전흥대국(全興大麴), 낭주(郎酒)가 그것이다. 이 책에서는 '육타금화' 중 검남춘을 제외한 5종과 문군주(文君酒)를 소개했다. 검남춘은 『중국 인문 기행』 제3권에서 이미 소개했다. 여기 소개하는 술들은 모두 중국 최상급의 술이다.

이번 책에서 중국의 차는 보이차(普洱茶)만을 다루었다. 보이차에 대해서는 워낙 재야(在野)의 고수(高手)들이 많기 때문에 어설프게 내가 소개하기보다 고수들에게 맡기는 것이 좋을 듯싶어 김남훈 씨에게 부탁했다. 일독을 권한다. 보이차는 앞으로도 기회를 보아 좀더 소개하려고 한다.

이번에도 정편집실의 유용민 대표에게 신세를 많이 졌다. 유 대표는 이 책의 전반적인 체제를 잡아주고 필요한 사진을 구해왔을 뿐만 아니라 내용 면에서도 내가 놓친 부분까지 적절히 보충해주는 수고를 아끼지 않았다. 지면을 빌려 고마운 마음을 보낸다. 그리고 인문출판부의 박주용 팀장을 비롯한 창비의 여러 친구들에게도 감사의 뜻을 전한다.

2023년 11월 지산시실(止山詩室)에서
송재소

일러두기

1. 중국의 지명은 한자를 우리말로 읽어주는 것을 원칙으로 하되, 주요 지명에만 처음 나올 때 괄호 안에 중국어 표기를 병기했다. 예, 사천성(四川省, 쓰촨성), 성도(成都, 청두).

2. 중국의 인명은 한자를 우리말로 읽어주는 것을 원칙으로 하되, 현대 인명에만 처음 나올 때 괄호 안에 중국어 표기를 병기했다. 예, 곽말약(郭沫若, 궈모뤄), 장대천(張大千, 장다첸).

四川省 ——

사천성

사천성 지도

아파장족강족자치주

광원시

파중시

달주시

사천성 면양시

남충시

덕양시

도강언●
청성산▲
●삼성퇴

엄화지 공원●
유씨장원●
문군정●

성도시

수령시

광안시

자양시

양산이족자치주

아안시

삼소사●
미산시

내강시

아미산▲
곽말약고거●

●낙산대불

자공시

감자장족자치주

낙산시

의빈시

노주시

반지화시

성도 시내

●보광사

●망총사

●대웅묘 번육연구기지

영릉● ●문수원
두보초당● ●청양궁
●무후사
●망강루 공원

중국 기행의 일번지
사천성

사천성(四川省, 쓰촨성)은 중국 서남부의 내륙 지방으로, 상주인구는 2022년 말 기준으로 8,374만 명에 달하는 중국에서 두 번째로 큰 성(省)이다. 1997년에 중경(重慶, 충칭)이 직할시로 분리되기 전에는 인구가 1억 명이 훨씬 넘었다.

사천(四川)이라는 지명의 유래에 관해서는 여러 가지 견해가 있다. 한때는 사천성 경내의 4개의 강, 즉 민강(岷江), 타강(沱江), 가릉강(嘉陵江), 대도하(大渡河)에서 유래되었다는 견해가 있었으나 이것은 사실이 아니다. 송나라 때 동부의 사천 분지 일대를 익주로(益州路), 재주로(梓州路), 이주로(利州路), 기주로(夔州路)로 분할하고 이를 '천협사로(川峽四路)'라 부른 데에서 유래되었다는 것이 정설이다. '천협사로'를 줄여서 '사천'으로 부른 것이다.

사천성은 "천하의 산수가 촉(蜀)에 모여 있다"는 말 그대로 산수가 수려하기로 유명하다. 대표적으로 아미산(峨眉山)은 천하에서 가장 빼어났고(秀), 청성산(青城山)은 천하에서 가장 그윽하고(幽), 검문(劍門)은 천하에서 가장 험하고(險), 구채구(九寨溝)는 천하에서 가장 기이하다(奇)고 일컬어진다. 산수의 빼어남과 그윽함과 험함과 기이함이 사천성에 모여 있다는 말이다. 그래서 볼거리가 많다. 이중에서 구채구는 황룡(黃龍), 대웅묘 서식지(大熊猫棲息地)와 더불어 유네스코 세계자연유산에 등재되었고, 청성산(青城山)-도강언(都江堰)이 세계문화유산으로 등록되었으며, 아미산(峨眉山)-낙산대불(樂山大佛)이 세계문화유산 및 세계자연유산으로 등재되어 있다. 그뿐만 아니라 사천성은 중국 국가급 풍경 명승구도 15곳이나 보유하고 있다.

사천성의 서부는 험준한 산악으로 이루어진 고원 지대이고 동부는 비옥한 사천 분지인데 주민들의 주 활동 지역은 사천성 면적의 46퍼센트를 차지하는 사천 분지이다. 이곳의 암석은 붉은 사암(砂巖)으로 쉽게 풍화되어 자색토(紫色土)를 형성했기 때문에 토지가 비옥하다. 이 사천 분지는 기원전 256년경에 이빙(李氷) 부자가 관개시설인 도강언을 건설한 이래 수재(水災)와 한재(旱災)를 극복하고 물산이 풍부한 곡창 지대가 되었다. 그래서 이곳을 '천부지국(天府之國)'이라 불렀다. '천부(天府)'는 '하늘의 곳간'이란 뜻이다.

사천성은 삼국 정립 시대 촉한(蜀漢)의 근거지이기도 하다. 그래서 이곳에 유비(劉備)의 무덤과 사당, 제갈량(諸葛亮)의 사당이 있다. 또 이곳은 역사적으로 유명한 인물을 많이 배출했다. 한(漢)나라의 사마상여(司馬相如)와 양웅(揚雄), 당나라의 진자앙(陳子昻)·이백(李白)·설도(薛濤), 송나라의 소순(蘇洵)·소식(蘇軾)·소철(蘇轍) 삼부자 등이 사천성 출신이다. 이곳 출신은 아니지만 두보(杜甫)가 만년을 이곳에서 보냈고, 송나라의 황정견(黃庭堅)과 육유(陸游)도 사천성과 깊은 인연을 맺었다.

중국 혁명의 원로인 주덕(朱德, 주더), 양상곤(楊尙昆, 양상쿤), 진의(陳毅, 천이)가 사천성 출신이고 등소평(鄧小平, 덩샤오핑)과 이붕(李鵬, 리펑)도 이곳 출신이다. 이밖에 역사학자 곽말약(郭沫若, 궈모뤄), 화가 장대천(張大千, 장다첸), 소설가 파금(巴金, 바진) 등이 여기서 태어났다.

사천성은 음식 문화가 발달해서 이곳의 요리 '천채(川菜)'는 중국 4대 요리의 하나이다. 또 이곳의 토질, 기후, 물, 원료가 좋은 술을 빚는 데 적합하여 사천성은 중국 명주를 가장 많이 보유하고 있는 성이기도 하다. 사천성은 이렇게 자연경관과 인문적 요소를 두루 갖추고 있어 중국 여행의 최적지로 꼽힌다.

2018년 10월 26일 오전 8시 40분에 인천공항을 이륙한 비행기가 저녁 11시 27분(현지 시간)에 사천성 성도(成都, 청두)의 쌍류기장(雙流機場, 쌍류공항)에 도착했다. 입국 수속을 마치고 호텔로 가서 씻고 나니 새벽 2시가 되었다. 호텔은 5성급 켐핀스키(Kempinski, 凱賓斯基).

수천 년의
잠에서 깬
삼성퇴 유물

중국술 1 노주노교특곡, 국교1573

고대 촉국의 수도 삼성퇴

기행 첫째 날, 아침 9시에 호텔을 나온 우리는 성도(成都, 청두)에서 북동쪽으로 약 30킬로미터 떨어진 광한시(廣漢市, 광한시) 교외에 위치한 삼성퇴박물관(三星堆博物館, 싼싱두이박물관)으로 향했다. 중국을 여행할 때면 통상 아침 8시에 호텔을 출발했는데 전날 밤 늦게 도착했기 때문에 아침 출발 시간을 1시간 늦추었다. 가는 도중 마라톤 경기가 있어 일부 도로가 차단되었다. 이럴 경우 중국에서는 한없이 기다리는 수밖에 없는데 버스 기사가 우회로를 찾아서 예정 시간에 큰 차질 없이 10시 5분쯤 삼성퇴박물관에 도착했다.

'삼성퇴'는 사천성 광한시 서북쪽의 마목하(馬牧河) 남안(南岸)에 있는 지명이다. 여기서 세계를 놀라게 한 고대 청동기 유물들이 대량 발굴되었다. 발굴 경위는 이렇다. 1929년에 당지 농민 연도성(燕道誠)의 아들 연청보(燕青保) 삼형제가 물웅덩이를 파다가 우연히 옥기(玉器)들을 발견했다. 그는 이를 보물로 여겨 집에 숨겨두었는데 결국은 세상에 알려지지 않을 수 없는 법이다. 1931년 이 사실이 고고학에 관심이 많은 사천성의 영국인 선교사 도니손(V. H. Donnithorne)에게 알려지고 그가 당시 성도의 화서대학(華西大學, 화시대학) 박물관장으로 있던 그레이엄(D. C. Graham)에게 알렸다. 이에 1934년 그레이엄과 화서대학박물관 부관장 임명균(林名鈞)은 이 사실을 일본에 있는 사천성 출신의 고고학자 곽말약(郭沫若)에게 보고하여 유물의 중요성을 확인하고 발굴에 착수했다.

이후 발굴이 침체상태에 빠졌다가 1950년대에 재개되고 1963년 삼성퇴 유물의 중요성이 부각되었지만 더 본격적인 발굴은 1980년대 이후에 이루어졌다. 드디어 1986년 1, 2호 제사갱(祭祀坑)이 발굴되면서 학계의 비상한 주목을 받았다. 1호 갱에서는 178건의 청동제품, 4건의 황금제품, 129건의 옥기 등 567건의 유물이 발굴되었고, 2호 갱에서는 736건의 청동제품, 61건의 황금제품, 486건의 옥기와 함께 4,600매의 조개도 발굴되어 모두 6,095개의 유물이 발굴되었다.

1, 2호 갱의 유물들을 분석한 결과 이들은 지금으로부터 3000년에서 4500년 전의 것으로 추정되었다. 이로써 삼성퇴 유지(遺址)가 고촉국(古蜀國)의 수도로 당시의 중심 취락지였을 것으로 추정되었다. 여기서 고촉국은 기원전 1600년경의 상(商)나라 때부터 기원전 316년 진(秦)나라에 의해 멸망하기까지 약 1300년간 존속한 5개의 고대 왕국을 말한다. 삼국시대 촉(蜀, 221~263)과 구분하기 위해 '고촉(古蜀)'이라 부른다. 이

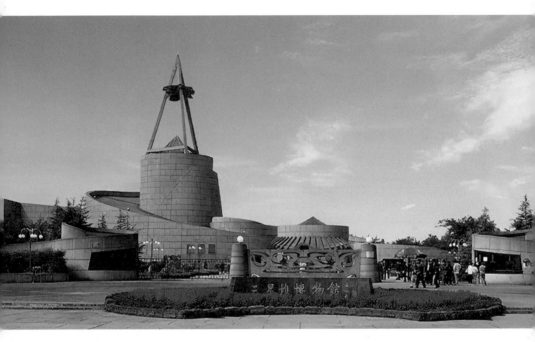

삼성퇴박물관　고촉국(古蜀國)의 수도였던 삼성퇴 유지 동북쪽에 건립된 박물관으로 삼성퇴에서 출토된 고대 청동기 유물을 보존 전시하고 있다.

고대 왕국의 건립자는 잠총(蠶叢), 백관(柏灌), 어부(魚鳧), 두우(杜宇), 개명씨(開明氏)이다. 또한 이곳의 발굴품 중 '통천신수(通天神樹)' '청동태양형기(靑銅太陽形器)' '금장(金杖)' 등 과거 은(殷)나라, 주(周)나라 시기의 청동기 문물에서 볼 수 없었던 기물들이 발굴되어 파촉(巴蜀, 지금의 사천성 일대) 지역 청동기 시대 연구에 귀중한 자료를 제공하고 있다. 이 발굴을 계기로 장강(長江) 유역도 황하 유역과 마찬가지로 중화민족의 발상지로 보아야 한다는 학설도 제기되었다.

2019년에 사천성문물고고연구원(四川省文物考古研究院)에서 '삼성퇴 유지 고고 공작 3년 행동계획'을 수립하고 발굴을 계속한 결과 2019년과 2020년 2년에 걸쳐 6개의 제사갱을 더 발굴하여 발굴품을 분석, 연구 중이다. 이와 같이 삼성퇴 유지는 지금도 계속 발굴 중인데 현재까지 발굴된 것은 전체 유지의 약 2퍼센트 정도라고 하니 앞으로 얼마나 더 놀라운 유물이 발굴될지 모를 일이다.

삼성퇴박물관은 1997년 10월에 정식 개방되었는데 여기에는 1, 2호 갱에서 출토된 유물을 전시하고 있다. 그후 6개의 추가 제사갱(3~8호)에서 발굴된 기물들을 전시하기 위하여 삼성퇴박물관 신관 건립을 추진해왔는데, 이 책의 집필을 끝내고 편집에 들어갔을 때인 2023년 7월 26일 신관이 개관되었다는 사실을 알았다. 우리가 다녀온 박물관은 제1관(종합관)과 제2관(청동기관)으로 구성되어 있다. 이것은 그만큼 청동기 유물의 비중이 크다는 방증이다.

찬란한 고촉 문화

제1관인 종합관의 주제는 '삼성반월(三星伴月)―찬란한 고촉 문화(古蜀文化)'이다. '삼성반월'은 '세 개의 별이 달을 짝하다'는 뜻인데 원래는 천문 관측상의 용어로 화성, 목성, 토성이 달과 함께 나란히 나타나 육안으로 볼 수 있는 현상을 말한다. 삼성퇴 유지에 삼성반월이란 명칭을 붙인 사유는 이렇다. 광한시 서북쪽에서 광한시를 거쳐 타강(沱江)으로 흘러 들어가는 마목하(馬牧河) 남안(南岸)에 세 개의 둥근 언덕 모양의 흙더

삼성퇴박물관 청동기관의 제1전청 청동으로 만든 기이한 가면인 청동면구를 전시한다.

미가 있는데 마치 별처럼 생겼다고 해서 이를 삼성퇴라 불렀다. 한편 마목하 북안(北岸)에 있는 높은 대지가 초승달처럼 생겼다고 해서 사람들은 이를 월량만(月亮灣)이라 불렀다. '月亮'은 '달'이다. 그래서 후세 사람들이 삼성퇴와 월량만을 합해서 '삼성반월'이라 칭한 것이다.

종합관은 주제로 내건 '고촉 문화'를 동기(銅器), 옥기(玉器), 석기(石器), 도기(陶器), 황금기(黃金器) 등을 통하여 보여주고 있는데 모두 6단원으로 구성되어 있다.

• 제1단원, 웅거서남(雄踞西南, 서남쪽에 웅거하다): 중국 대륙 서남쪽에

위치하여 신석기 시대 말기부터 상말주초(商末周初) 시기까지 존속한 고촉(古蜀)의 역사를 보여준다.

• 제2단원, 물화천부(物華天府, 산물이 풍부한 하늘의 곳간): 삼성퇴의 농업과 상업에 관련한 기물을 전시하고 있다. 출토된 주기(酒器), 가축상(家畜像), 그리고 화폐로 사용되었을 조개껍질 등으로 보아 농업과 상업의 발달 정도를 짐작할 수 있다.

• 제3단원, 화토성기(化土成器, 흙을 변화시켜 기물을 만들다): 인물, 동물의 형상을 한 각종 도기들을 전시하고 있다. 발굴된 기와로 당시의 건축 형태와 규모를 알 수 있고, 새 모양의 손잡이가 달린 국자 등은 고대 촉인(蜀人)들의 '새 숭배' 토템을 보여준다.

• 제4단원, 이옥통신(以玉通神, 옥으로 신과 통하다): 삼성퇴에서 출토된 옥기(玉器)를 전시하고 있는데 이중에는 국보급에 해당하는 옥장(玉璋)도 포함되어 있다.

• 제5단원, 열화용금(烈火熔金, 사나운 불로 쇠를 녹이다): 각종 청동예기(靑銅 禮器)의 전시를 통해서 당시의 야금(冶金), 야련(冶鍊) 기술을 엿볼 수 있다. 역시 국보급 기물인 금장(金杖)이 여기에 전시되고 있다.

• 제6단원, 통천신수(通天神樹, 하늘에 통하는 신의 나무): 이 신수(神樹)는 삼성퇴에서 발굴된 최고의 유물로 평가된다.

제2관인 청동기관은 서청(序廳)과 6개 전청(展廳)으로 구성되었다. 서청에는 거대한 인수조신상(人首鳥身像, 사람 머리에 새의 몸)이 세워져 있다.

황금가면을 쓴 청동인두상(戴金面罩靑銅人頭像)
청동 두상에 금박을 한 마스크가 붙여져 있다.
1986년 2호 제사갱에서 출토된 것이다.

• 제1전청: 표제는 '동주환면 기재혼령(銅鑄幻面 寄載魂靈, 청동으로 만든 환상적인 얼굴에 영혼을 싣다)—기비면구(奇秘面具, 기이하고 비밀스러운 가면)'를 전시하고 있다. 여기에는 여러 가면 중에서도 청동면구(靑銅面具)만 전시하고 있는데 삼성퇴 출토 문물 중에서 가장 특이한 종목면구(縱目面具, 눈알이 돌출된 가면)를 비롯해서 대관종목면구(戴冠縱目面具), 특대형면구, 수면구(獸面具, 짐승 모양의 가면) 등이 전시되고 있다.

• 제2전청: 표제는 '혁혁제신 삼삼군무(赫赫諸神 森森群巫, 빛나는 여러 신과 빽빽한 무사巫師들)—신무군상(神巫群像, 신과 무사들의 모습)'이며 여기에는 여러 청동 인물상이 전시되고 있다.

• 제3전청: 표제는 '황천후토 인신공무(皇天后土 人神共舞, 하늘의 신과 땅의 신, 사람과 신이 함께 춤추다)—제사대전(祭祀大典)'이며 여기에는 제사 지내는 장면을 보여주는 신단(神壇)을 전시하고 있다.

• 제4전청: 표제는 '촉립범간 구통천지(矗立凡間 溝通天地, 속세에 우뚝 서서 하늘·땅과 소통하다)—군무지장(群巫之長, 뭇 무사巫師들의 우두머리)'이며 여기에 유명한 청동입인상(靑銅立人像)이 전시되고 있다. 청동기관은 나

선형 계단으로 연결된 3층의 구조로 되어 있는데 제4전청까지가 1층에 해당한다.

• 제5전청: 표제는 '천재촉혼 기절적 종묘신기(千載蜀魂 奇絶的宗廟神器, 천년의 촉나라 혼, 기이하기 짝이 없는 종묘의 기물)'이며 여기에는 10여 개의 종묘 제기들이 전시되어 있다. 여기가 2층에 해당한다.

• 제6전청: 나선형 계단의 마지막 3층으로 이곳의 표제는 '심로역정 삼성퇴 고고록(心路歷程三星堆考古錄)'이며 여기는 삼성퇴 유물의 발굴 과정을 사진과 도표 등으로 보여주고 있다.

이상이 우리가 보고 온 종합관과 청동기관의 대체적인 전시 내용인데, 2021년 10월 9일부터 청동기관의 기본 진열이 개편된다고 했다. 중국에서는 이런 일이 자주 일어난다. 유적지로 들어가는 진입로가 바뀌기도 하고 건물이 신축되고 진열품들의 위치가 바뀌기도 하는 경우가 허다하다. 그래서 같은 곳을 다음에 들르면 매우 낯선 느낌이 들 때가 많다. 이하에서는 박물관의 대표적인 유물 몇 가지를 소개한다.

나무 모양의 '청동신수'

청동신수(靑銅神樹)는 2호 제사갱에서 출토된 청동으로 만든 나무 형상으로 높이는 384센티미터, 받침대를 포함한 전체 높이는 396센티미터이다. 제사갱에서 출토된 유물들은 대부분 불에 탔거나 파손되어 있었는데 이 청동신수도 파손된 것을 3년에 걸쳐 복원한 것이다. 이것과 같이 출토된 나무 형상의 청동신수는 모두 8개인데 나머지 7개는 심하게 파손되어 복원이 불가능하다. 이 신수는 지금까지 중국에서 출토된 청동기 중에서 가장 큰 것이고 삼성퇴박물관 최고의 유물이다.

받침대는 산을 표현한 것이고 이 산 위에 신수(神樹), 즉 '신의 나무'가 서 있다. 나무줄기는 세 부분으로 이루어져 있고 각 부분마다 3개의 가지가 달려 있으며 가지 끝에는 새가 1마리씩 모두 9마리가 앉아 있다. 나무 꼭대기는 파손되어 복원이 불가능한데 아마 여기에도 새가 앉아 있었을 것으로 추정된다. 모두 10마리의 새가 있는 셈이다.

이 신수는 무엇을 상징하는 것일까? 여러 가지 추측이 가능하지만 중국 고대신화에 나오는 부상(扶桑) 나무를 나타낸다는 설이 유력하다. 신화의 내용을 간추리면 이렇다. 옛날 하늘에는 10개의 태양이 있었는데 이들은 천신(天神) 제준(帝俊)과 태양의 여신 희화(羲和)의 아들이다. 어머니 희화는 동쪽의 양곡(暘谷)에서 이들을 목욕시키고 부상 나무에 앉아 있게 하고는 열흘에 1마리씩 수레에 태워 서쪽의 약목(若木) 나무로 옮겼다. 이것이 동쪽에서 해가 떠서 서쪽으로 지는 과정이다.

신수에 앉아 있는 10마리의 새는 이 10개의 태양을 상징한다. 삼족오(三足烏, 세 발 달린 까마귀)가 태양의 정령이듯이 중국 고대신화에서 태양은 모두 새로 표현된다. 그러므로 이 신수는 고대 촉인(蜀人)들의 태양 숭배의 흔적이라 볼 수 있다. 말하자면 10개의 태양을 간직하고 있는 신수는 생명의 나무다. 태양은 모든 생명의 원천이기 때문이다.

신화에는 동쪽의 부상, 서쪽의 약목과 더불어 중간에 건목(建木)이라

청동신수 청동으로 만든 나무 형상으로 삼성퇴박물관 최고의 유물로 꼽힌다.
산 위에 신수(신의 나무)가 서 있고 가지 끝에는 새가 1마리씩 앉아 있다.

는 나무가 등장한다. 이 나무는 하늘과 땅의 중간에 있어서, 신과 인간들이 이 나무를 통하여 하늘과 땅을 오르내린다. 곧 신과 인간을 매개하는 상징물이다. 청동신수는 부상과 약목과 건목의 복합적 산물이다.

청동신수는 합리적인 조형과 가지와 새의 적절한 배치를 통해서 전체적인 통일감을 주는 걸작임과 동시에 청동의 용접, 제련 등 공예 기술에 있어서도 뛰어난 작품으로 평가된다.

사람 모양의 '청동입인상'

청동입인상(青銅立人像)은 2호 제사갱에서 발굴된 높이 180센티미터의 서 있는 청동 인물상으로 받침대까지 합한 전체 높이는 262센티미터이며 무게는 180킬로그램이다. 사람 모양의 청동상으로는 세계 역사상 가장 오래되고 가장 크고 가장 기묘한 동상이다. 두 눈은 돌출되었고 두 귀는 바람을 부르는 듯하고 코는 높으며 입술은 가늘고 길다. 머리에는 10센티미터 높이의 화관(花冠)을 쓰고 있고 옷은 3겹인데 연미복(燕尾服)형이다. 겉옷에는 복잡하고 정교하고 아름다운 무늬가 새겨져 있는데 용 무늬를 비롯해 새 무늬, 곤충 무늬 등이 화려하게 음각되어 있다.

이 동상의 가장 큰 특징은 몸매가 지극히 가냘프고 두 손이 극도로 과장되어 있다는 점이다. 손을 왜 그렇게 크게 만들었을까? 또 두 손에는 무엇을 들고 있는 듯한데 그것은 무엇일까? 여기에 대하여 학자들마다 다양한 견해를 내놓고 있다. 들고 있는 물건이 상아일 것이란 견해도 있

청동입인상 높이 180센티미터의 인물상으로 지극히 가냘픈 몸매와 극도로 과장된 두 손이 참
으로 기묘하다. 사람 모양의 청동상으로는 세계에서 가장 오래되고 큰 것이라고 한다.

고, 권력을 상징하는 지팡이일 것이란 견해도 있다. 또 한편으로는 제사용 예기(禮器)인 옥종(玉琮)일 것이라 추측하기도 하고, 원래 아무것도 들지 않았으며 두 손의 모양은 일종의 주술적 동작일 것이라 추측하기도 한다.

입인(立人), 즉 서 있는 사람의 신분에 대해서도 태양신의 형상이란 학설, 제사 때 설치하는 우상(偶像)이란 학설, 왕이란 학설, 무사(巫師)란 학설 등 다양한 견해가 있으나, 왕과 무사를 결합한 인물일 것이란 견해가 우세하다. 즉 왕권과 신권(神權)을 결합한 강력한 최고권력을 상징하는 것으로 보았다.

눈알이 돌출된 가면 '종목면구'

면구(面具)는 일종의 가면이다. 제2호 제사갱에서는 20여 건의 면구가 출토되었는데 그중에서 3건의 종목면구(縱目面具)가 특히 눈길을 끈다. '종목(縱目)'은 돌출된 안구(眼球)를 말한다. 그러므로 '종목면구'는 안구가 돌출된 가면을 가리킨다. 3건의 종목면구 중에서 가장 기이한 것은 높이가 66센티미터, 가로 길이가 138센티미터나 되는 청동종목면구로 원기둥 모양으로 돌출된 안구의 길이가 16센티미터나 된다. 높은 코는 끝이 구부러졌고 70센티미터나 되는 두 귀는 양옆으로 넓게 펼쳐져 있으며 3개의 선으로 표현된 입술은 귀까지 찢어져 신비로운 미소를 짓고 있는 형상이다. 이렇게 기이한 형태를 지녔음에도 각 부분이 전체적

청동종목면구(위) 눈알이 비정상적으로 돌출된 청동 가면으로, 원기둥 모양으로 돌출된 안구의 길이가 16센티미터나 된다.

대관종목면구(아래) '관을 쓴 종목면구'란 뜻인데 용처럼 생긴 한 발 달린 짐승 모양의 장식물을 관으로 본 것이다.

으로 조화를 이루어 예술적으로 돋보인다.

또 하나는 대관종목면구(戴冠縱目面具)로 높이가 82.5센티미터, 가로 길이가 77.4센티미터, 돌출된 안구의 길이가 10센티미터이다. 이 면구는 코에서 이마 위로 약 70센티미터가 되는 기룡(夔龍, 용처럼 생긴 한 발 달린 짐승) 모양의 장식물이 달려 있어서 이를 관으로 보고, 관을 쓰고 있다는 뜻으로 '대관(戴冠)'이라 이름한 것이다.

나머지 하나는 높이가 80센티미터, 가로 길이가 132센티미터, 무게가 100킬로그램이나 되는 특대형 종목면구이다.

이들 종목면구의 공통된 특징은 눈알이 비정상적으로 돌출되어 있다는 점이다. 여기에 대하여 여러 학설이 나왔다. 이중에서 많은 학자들이 공인하는 것은 이들 가면이 고대 촉인(蜀人)의 조상인 잠총(蠶叢)의 형상이라는 점이다. 고대 촉나라의 왕은 잠총-백관(伯灌)-어부(魚鳧)-두우(杜宇)-개명(開明)으로 이어지는데 잠총은 촉나라의 시조인 셈이다. 그런데『화양국지(華陽國志)』「촉지(蜀志)」에 "촉의 왕에 잠총이 있었는데 그 눈이 종(縱)이다(有蜀侯蠶叢 其目縱)"라는 기록이 있다. 여기 '목종(目縱)'의 '縱'은 '세로'의 뜻이 아니고 '앞으로 나가다' '뛰어오르다'는 뜻, 즉 '돌출하다' '앞으로 튀어나오다'는 뜻이라는 것이 많은 전문가들의 견해이다. 그러므로 종목면구의 돌출한 안구는 그들의 시조로 신격화된 잠총을 극도로 과장된 수법으로 형상화한 것이다. 이렇게 볼 때 종목면구는 원시 시대인들의 동물숭배에서 조상숭배로 이행하는 과도기의 산물이라 할 수 있다. 혹자는 상상력을 극도로 확대해, 잠총이 갑상선 항진증 환자였기 때문에 안구가 돌출되었을 것이라고도 했다. 청동입인상의

청동대면구 높이 80센티미터, 가로 132센티미터, 무게 100킬로그램에 달하는 특대형 청동 가면
이다.

몸매가 극도로 말라서 가냘픈 것도 갑상선 항진증과 관계가 있을 것이
라고 했다.

　이밖에도 돌출된 안구에 대하여 여러 견해가 있는데, 종목면구가 옛
촉인들이 믿었던 천신(天神)인 촉룡(燭龍)의 형상이라는 설이 있다. 촉룡
은 사람의 얼굴에 뱀의 몸을 가졌는데 『산해경(山海經)』의 기록에 의하면
'직목정승(直目正乘)'의 모습이라고 한다. '정승(正乘)'의 뜻은 해독되지
않았지만 '직목(直目)'은 '종목(縱目)'의 뜻이라는 점에서 학자들의 견해
가 대체로 일치한다. 그렇다면 잠총과 마찬가지로 촉룡도 돌출된 안구
를 가졌다는 것이다. 이를 근거로 고대 촉인들은 '안숭배(眼崇拜)' 의식

을 가졌다고 추론하기도 한다.

어떤 학자는 눈, 코, 입, 귀 등 가면의 모습이 일반적인 중국인의 모습이 아닌 점을 들어 다른 대륙에서 유입된 것으로 추정하고, 구체적으로는 이집트문명이나 마야문명과의 교류의 결과일 것이란 학설을 제시했다. 극단적으로는 외계인설까지 나오고 있다. 그만큼 기이한 모습의 가면들이다.

종목면구의 용도에 대해서도 학설이 분분하다. 앞에서 언급한 3건의 종목면구는 크기로 보아 얼굴에 착용하기는 어려웠을 것이다. 그렇다면 그 용도가 무엇이었을까? 전쟁에서 사용하는 방패의 장식이라는 설에서부터 죽은 자의 얼굴 덮개로 사용되었을 것이라는 설에 이르기까지 다양하다. 그중에서도 당시 무술(巫術) 활동의 도구로 사용되었을 것이라는 학설이 유력하다. 가면의 이마나 두 귀 밑에 구멍이 뚫린 것으로 보아 장식용으로 벽에 걸어두었거나 벽에 걸린 가면 자체를 신령한 존재로 여겨 제사의 대상으로 삼았을 가능성이 있다. 또는 구멍에 막대기를 끼워 제사 행렬의 맨 앞에서 들고 갔을 가능성도 있다.

종목면구에 대해서는 앞으로 계속해서 연구가 진행되겠지만 잠정적으로 결론을 내린다면, 다소 과장된 수법으로 사람과 짐승의 형상을 교묘하게 결합하여 위엄 있는 추상적 신령의 우상을 만들었고, 무사(巫師)들이 신에게 제사를 지내거나 악귀를 쫓는 의식을 거행할 때 이 가면을 사용했을 것이다.

금으로 장식된 지팡이 '금장'

금장(金杖)은 1호 제사갱에서 발굴된 것으로 길이가 142센티미터, 직경이 2.3센티미터, 무게가 500그램인 지팡이다. 원래는 나무에 금박을 입힌 것인데 나무는 부식되고 탄화된 찌꺼기만 남아 있었다. 전문가들의 감정 결과 지금으로부터 약 3600년에서 4000년 전의 유물로 추정된다. 이 금장이 세인의 주목을 끈 것은, 복원한 금박에 46센티미터에 달하는 부조(浮彫) 도안이 있었기 때문이다. 도안의 아래쪽에는 3명의 인물상이 있는데 오치고관(五齒高冠, 뿔이 다섯 개인 높은 관)을 쓰고 있으며 삼각형의 귀고리를 달고 웃는 모습이다.

인물상 위에는 물수리로 보이는 새의 등과 물고기의 머리가 화살에 꿰어 있는 도안이 대칭으로 두 벌이 새겨져 있어 모두 4마리의 새와 4마리의 물고기가 있다. 이 새와 물고기의 도안을 두고도 논란이 분분한데 대체로 고대 촉국의 어부왕(魚鳧王)을 상징하는 것으로 해석된다. '魚'와 '鳧'가 각각 물고기와 새를 나타내기 때문이다. 또 바다 깊이 잠수할 수 있는 물고기와 하늘 높이 날 수 있는 새가 화살에 꿰어 있는 형상을 통하여 하늘과 땅과 바다를 지배하는 어부왕의 강력한 권력을 상징한다고 해석하기도 한다. 실제로 어부왕이 사용한 지팡이라 추정하기도 한다. 따라서 이 지팡이는 왕권과 신권(神權)을 상징할 뿐만 아니라 경제권을 상징하기도 한다. 왜냐하면 당시에 동이나 옥보다 금의 가치가 훨씬 더 높았기 때문이다.

그런데 당시 중원에서는 솥, 즉 정(鼎)이 권력의 상징이었는데 삼성퇴

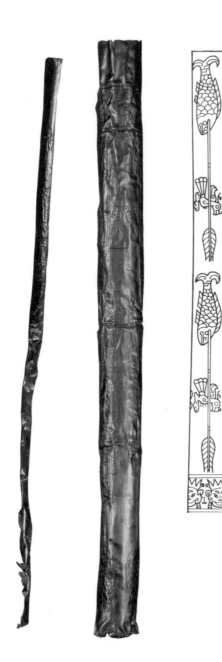

금장 금으로 장식한 나무 지팡이로, 거기에 새겨진 도안이 주목받고 있다.

에서는 정이 출토된 적이 없다. 이곳에서 정이 출토되지 않은 이유는 중원과의 교섭이 없었기 때문일 것이다. 이백(李白)의 유명한 「촉도난(蜀道難, 촉으로 가는 길 험난하네)」에 있는

잠총과 어부가
나라를 연 것이 어찌 그리 아득한가

그로부터 4만 8천 년 동안
진(秦)나라 변방과 사람 왕래 없었네

蠶叢及魚鳧　　開國何茫然
邇來四萬八千歲　不與秦塞通人煙

라는 구절을 보아도 옛 촉 땅과 중원 사이에 상당히 오랫동안 사람의 왕래가 없었다는 사실을 알 수 있다. 그러면 옛 촉국에서 금장(金杖)을 권력의 상징으로 삼은 유래는 어떠한가? 어떤 학자는 촉국이 이집트나 서아시아 문명을 수용한 결과라 해석한다. 이집트나 서아시아에서 지팡이[杖]가 권력의 상징으로 사용된 예를 많이 볼 수 있기 때문이다. 이에 대한 반론도 만만찮다. 고대 중국에도 옥장(玉杖) 등 권력을 상징하는 지팡이가 있었다는 것이다. 삼성퇴에서 출토된 대부분의 유물이 그렇듯이 금장에 대한 논란은 지금도 끝나지 않고 있다. 고고학적 논란은 원래 그런 것이다.

그림이 음각된 제사용 기물 '옥변장'

옥장(玉璋)은 석기시대부터 상(商), 주(周) 시기까지 천지산천(天地山川)에 제사 지낼 때 사용하는 중요한 옥기(玉器)이다. 여기에는 적장(赤璋), 대장(大璋), 중장(中璋), 변장(邊璋), 아장(牙璋)의 다섯 종류가 있는데, 적장은 남방의 신에 제사할 때, 대장은 큰 산천에 제사할 때, 중장은 중간 크기의 산천에 제사할 때, 변장은 작은 산천에 제사할 때, 아장은 부절(符節, 신표로 삼는 물건) 용으로 사용되었다. 이중 대장, 중장, 변장은 천자(임금)가 순수(巡狩, 임금이 나라 안을 두루 살피며 돌아다니는 일)할 때 사용했는데 제사가 끝나면 산에 묻거나 강에 던졌다고 한다.

삼성퇴 1, 2호 제사갱에서 수십 개의 옥장이 발굴되었는데 1986년 2호 갱에서 발굴된 길이 54.5센티미터, 폭 8.8센티미터의 변장이 눈길을 끈다. 이 변장이 주목받는 이유는 그 위에 음각된 정밀한 도안 때문이다. 이 도안은 고대인들이 산에 제사 지내는 장면으로 추정되어 이 변장을 '제산도 옥장(祭山圖玉璋, 산에 제사 지내는 그림이 그려진 옥장)'이라 부른다. 도안은 5폭으로 이루어져 있다. 제일 위쪽의 제1폭에는 세 사람이 서 있는데 머리에 평평한 관을 쓰고 방울 모양의 귀걸이를 하고 두 손을 앞으로 모으고 있는 형상이다. 그 밑의 제2폭에는 두 개의 산이 새겨져 있다. 산 안에 있는 조그마한 원은 태양을 나타내는 것으로 추정된다. 오른쪽 산 옆에 큰 손이 하늘에서 내려와 엄지손가락으로 산허리를 누르는 그림이 있는데 이것은 하늘이 인간의 제사를 받아들여 복을 내려달라고 요청하는 뜻을 담고 있다. 고대인들에게 산은 하늘과 가장 가까운 곳이어서 산에 제사 지내는 것은 하늘과 통하기 위함이다. 제3폭에는 S자형의 무늬가 있고 제4폭에는 제1폭에서처럼 세 사람이 있는데 제1폭과 다른 점은 머리에 산 모양의 높은 관을 쓰고 꿇어앉은 모습이다. 제5폭에도 두 개의 산이 새겨져 있다. 그리고 이런 다섯 폭의 도안이 그 반대편에도 새겨져 있어 대칭을 이루고 있다.

옥변장에 음각된 그림은 아직도 완전히 해독되지 않고 있다. 특히 제1폭의 서 있는 사람과 제4폭의 꿇어앉은 사람은 어떻게 구분되는지, 신과 사람을 나타내는지, 신분이 높은 사람과 노예를 나타내는지, 풀리지 않는 의문이다. 그러나 옥변장에 음각한 조각 기술은 삼성

옥변장 옥으로 만든 제사용 기물이다. 정밀한 도안과 뛰어난 조각 기술을 보여주는 귀중한 문화재로 '외국 전시 금지 문물'로 지정되었다.

퇴에서 발굴된 옥기 중에서 최고의 수준으로 평가되고 있다. 그래서 여러 가지 이유로 이 옥변장은 국가문물국이 '외국 전시 금지 문물'로 지

정했다. 그만큼 귀중한 문화재란 의미이다.

갱의 정체는 무엇인가

이밖에도 신단(神壇), 태양륜(太陽輪), 청동대조두(靑銅大鳥頭), 안형(眼形) 장식물 등 헤아릴 수 없이 많은 진귀한 유물들이 발굴되었고 지금도 발굴되고 있으며 앞으로도 계속 발굴될 것이다. 삼성퇴 유물을 두고 '수천 년 동안 깊은 잠에 빠져 있다가 한 번 깨어나 천하를 놀라게 했다'라 평했는데 앞으로 얼마나 더 많은 유물이 발굴되어 우리를 얼마나 또 놀라게 할지 모를 일이다.

2021년까지 1, 2호 제사갱 근처에서 6개의 제사갱이 더 발굴되어 지금은 모두 8개의 제사갱이 발굴되었다. 1, 2호 갱이 발굴되었을 때 명칭을 '제사갱(祭祀坑)'이라 했지만 그후 이 갱의 정체에 대해서 수많은 논의가 있어왔다. 이들 토갱(土坑)에 사람의 뼈는 없고 동물 뼈만 나온 것으로 보아 고분이 아닌 것은 확실하다. 그렇다면 제사를 지냈던 곳인가? 출토된 유물들은 모두 제사용품이다. 그러나 이 유물들은 인위적으로 파손되었거나 불에 탄 흔적이 뚜렷하다. 여러 학자가 여러 학설을 제기하고 있는 가운데 '망국 보기 매장설(亡國寶器埋葬說)'이 가장 유력하다. 즉 전쟁 등을 통하여 새로 왕위에 오른 자가 전대의 멸망한 나라에서 사용하던 신성한 기물들을 상서롭지 못한 것으로 보고 이를 파손하거나 불태워 매장했을 것이란 학설이다. 그러나 이것도 하나의 가설일 뿐, 확정된 결론은 아니고 앞으로의 연구자들의 몫으로 남아 있다.

    삼성퇴박물관 부근의 식당에서 점심 식사를 했는데 음식 맛이 좋지 않았다. 가이드가 '노주공주(瀘州貢酒)'를 준비해와서 반주로 마셨다. 52도 백주로 맛이 좋았다. 사천성 노주시(瀘州市, 루저우시)는 '주성(酒城, 술의 도시)'으로 불릴 만큼 예부터 술로 유명한 곳이다. 이곳에서 생산되는 대표적인 술이 중국 명주 노주노교특국(瀘州老窖特麴)이다. 우리나라에는 잘 알려져 있지 않지만 모태주(茅台酒) 못지않은 명주이다. '노주공주'라는 술은 처음 마셔보지만 '노주(瀘州)'의 명성을 손상시키지 않는 술이라 하겠다. 내가 이 술이 좋다고 하니까 가이드는 매일 점심과 저녁 식사 때마다 이 술을 내왔다. 한번은 낭주(郎酒)가 나왔는데 노주공주보다 못했다.

노주노교특국 / 국교1573

　　노주노교특국(瀘州老窖特麴)과 국교(國窖)1573은 사천성 동남부의 노주시(瀘州市, 루저우시)에서 생산되는 백주인데 농향형(濃香型)의 대표적인 술이다. 이 술이 생산되는 노주는 '주성(酒城)'이란 별칭을 가진 술의 도시로 이른바 '백주 금삼각(金三角)'의 중심지이다. '백주 금삼각'은 사천성 장강 유역의 의빈시(宜賓市, 이빈시), 노주시, 귀주성 적수하(赤水河) 유역의 인회시(仁懷市, 런화이시)를 세 꼭지점으로 하는 지역을 가리키는데 중국의 유명한 백주가 많이 생산되는 곳이다. 의빈시의 오량액(五糧液), 노주시의 노주노교특국, 인회시의 모태주(茅台酒)를 비롯해서 낭주(郎酒), 동주(董酒), 검남춘(劍南春) 등 중국 백주를 대표하는 술들이 이 지역에서 생산된다.

　　따라서 노주에서 백주를 만든 역사는 멀리 원대(元代)에까지 거슬러 올라가, 1324년에 '누룩의 아버지'라 불리는 곽회옥(郭懷玉)이 이곳에서 감순국(甘醇麴)이란 누룩을 발명하여 대국(大麴)으로 발전시켰고 이를 백주의 당화발효제(糖化醱酵劑)로 사용함으로써 중국 백주를 대국주 시대로 진입시켰다. 이에 곽회옥을 노주노교 전통 양조 기예의 제1대 전승인이라 부른다.

　　1425년에는 노주의 시경장(施敬章)이 백주 제조 과정에서 교지(窖池)에서 발효시키는 기술을 발명했다. '교지'란 진흙으로 만든 발효 구덩이인데 진흙으로 만들기 때문에 '니교(泥窖)'라 부르기도 한다. 교지의 진흙 성분과 공기, 습도에 따라서 무수한 미생물이 번식하여 술의 발효를 돕고 백주 특유의 향기를 만들어낸다. 시경장이 만든 교지에서 농향 백주가 처음 탄생했다. 시경장 이래로 중국

발효 구덩이 '교지(니교)'

백주가 니교에서 향을 만들어내는 니교생향(泥窖生香) 시대로 접어들었기 때문에 그를 노주노교 전통 양조 기예의 제2대 전승인이라 부른다.

제3대 전승인은 서승종(舒承宗)이다. 그는 제1대 곽회옥과 제2대 시경장의 정신을 이어받아 1573년 노주 남쪽에 교지를 건조하고 '서취원(舒聚源)'이란 주방(酒坊)을 열어 백주를 생산했는데 이에 이르러 농향형 백주가 대성(大成) 단계에 접어들었다. (서승종이 건조한 교지는 8개였는데 청나라 초기에 4개가 남아 있었다고 한다.) 서승종이 1573년에 건조한 이 교지군(窖池群)을 현재의 노주노교고분유한공사(瀘州老窖股份有限公司)에서 450여 년 동안 연속적으로 사용하고 있다. 노주노교의 '노교(老窖)'는 '오래된 교지'란 뜻으로 서승종이 1573년에 건조한 교지를 일컫는다. 이 교지군이 '1573 국보 교지군'으로 명명되어 1996년에 전국중점문물보호단위로 지정되었다.

노주노교고분유한공사에서 생산하는 농향형 백주 중에서 가장 유명한 것은 '노주노교특국'이다. '특국(特麴)'은 술을 증류할 때 첫 번째로 받아낸 술로 가장 좋은 술이다. 두 번째 받은 술은 두국(頭麴), 그다음은 이국

노주노교고분유한공사

(二麴)이라 부른다. 노주노교특국은 1952년에 실시한 제1회 전국 평주회 (評酒會)에서 중국 명주로 선정된 이래 1989년 평주회가 없어지기까지 연속 5회에 걸쳐 중국 명주로 선정되었다. 중국 명주로 선정된다는 것은 술로서 최고의 영예인데 5회나 연속 선정되었을 만큼 이 술은 중국 백주를 대표하는 술이다.

한편 이 회사에서는 1996년에 '1573 국보 교지군'이 전국중점문물보호단위로 지정된 것을 계기로 1999년에 '국교1573'이란 백주를 새로 출시했다. 회사에서는 1999년 9월 9일에 1999밀리리터의 술 1999병을 특별 제작해서, 0003호는 마카오 시장에게, 0002호는 홍콩 시장에게 선물하고 0001호는 대만이 대륙에 돌아올 때 대만 초대 행정장관에게 선물할 것이라 한다. 지금은 '국교1573'이 이 회사를 대표하는 술로 자리 잡왔다. 그러나 따지고 보면 노주노교특국이나 국교1573이나 같은 술이다. 서승종이 1573년에 건조한 교지가 '노교'이고 이 노교가 곧 국교이기 때문이다.

누룩은 술의 뼈대이고, 곡식은 술의 살이고, 교(窖)는 술의 혼이고 물은 술의 피라고 한다. 이중에서 술의 피라고 하는 물에 관한 전설이 많은데 노주노교 백주도 예외가 아니어서 다음과 같은 이야기가 전한다. 225년에 제갈량이 남방지역을 정벌하는 도중 노주에 주둔하고 있을 때 마침 급성 돌림병이 크게 유행했다. 그는 각종 약초를 채집하여 누룩을 만들고 노주성 남쪽의 용천수(龍泉水)로 술을 빚어 군사들에게 먹여 병을 막았다고 한다. 이 용천수에는 또 이런 이야기가 전한다.

어느 선량한 노인이 생활이 궁핍하여 매일 산에 가서 약초를 캐며 살아가고 있었다. 그러던 어느 날 저녁 무렵에 집으로 돌아오는데 흰 뱀과 검은 뱀이 싸우고 있는 것을 보았다. 형세는 몸집이 큰 검은 뱀이 약한 흰 뱀을 겁박하고 있었다. 인간 세상에는 강자가 약자를 괴롭히는 일이 드물지 않거니와 뱀에게도 이런 일이 있을 줄은 몰랐다. 그래서 노인은 도끼로 검은 뱀을 찍어 죽였다. 집으로 돌아가는 중에 날은 이미 저물었는데 갑자기 나타난 한 줄기 빛을 따라갔더니 한 궁전에서 흰 수염의 백발노인이 흰 도포를 입고 그를 맞아 잔치를 베풀어주었다. 취하여 헤어질 때 백발노인은 그에게 술을 한 병 주었는데 그가 집에 도착했을 때 우물 난간에 부딪혀 술병을 그만 우물에 빠뜨리고 말았다. 그러자 우물에서 술 향기가 올라와 코를 찔렀다. 이 물로 술을 빚으니 맑고 청량한 술이 되었는데 이 우물이 바로 용천수라는 이야기이다. 서승종이 1573년 서취원 주방을 만들어 술을 빚을 때도 이 용천수의 물을 사용했다고 한다.

천년 고찰
보광사

장강 유역 4대 선종총림의 하나
산문전, 천왕전
보광탑, 종고루
가람당, 객당, 계당
대웅보전, 천불당
장경루, 설법당
정토종 사찰, 정토원
중국 최고 최대의 나한당
국가급 문화재 다량 소장

장강 유역 4대 선종총림의 하나

　삼성퇴박물관을 뒤로하고 다음 행선지 보광사(寶光寺, 바오광쓰)로 향했다. 찔끔찔끔 비가 내린다. 날씨는 덥지도 춥지도 않은 전형적인 가을 날씨다. 성도(成都) 도심에서 북쪽으로 16킬로미터 거리에 위치한 보광사는 중국 불교 8대 종파의 하나인 선종(禪宗)의 임제종(臨濟宗) 양기파(楊岐派) 사원으로 전형적인 선종총림(禪宗叢林)이다. '총림'은 많은 스님들이 모여 수행하는 곳을 가리키는데, 보통 참선 수행기관인 선원(禪院), 경전 교육기관인 강원(講院), 계율 교육기관인 율원(律院) 등을 두루 갖춘 사찰을 말한다. 보광사는 사천성 성도의 문수원(文殊院), 강소성 진강(鎭江)의 금산사(金山寺), 강소성 양주(揚州)의 고민사(高旻寺)와 함께 장강 유역의 4대 선종총림으로 꼽혀서 많은 고승들이 이 절을 거쳐갔고 아미산

위에서 바라본 보광사 장강 유역의 4대 선종총림의 하나이다. 아미산 사찰의 승려 절반이 보광사에서 계(戒)를 받았을 만큼 유서 깊은 사찰이다.

(峨眉山)에 있는 사찰들의 승려 절반이 보광사에서 계(戒)를 받았을 만큼 유서 깊은 사찰이다. 한때는 승려가 3,000명이나 있었다고 한다.

전하는 말로는 보광사는 동한(東漢) 때 창건되었다고 하나 확실한 근 거가 없고 수(隋)나라 때는 대석사(大石寺)란 이름으로 존재했었다. 당나 라 현종(玄宗) 때인 741년의 기록에 보광사와 보광탑의 이름이 보이는데 언제부터 대석사가 보광사로 바뀌었는지는 알 수 없다. 845년의 이른바 회창법난(會昌法難, 당나라 무종 회창 연간에 있었던 불교탄압)으로 무종(武宗) 은 전국의 불교 사찰 4만 5천여 개를 없앴는데 보광사도 이를 피해가지 못했으나 다행히 847년에 사찰은 수복이 되었다.

875년에 반란을 일으킨 황소(黃巢)가 장안으로 진격하자 880년에 희종(僖宗)은 사천성으로 피난해서 보광사에 행궁을 짓고 3년간 머물렀다. 평소 독실한 불교 신자였던 희종은 당시 팽주(彭州) 구룡산(九隴山)에 은거하고 있던 고승 지현(知玄)을 불러 국사(國師)로 삼아 오달(悟達)이라는 호를 내리고 사찰과 탑을 중수하게 했다. 이로 인해 오달국사는 보광사의 당대(唐代) 개산조사(開山祖師)로 추앙받고 있다.

송나라 때인 1109년에는 고종(高宗)으로부터 원오국사(圓悟國師)의 호를 하사받은 불과(佛果) 스님이 보광사의 주지로 와서 불사를 크게 일으켜 전성시대를 열었다. 이어 휘종(徽宗)에게 청하여 사찰 이름을 대각사(大覺寺)로 바꾸었다. 명나라 초에 다시 보광사의 명칭을 회복했다. 이후 흥폐를 거듭하다가 명말 청초에 전란으로 파괴된 것을 1770년에 소종선사(笑宗禪師)가 보광사에 와서 여러 지방 유지들의 도움으로 사찰을 크게 중흥시켰다. 신중국 성립 후에도 정부의 보호를 받았고 문화대혁명 때에도 크게 피해를 입지 않아 사찰 건축물과 문물 대부분을 지금도 보유하고 있다. 2001년에는 전국중점문물보호단위(全國中點文物保護單位)로 선정되었다.

산문전, 천왕전

산문(山門)은 불교 사원의 대문을 일컫는다. 보광사 산문에는 세 개의 문이 있는데 중앙 문은 공문(空門)이고 좌측 문은 무작문(無作門)이고 우

산문전 세 개의 문 위에는 각각 '보광선원(普光禪院)' '묘장엄로(妙莊嚴路)' '혜안상명(慧眼常明)'
이라 쓰인 편액이 걸려 있다.

측 문은 무상문(無相門)이다. 그리고 문 위에는 각각 '보광선원(普光禪院)'
'묘장엄로(妙莊嚴路)' '혜안상명(慧眼常明)'이라 새겨진 편액이 걸려 있
다. 각각의 문기둥에는 영련(楹聯)이 있는데 그중 공문의 영련은 이렇다.

> 龍藏遠承恩 經傳覺院 (용장원승은 경전각원)
> 鷄園常說法 派衍宗門 (계원상설법 파연종문)

> 용장(龍藏)이 멀리 은혜를 입어 경전이 각원(覺院)에 전해지고
> 계원(鷄園)에서 늘 불법을 강설하니 종문(宗門)에 여러 파가 번성하네

'용장'은 불교 경전을 가리키는데 여기서는 구체적으로 청나라 옹정(雍正), 건륭(乾隆) 연간에 황제의 후원하에 간행한 불교 대장경을 말한다. 황제의 은혜를 입어 이 대장경이 멀리 북경으로부터 보광사로 전해졌다는 것이 상련(上聯)의 뜻이다. '각원(覺院)'은 불교 사찰을 말하는데 여기서는 보광사를 지칭한다. 하련(下聯)의 '계원(鷄園)'은 인도의 아육왕(阿育王, 아소카왕)이 건립한 사원으로 여기서 그는 수천 명의 대중을 모아 불법을 강설했다고 한다. 보광사에서도 대장경을 하사받은 것을 계기로 부지런히 강설하여 종파를 번성시켰다는 뜻이다.

　산문전(山門殿) 안에는 좌우에 금강역사(金剛力士)의 소상이 있고 특이하게도 이 지방 출신의 인물인 양정화(楊廷和)·양승암(楊升庵) 부자의 소상이 안치되어 있다. 명나라 초에 보광사가 화재로 소실되었을 때 양정화 부자가 물심양면으로 도움을 주어 보광사를 중수했으며 이후 크게 번성했다고 한다. 그래서 1839년에 이곳 사람들이 양승암이 글을 읽었다고 하는 성도의 계호(桂湖)에 사당을 세웠고 보광사 산문전 안에 이들 부자의 소상을 안치한 것이다.

　또 산문전 안에는 근래의 명필로 알려진 우우임(于右任, 위유런, 1879~1964)이 초서로 쓴 '보상광명(寶相光明)' 편액이 걸려 있다. '보상(寶相)'은 장엄한 부처의 형상을 말하고, '광명(光明)'은 스스로 빛을 발하여 사물을 비춘다는 뜻으로 모두 불교 용어이다. 편액의 문구에 보광사의 '寶光' 두 글자가 들어가도록 조합한 것이 묘하다.

　산문전을 지나면 천왕전(天王殿)이다. 문 위에 '일대선종(一代禪宗)'이

천왕전 '일대선종(一代禪宗)' 편액이 걸려 있다. 중앙에는 배를 드러내놓고 파안대소하는 미륵불 좌상, 그 좌우에는 사천왕 좌상이 있다.

라 쓰인 편액이 걸려 있고 양쪽에 사천왕(四天王)의 좌상이 있다. 천왕전 중앙엔 미륵불(彌勒佛)의 소상이 있는데 곧 중국적 미륵불인 포대화상 (布袋和尙)이다.(포대화상에 관해서는 졸저 『중국 인문 기행』 제2권 209면 이하 참조) 포대화상은 여느 사찰에서와 마찬가지로 배를 드러내놓고 파안대소하는 모습인데, 참배객들이 산문전 금강역사와 천왕전 사천왕의 사납고 험상궂은 모습을 보고 느낀 긴장감을 풀어주기 위해서 이곳에 포대화상을 안치했다고도 한다.

천왕전 후면에는 안진경(顔眞卿)체의 '존승보전(尊勝寶殿)' 편액이 걸려 있는데 이는 천왕전의 별칭이다. 천왕전 뒤에 '존승다라니주경(尊勝陀羅尼呪經)'을 새긴 석당(石幢)이 있기 때문이다. 석당은 그 위에 불교의 경문이나 그림 등을 새긴 돌기둥인데 이 석당은 1413년에 세워져 파괴된 것을 1863년 복원한 것이다.

보광탑, 종고루

천왕전 뒤에 높이 30미터의 13층 보광탑(寶光塔)이 있다. 탑이 세워진 시기는 분명치 않으나 대체로 당나라 중화(中和) 연간(881~885)으로 추정된다. 탑은 사원의 중심축선에 위치하여 전후에 천왕전과 칠불전(七佛殿)이 마주 보고 있으며 좌우에 종루(鍾樓)와 고루(鼓樓)가 마주하고 있다. 이런 포국(布局)은 '사탑일체(寺塔一體), 탑거중심(塔踞中心)' 즉 '절과 탑이 일체가 되어, 탑이 절의 중심에 위치한다'는 것으로 초기불교에서 보이는 전형적인 포국이다.

탑 아래의 감실(龕室)에는 석가모니 좌상이 안치되어 있고 감실 위에 태허(太虛, 1889~1947) 스님이 '광명장(光明藏)'이라 쓴 편액이 걸려 있다.

절의 중심에 배치된 보광탑   탑 아래의 감실에는 석가모니 좌상이, 각층 4면에 3기의 불상이 안치되어 있다. 석가모니의 진신사리가 모셔져 있어 '사리탑'으로도 불린다. 현재 서쪽으로 약간 기울어 있다고 해서 이탈리아의 피사의 사탑에 견주어 '동방사탑(東方斜塔)'으로 불린다.

『사익경(思益經)』에 "여래의 진신은 곧 무량 광명의 곳간이다(如來眞身者卽無量光明之藏)"라는 구절에서 따온 것이다. '석가여래의 몸은 영원한 광명을 간직한 곳간이다'라는 뜻이다. 그러므로 광명장은 '광명을 간직한 곳간'이라는 뜻이니 곧 부처님의 진신인데 이 탑에 석가모니의 진신 사리를 모셔놓았기 때문에 이렇게 말한 것이다. 감실 좌우에는 역시 태허 스님이 쓴 대련(對聯)이 걸려 있다.

寺鎭牟尼靑色寶 (사진모니청색보)
山飛舍利紫霞光 (산비사리자하광)

절은 석가모니의 푸른색 보물을 누르고 있고
산에는 진신사리의 자주색 노을빛이 날으네

인도의 아소카왕이 불교를 독실하게 믿어 죽기 전에 부처님의 진신사리 8만 4천 개로 8만 4천 개의 탑을 세우게 했는데 그중 19개가 중국으로 왔다고 한다. 보광사는 19개 중의 한 개를 얻어 탑을 세우고 탑 밑에 보관했는데 상련의 '푸른색 보물'은 이 진신사리를 가리킨다. 당나라 희종(僖宗)이 황소의 난을 피해 보광사에 머물고 있을 때 옛날 탑이 있던 곳에서 빛이 나는 것을 보고 파보니 사리함이 있어서 탑을 세우고 보광탑이라 했다는 기록이 있는데 하련은 이 사실을 말한 것이다. 상련 끝 글자 '寶'와 하련 끝 글자 '光'이 탑의 명칭인 '寶光'을 나타내게 한 묘한 대련이다.

이 탑은 현재 서쪽으로 약간 기울어 있어서 이탈리아의 피사의 사탑에 견주어 '동방사탑(東方斜塔)'으로 불린다.

보광탑 동서 양쪽에 종루(鍾樓)와 고루(鼓樓)가 있다. 종과 북은 중국 고대의 악기였는데 이후 불교 사찰에서 행하는 의식의 중요한 법기(法器)가 되었다. '신종모고(晨鍾暮鼓)'라 하여 새벽에 종을 치고 저녁에 북을 치는 것이 사찰의 중요한 의식인 것이다. 종과 북이 왜 중요한지는 종루와 고루에 걸린 편액과 영련을 보면 알 수 있다. 종루의 편액은 '종고학기(鍾敲鶴起)'로 '종을 치니 학이 일어난다'는 말인데, 학은 한가한 구름처럼 아무런 구속을 받지 않고 수행하는 스님들을 가리킨다. 종소리가 학을 날아오르게 한다는 뜻은 영련에 구체적으로 나타나 있다.

驚醒世間名利客 (경성세간명리객)
喚回苦海夢迷人 (환회고해몽미인)

세상의 명예와 이익을 좇는 자들을 놀라 깨우고
고해에서 헤매는 자들을 불러 돌아오게 한다

종소리가 울리면 스님들은 학처럼 날아올라 명예와 이익을 좇는 사람들을 깨우치게 하고, 길 잃고 헤매는 자들을 불러 옳은 길로 돌아오게 한다는 것이다. 고루의 편액은 '고격용비(鼓擊龍飛)'로 '북을 치니 용이 난다'는 말인데 '용이 난다'는 것은 사원의 불법이 창성한다는 뜻이다. 역시 영련에 편액의 뜻이 부연되어 있다.

妙音能除三世苦 (묘음능제삼세고)

威震遠徹九霄雲 (위진원철구소운)

신묘한 소리는 삼세의 고통을 없앨 수 있고

위엄은 멀리 하늘의 구름을 꿰뚫는다

가람당, 객당, 계당

고루와 이웃해 있는 가람당(伽藍堂) 혹은 운수당(雲水堂)은 객승(客僧)들의 임시 거처이고, 종루 이웃의 객당(客堂)은 사원의 사무를 관리하는 총무처이다. 가람당에는 이 건물의 용도에 걸맞게 '종나리래(從那裡來)'라는 편액이 걸려 있다. '어디서 왔는가?'란 뜻인데 객승들이 어느 곳에서 왔느냐는 물음 이외에도 불교의 심오한 이치가 담겨 있는 말이다. 즉 '생명은 어디에서 왔는가?' '번뇌는 어디에서 왔는가?' '불법은 어디에서 왔는가?' 등을 생각하게 해준다.

보광탑 뒤에 칠불전(七佛殿)이 있다. 칠불전이 있는 사찰은 많지 않고 칠불전이 있는 사찰에 모신 칠불의 명칭도 일정치 않다. 어느 기록에 의하면 칠불전에 모신 일곱 부처는 과거 천불(過去千佛)의 마지막 3불과 현재 천불의 앞 4불을 가리킨다고 한다. 칠불 뒤편에는 석가모니의 시위장(侍衛長) 격인 위태보살(韋駄菩薩)상이 모셔져 있다.

계당 전청(前廳)의 편액 안쪽에 전서로 '이구지(離垢地)'라 쓰인 편액은 보살십계 중의 제2지로 번뇌로부터 해탈한 경지를 말한다.

칠불전을 나오면 동쪽으로 승려들이 식사하는 곳인 재당(齋堂), 즉 오관당(五觀堂)이 있다. '오관'은 승려들이 식사하기 전에 음식을 앞에 두고 응당 생각해야 할 다섯 가지 사항을 말한다. 재당 맞은편이 계당(戒堂)인데 전청(前廳), 정전(正殿), 상방(廂房)으로 이루어져 있다. 전청 안쪽에 전서로 '이구지(離垢地)'라 쓰인 편액이 있다. '이구지'란 보살십계(菩薩十戒) 중의 제2지로, 번뇌로부터 해탈한 경지를 말한다. 그리고 정전에 '만수계단(萬壽戒壇)' 편액이 걸려 있어 이곳이 출가한 승려나 재가 불자들이 계(戒)를 받는 장소임을 알려준다. 또한 계당의 성격에 맞게 정전에는 우바리존자(優婆離尊者)상을 모셨는데 그는 석가모니의 10대 제자의

'대철당(大澈堂)**' 편액** '대철'은 철저히 깨달은 경지를 말한다. 이 편액의 '堂' 자에는 '口'가 없다.
입(口)을 없앰으로써 말을 하지 말라는 의미를 담고 있다.

하나로 계율을 가장 잘 지켰다고 한다. 계당의 영련은 이렇다.

　　　毘尼宮殿如爐冶 銷熔頑金鑄良器 (비니궁전여노야 소용완금주양기)

　　　般若禪壇配化工 轉變鈍智爲上賢 (반야선단배화공 전변둔지위상현)

　　비니궁전(毘尼宮殿)은 용광로 같아

　　하찮은 쇠를 녹여 좋은 그릇 만들고

　　지혜로운 선단(禪壇)에 화공(化工)을 배치하여

　　우둔한 자를 어진 이로 만드네

비니(毘尼)는 불교의 계율(戒律)을 뜻하므로 '비니궁전'은 곧 계당(戒堂)을 말한다. '화공(化工)'은 계단에서 계를 주는 스승을 가리킨다. 그러므로 이 영련의 뜻은 '계당에서 계를 받으면 하찮은 쇠가 좋은 그릇이 되고 우둔한 자가 어진 이가 되듯 훌륭한 스님으로 태어난다'는 것이다

계당 북쪽에 선당(禪堂)이 있다. 이곳은 참선을 하는 장소이기 때문에 "행수완보(行須緩步, 걸을 때는 느린 걸음으로) 어요저성(語要低聲, 말할 때는 낮은 소리로)"이란 문구가 쓰여 있다. 또 '선당(禪堂)'의 '堂' 자에 '口'를 빼고 쓰는 경우가 많다. 입〔口〕을 없앰으로써 말을 하지 말라는 의미이다. 선당은 대철당(大澈堂)이라고도 하는데 참선 후의 대철대오(大徹大悟)의 경지, 즉 철저히 깨달은 경지를 나타낸다. '澈'은 '徹'과 통한다. 지금 선당 문전에 대철당(大澈堂) 편액이 걸려 있는데 '堂' 자에 '口'가 없다.

대웅보전, 천불당

대웅보전(大雄寶殿)은 보광사의 주전으로 현재의 건물은 1859년에 지은 것이다. 여기에는 1888년에 오생휘(伍生輝)가 짓고 하원보(何元普)가 쓴 다음과 같은 영련이 유명하다.

世外人法無定法 然後知非法法也 (세외인법무정법 연후지비법법야)
天下事了猶未了 何妨以不了了之 (천하사료유미료 하방이불료료지)

세속 밖의 사람에겐 정해진 법이 없고
그런 후에 알겠네, 법 아닌 것이 법인 줄
천하의 일은 끝나도 끝나지 않으니
끝나지 않은 것으로 끝내도 무슨 상관이랴

　이 영련은 전국의 사찰에 걸린 영련 중에서도 가장 빼어난 대련으로
평가되고 있다. 대웅전 안에는 석가모니의 탄생상(誕生像)과 성도상(成道
像)과 설법상(說法像)이 안치되어 있다. 탄생상은 나체의 아기 석가의 상
이다. 왼손은 하늘을 가리키고 오른손을 땅을 가리키는 모습이다. 기록
에 의하면 석가모니는 마야부인의 오른쪽 옆구리에서 탄생하면서 동서
남북으로 각 7보씩 걸으니 걸음마다 연꽃이 피어났다고 한다. 그런 후에
오른손으로 하늘을 가리키고 왼손으로 땅을 가리키며 '천상천하 유아
독존(天上天下唯我獨尊)'의 사자후(獅子吼)를 토했다고 한다. 원래 『태자성
도경(太子成道經)』에는 오른손으로 하늘을 가리키고 왼손으로 땅을 가리
키는 것으로 나와 있는데, 왼쪽을 높이는 중국의 전통에 따라 땅보다 높
은 하늘을 왼손이 가리키는 것으로 바꾸었다고 한다.
　성도상은 청나라 때 청복화상(淸福和尙)이 미얀마로부터 가져온 것이
라 한다. 설산에서 6년간의 고행 끝에 성도한 부처의 모습을 옥으로 된
좌상으로 만들었다. 설법상의 왼쪽에는 부처님의 10대 제자의 하나인
마하가섭(摩訶迦葉)상이 있고 오른쪽에는 석가모니의 사촌 동생인 아난
타(阿難陀)상이 있다. 대웅전 벽에는 청나라의 저명 화승(畵僧) 죽선(竹禪)

대웅보전 안에는 석가모니의 탄생상(誕生像), 성도상(成道像), 설법상(說法像)이 안치되어 있다.

이 그린 16존자와 문수보살, 보현보살, 관음보살, 지장보살 상이 걸려 있다. 죽선 스님에 관해서는 후술한다.

대웅전을 나서면 동쪽에 천불당(千佛堂)이 있다. 이 건물의 명칭은 관음당이었는데 불교 중요 문물인 천불비(千佛碑)가 이곳으로 옮겨지면서 천불당으로 바뀌었다. 천불당에는 이밖에도 시의공덕비(施衣功德碑), 청동 우담화(優曇花) 등이 보관되어 있고, 천불당 서쪽에 있는 영당(影堂)에는 중국 선종의 초조(初祖)인 보리달마(菩提達摩)상이 안치되어 있다.

장경루, 설법당

대웅보전 뒤의 높이 20미터의 웅장한 건물이 장경루(藏經樓)인데 보광
사에서 가장 큰 전각이다. 1848년에 착공해서 3년 후인 1851년에 준공되
었다. 중층으로 이루어져 있는 위층이 장경루인데 여기에는 옹정, 건륭
연간에 간행한 『대장경』이 보존되어 있다. 다음과 같은 영련도 유명하다.

竟能與羲卦麟經 幷垂宇宙 (경능여희괘린경 병수우주)
應不讓元亭石室 高峙岷峨 (응불양원정석실 고치민아)

필경 희괘(羲卦) 인경(麟經)과 더불어 나란히 우주에 드리우고
응당 원정(元亭)과 석실(石室)에 양보 않아 민산 아미산처럼 우뚝하리

'희괘(羲卦)'는 도교에서 숭상하는 복희씨(伏羲氏)가 만들었다는 팔괘
(八卦)이고, '인경(麟經)'은 공자가 지은 『춘추(春秋)』의 별칭이다. '원정
(元亭)'은 사천성 출신의 문학가 양웅(揚雄, BC 53~AD 18)이 성도에서 거
처하던 곳으로 원래 이름은 '현정(玄亭)'이었으나 강희(康熙) 황제의 이
름 현엽(玄燁)의 '玄' 자를 휘(諱)해서 원정으로 바꾸었다. '석실(石室)'은
촉태수(蜀太守)로 재임하면서 선정을 베푼 문옹(文翁, BC 187?~BC 110?)이
세운 지방 관립(官立) 학교로 이후 훌륭한 인재들을 많이 배출했다.

상련은 유불도(儒佛道) 3교의 병존을 말했으며 하련에서는 보광사가
있는 사천성과 관련된 저명한 인물들의 업적에 비해 보광사가 이룬 성

죽선화상 「봉사헌불도」 대형 화면에 불교 고사의 내용을 그린 것이다. 죽선은 청나라 때의 저명한 서화가이자 금석 조각가이기도 했다.

과가 결코 뒤지지 않는다는 것을 강조하고 있다. 민산과 아미산은 모두 사천성 경내에 있는 높은 산들이다.

장경루 아래층이 설법당(說法堂)으로 역대 방장(方丈)들이 취임 설법을 행하던 곳이다. 총림에서 제일 높은 스님을 방장이라 칭한다. 법당 안

죽선화상의 구분선자(九分禪字) 대련 진 (秦)나라 왕차중이 창안한 예서체의 일종 인 '팔분서(八分書)'를 죽선이 독창적으로 발전시킨 서체가 구분선자이다.

에는 수많은 명인들의 서화가 걸려 있다. 그중에서 무술변법(戊戌變法) 을 주도한 강유위(康有爲, 캉유웨이, 1858~1927)의 '수(壽)'자, 73세의 죽 선화상(竹禪和尙, 1824~1901)이 그린 「봉사헌불도(捧沙獻佛圖)」 등이 특 히 유명하다. 죽선화상은 청나라 때 의 저명한 서화가이자 금석 조각가 로 양주팔괴(揚州八怪)와 이름을 나 란히 할 만큼 뛰어난 예술가였다. 「봉사헌불도」는 높이 6미터, 폭 5미 터의 대형 화면에 불교 고사의 내용 을 그린 것이다. 설법당에는 또 죽 선화상이 이른바 '구분선자(九分禪 字)'로 쓴 서예 작품이 보관되어 있 기도 하다. 구분선자는 진(秦)나라 왕차중(王次仲)이 창안한 예서체(隷 書體)의 일종인 '팔분서(八分書)'를 죽선이 독창적으로 발전시킨 서체 로, '전서(篆書) 같지만 전서가 아니고, 예서 같지만 예서가 아닌' 독특한 서체이다.

보광사에는 다른 사찰에 비해서 편액과 영련이 유난히 많은데 장경루와 설법당 건물 내외에만 하더라도 25개의 편액이 걸려 있다. 일일이 읽는 것은 생략하기로 한다.

장경루 동쪽에 현임 방장의 거실인 동방장(東方丈)이 있고 서쪽에 퇴임 방장의 거실인 서방장이 있다. 일반 관람객의 출입을 금하고 있는 동방장의 여러 건물에는 수많은 서화작품이 진열되었다고 한다. 저명한 현대 화가 장대천(張大千)의 「수월관음(水月觀音)」, 원나라 조맹부(趙孟頫)의 「오마도(五馬圖)」, 명나라 문징명(文徵明)의 「산수도(山水圖)」, 현대 화가 서비홍(徐悲鴻)의 「입마도(立馬圖)」, 죽선화상의 여러 그림들, 그리고 하소기(何紹基), 우우임(于右任), 조박초(趙樸初)의 작품에 이르기까지 진귀한 서화들을 많이 보관하고 있다고 한다.

동방장을 지나면 조당(祖堂)이 나오는데 청나라 때 보광사를 중흥시킨 소종선사(笑宗禪師)의 소상이 있고 선종 역대 조사(祖師)들의 위패를 모셔두고 있다. 말하자면 일반인들의 사당에 해당한다. 장경루 뒤에 높이 12미터의 조그마한 동산이 있는데 이곳이 자하산(紫霞山)으로 당나라 희종의 행궁이 있었던 장소라 한다. 당시 희종이 이곳에 자줏빛 노을이 모이고 사리에서 빛을 발하는 것을 보고 자하산이라 이름 지었다고 한다.

정토종 사찰, 정토원

고루(鼓樓)에서 오른쪽으로 들어가면 '여산유적(廬山遺跡)'이라 쓰인 패방(牌坊)이 있는데 여기서부터가 정토원(淨土院)이다. '여산유적'은 구

정토원 대문 패방에 쓰인 '여산유적(廬山遺跡)'은 정토종의 발원지인 강서성 여산의 동림사(東林寺)를 말한다. 선종과 정토종을 겸하여 수행했기 때문에 선종 사찰인 보광사 안에 정토종 사찰인 정토원을 만든 것이다.

체적으로 동진(東晉, 317~420)의 혜원대사(慧遠大師)가 강서성 여산에 창건한 동림사(東林寺)를 가리킨다. 동림사는 불교 10대 종파의 하나인 정토종(淨土宗)의 발원지이다. 대표적인 선종(禪宗) 사찰인 보광사에 왜 정토종 사찰인 동림사를 끌어들인 것일까?

정토종의 수행방법은 간단해서 눈을 감고 '나무아미타불'만 열심히 염불하면 죽어서 극락세계인 서방정토에 환생할 수 있다고 한다. 이 때문에 정토종은 대중적인 환영을 받아서 널리 전파되었고 송나라 이후에는 불교의 다른 종파도 정토종의 수행방법을 겸하게 되었다. 보광사도 청나라 이후 역대 주지들이 선종과 정토종을 겸하여 수행했기 때문에 보광사 안에 여산유적을 만든 것이다.

'여산유적'을 상징하는 것이 '백련결사(白蓮結社)'이다. 동림사 주지 혜원대사는 402년에 당시 명망 있는 인사 18명과 함께 서방정토에 왕생하는 방법에 대하여 토론을 하고 아미타불상 앞에서 재계한 후 극락왕생의 결의를 굳게 다지자는 맹세를 했다. 이어 연못을 파서 연꽃을 심고 일종의 신앙결사인 '연사(蓮社)'를 설립했는데 이것이 유명한 '백련결사'이다.

이 백련결사를 본떠서 1838년 보광사 방장 묘승선사(妙勝禪師)가 보광사 뒤 자하산 서쪽에 연못을 파서 백련을 심고 백련사(白蓮社)를 건립했다. 그후 묘승선사의 제자 자신선사(自信禪師)가 정토원 내 극락당 뒤로 백련사를 옮겨서 확장했다.(정토종, 혜원대사. 백련결사에 대해서는 졸저『중국 인문 기행』제1권 32면 이하 참조)

현재 정토원 경내에는 조벽(照壁, 밖에서 집 안이 보이지 않도록 꾸민 벽)과 수불전(壽佛殿), 극락당(極樂堂), 염불당(念佛堂) 등이 있어 보광사라는 사찰 안에 또 다른 사찰이 있는 셈이다. 보광사의 이런 구조가 다른 사찰과 구별되는 특이한 점이다.

중국 최고 최대의 나한당

보광사에서 가장 유명한 것이 나한당(羅漢堂)이다. 보광사 나한당은 현존하는 중국의 4대 나한당 중 가장 오래되고 규모가 가장 큰 것이다. 나머지 3개는 북경 벽운사(碧雲寺), 소주 서원사(西園寺), 무한 귀원사(歸元寺) 나한당이다. 나한은 최고의 깨달음을 얻은 성자를 가리키는 말인데, 부처나 보살 못지않게 공양을 받을 만한 위치에 있다고 해서 나한당혹은 나한전에 모셔진다. 보광사 나한당에는 오백나한을 모셨는데 오백나한에 대해서는 많은 전설이 전하지만 다음과 같은 전설이 일반적이다. 석가모니가 입적한 후 불법을 널리 알리기 위해 마하가섭(摩訶迦葉)을 우두머리로 하는 제자 500명이 왕사성(王舍城) 칠엽굴(七葉窟)에서 집회를 열고 석가모니의 설법을 수집하여 후대에 전했는데 이때 모인 500제자를 오백나한이라 한다.

다른 사찰의 오백나한과 마찬가지로 보광사 나한당의 오백나한도 그모습이 매우 다양하다. 살찐 나한 마른 나한, 늙은 나한 어린 나한, 키 큰나한 작은 나한, 잘생긴 나한 못생긴 나한 등 모습도 각각 다르고, 웃는나한 근심 어린 나한, 인자한 나한 눈을 부릅뜬 나한, 얌전한 나한 사나운나한 등 표정도 각각 다르며, 손에 들고 있는 물건도 구슬, 지팡이, 책 등으로 다양하고, 의상도 각양각색이다. 애완용 어린 사자가 귓밥을 물어뜯어 입을 크게 벌리고 어쩔 줄 몰라 하는 나한도 있고, 배와 어깨를 드러내놓은 나한의 몸에 6명의 천진난만한 어린이가 올라타고 장난하는모습도 보인다.

나한당 보광사 나한당에 모셔진 오백나한의 모습은 인간의 모습처럼 매우 다양하다. 살찐 나한 마른 나한, 늙은 나한 어린 나한, 웃는 나한 근심 어린 나한, 얌전한 나한 사나운 나한 등 표정도 다르고 의상도 각양가색이다.

보광사의 나한당에는 나한 이외에도 부처, 보살, 조사(祖師) 등 모두 577위의 소상이 있는데 이들 중에는 매우 사실적으로 제작된 것도 있다. 특히 선종 임제종 제30대 조사 밀운정혜선사(密雲定慧禪師)의 소상, 보광사 제6대 방장 월용화상(月容和尙)의 소상은 평소의 신체적 특징을 그대로 잘 나타내었다고 한다.

이 나한당의 소상들은 당시 조소예술(雕塑藝術)의 최고 경지를 보여주는데, 청나라 도광(道光) 말년(1850년)에 보광사 묘승선사가 섬서방(陝西幇), 천서방(川西幇), 천동방(川東幇) 3개 단체의 조각가들을 초빙해서 만

들었다고 한다. 이들 단체는 각기 특징이 있어 그 나름대로 수준 높은 작
품을 남긴 것이다.

국가급 문화재 다량 소장

보광사는 전국적으로 유명한 총림이어서 고승 대덕들이 주지로 있었
고 높은 관리들의 왕래가 잦았다. 신중국 성립 이후에도 보호 관리를 강
화해와서 지금도 많은 사람들이 방문한다고 한다. 가이드의 말로는 음
력 정월 초하룻날에는 분향객 14만 명이 운집했으며 첫 번째 분향한 사
람이 향 값으로 98만 위안(한화 약 1억 7천만 원)을 희사한 경우도 있다고
하는데 이 말을 믿어야 할지……

이 사찰은 문화대혁명 때에도 큰 피해를 입지 않았기 때문에 풍부한
불교 문물을 보유하고 있다. 대표적인 것으로 남북조 양대(梁代)의 천불
비(千佛碑), 당대(唐代)의 시의공덕비(施衣功德碑), 명대(明代)의 존승다라
니경당(尊勝陀羅尼經幢), 부처님 진신사리, 청동 우담화(優曇花), 패엽경(貝
葉經) 등이 있다.

보광사가 수장하고 있는 서화 작품도 400여 건이 되는데 그중 국가
2급 문물이 8건, 국가 3급 문물이 140건이나 된다. 그 대표적인 것으로
송나라 휘종의 「백앵무도(白鸚鵡圖)」, 조맹부의 「오마도(五馬圖)」, 죽선선
사의 「십육나한상(十六羅漢像)」 「봉사헌불도(捧沙獻佛圖)」, 서비홍의 「입
마도(立馬圖)」, 장대천의 「수월관음(水月觀音)」 등이 있다.

세계인의 사랑을
받는 판다의
번식지

멸종 위기에 처한 자이언트 판다
보호와 번식을 위한 연구센터
판다 관람 명소
판다로 외교하는 중국

멸종 위기에 처한 자이언트 판다

성도(成都)는 세계인의 사랑을 받는 판다의 도시이기도 하다. 우리는 성도 도심에서 북쪽으로 10킬로미터 거리에 있는 '대웅묘 번육연구기지(大熊猫繁育研究基地)'로 향했디. 대웅묘는 우리가 흔히 '판다(Panda)'라 부르는 곰과 동물로 세계적인 희귀종이다. 판다에는 두 종류가 있는데, 하나는 몸집이 크고 흑백의 털을 가진 자이언트 판다(Giant Panda)이고 다른 하나는 몸집이 작고 갈색 털을 가진 레서 판다(Lesser Panda)이다. 지금 우리가 보러 가는 것은 자이언트 판다인데 중국에서는 이를 대웅묘(大熊猫, 다슘마오)라 부르고 레서 판다는 소웅묘(小熊猫, 샤오슝마오)라 부른다.

자이언트 판다, 즉 대웅묘는 800만 년 전부터 생존하여 동시대의 동

자이언트 판다(왼쪽) 몸집이 크고 흑백 털을 가진 판다로 중국에서는 대웅묘(大熊猫, 다슝마오) 라 부른다. 국가1급 중점보호야생동물로 지정되어 강력한 보호를 받고 있다.
레서 판다(오른쪽) 몸집이 작고 갈색 털을 가진 판다로 중국에서는 소웅묘(小熊猫, 샤오슝마오) 라 부른다.

식물이 모두 멸종되었음에도 지금까지 살아남았다고 해서 '활화석(活化 石)', 즉 살아 있는 화석이라 불린다. 대웅묘는 분류학상으로 포유동물강 (哺乳動物綱), 식육동물목(食肉動物目), 곰과(科)에 속한다. 소화기관이나 유전자 등으로 보아 원래는 육식동물이었는데, 연구에 의하면 약 420만 년 전부터 판다에게서 단백질의 맛을 느끼게 해주는 유전자의 기능이 정 지되었다고 한다. 연구자들은 그 당시 환경에 급격한 변화가 생겨 판다 의 먹잇감 대부분이 사라진 것이 원인으로 추정되는데 이로부터 판다는 살아남기 위하여 육식을 버리고 대나무를 먹기 시작했다고 한다. 그래서 현재와 같이 '풀을 먹는 육식동물'로 진화한 것이다.

대웅묘는 원래 육식동물이었기 때문에 식물의 섬유질을 소화할 수 있는 기능이 발달하지 않아 섭취한 대나무의 소화율이 17퍼센트에 불과하다고 한다. 그래서 많이 먹어야 한다. 다 자란 대웅묘는 하루에 14시간 동안 약 30킬로그램의 대나무를 먹는다고 한다. 깨어 있는 동안에는 먹는 활동을 하고 나머지 시간엔 잠을 잠으로써 에너지 소모를 최소화한다. 겨울잠을 자지 않는 것도 평시에 에너지를 축적할 수 없기 때문이다.

보호와 번식을 위한 연구센터

대웅묘는 생존할 수 있는 환경 조건이 매우 까다로운 동물이다. 해발 1,000~2,000미터의 따뜻하고 습도가 높은 대숲(竹林)에서 주로 생활하는데 이런 조건을 갖춘 중국 사천성 서남부의 아안(雅安) 일대의 산과 공래산(邛崍山) 등지가 최적의 서식지이다. 대웅묘는 기후 변화와 인간의 난개발로 인한 서식지 축소로 그 수가 점점 줄어들어 현재 1,000마리 정도가 남아 있다고 한다. 게다가 번식시키기가 매우 어려운데 현재 생존한 암컷의 78퍼센트가 불임이며 수컷도 생식기능이 저하되고 있기 때문이다. 이들이 낳은 새끼도 생존율이 높지 않다. 갓 태어난 새끼는 몸무게가 100그램, 몸길이가 15센티미터에 불과한 약체여서 영양 상태, 기후, 질병 등의 요인으로 어려서 죽는 경우가 많다. 이래저래 대웅묘는 그 개체 수가 줄어들어 멸종위기에 처해 있는 동물이다.

대웅묘 번육연구기지　판다 보호와 번식을 위한 연구센터로, 국내외 관람객이 줄을 잇는 명소다.

　　1980년대 초에 대웅묘가 집단 서식하는 공래산의 대나무가 꽃을 피우고 말라 죽은 일이 있었다. 대나무는 종류에 따라 다르지만 일반적으로 꽃을 피우면 말라 죽는다. 공래산의 대나무가 말라 죽자 당시 이곳에 살던 대웅묘 108마리가 굶어 죽었다고 한다. 먹을 대나무가 없어졌기 때문이다. 그래서 중국 정부는 1987년에 공래산에서 멀지 않은 성도 교외에 '대웅묘 번육연구기지'를 설립하여 대웅묘의 보호와 번식에 대한 체계적인 연구를 시작한 것이다. 설립 당시 병들고 굶주린 6마리의 대웅묘로 시작한 것이 2020년에는 215마리로 증가했으니 성공적인 사업이라 할 만하다. 현재 공래산에는 '와룡(臥龍) 대웅묘 보호구역'이 조성되어 있다.

판다 관람 명소

국내외의 많은 관광객이 찾는 자이언트 판다 연구기지는 총면적이
3,570무(畝), 즉 약 714,000 평방미터에 달한다. 이 넓은 기지는 크게 보장
호박구(寶藏湖泊區), 과학진탐구(科學珍探區), 영웅농장구(英雄農場區), 무
한산구(無限山區), 탐색밀림구(探索密林區), 모험계곡구(冒險溪谷區)의 7개
구역으로 나뉜다. 이중에서 1987년에 처음 조성된 구역이 보장호박구
이고 그 이외의 구역은 후에 점차 확장한 것이다. 이렇게 넓은 기지를 다
둘러볼 수는 없고 관광객들은 일반적으로 보장호박구만을 관람한다. 대
체로 연구기지는 자연 지형을 살려서 조성되었기 때문에 평지가 아니
다. 따라서 관광용 전동차를 타고 둘러보는 것이 편리하다. 물론 천천히
대나무 숲길을 걸으며 도보 관람을 즐기는 이들도 있다. 이제 보장호박
구의 몇 곳을 소개한다.

보장호박구에서 판다를 구경하는 관람객

대나무 잎을 먹고 있는 판다 자이언트 판다는 원래 육식동물이었으나 환경의 급격한 변화로 인해 대나무 잎을 주식으로 삼기 시작했다.

월량산방·태양산방: 월량산방(月亮産房)은 대웅묘 암컷이 출산을 하는 곳인데 암컷은 이곳에 대기하면서 출산을 기다리기도 한다. 그리고 여기에서 어린 새끼들을 볼 수 있다. 태양산방(太陽産房)은 월량산방의 새끼들보다 좀더 자란 대웅묘들의 활동장이어서, 말하자면 대웅묘 유아원인 셈이다. 갓 태어난 새끼들은 환경이나 기후, 소음에 민감하기 때문에 이 두 곳은 두꺼운 유리 벽을 통해서만 볼 수 있다.

대웅묘 1, 2호 별서: 별서(別墅)는 별장이란 뜻이다. 이곳에서는 성년 대웅묘가 대나무를 먹거나 나무 위에서 잠을 자는 모습을 볼 수 있다. 이밖에도 대웅묘의 관사(館舍)는 무한산구에 욱일관(旭日館)·영일관(映日館)·

나무 위에서 잠자고 있는 판다 깨어 있는 동안에는 대부분 먹는 활동을 하고, 나머지 시간엔 잠을 잠으로써 에너지 소모를 최소화한다고 한다.

운일관(雲日館)·승일관(勝日館)의 4곳이 있고, 모험계곡구에 산월관(山月館)·운월관(雲月館)·망월관(望月館)·강월관(江月館)·남월관(攬月館)·추월관(秋月館)·명월관(明月館)의 7곳이 있다. 무한산구의 관사 이름에는 모두 태양[日]이 들어 있고 모험계곡의 관사 이름에는 모두 달[月]이 들어 있다. 마치 사람 사는 집의 당호(堂號)와 같아서 재미있다. 또 이곳에는 유년 대웅묘 별장, 성년 대웅묘 별장, 성년이 조금 덜 된 아성년(亞成年) 대웅묘 별장이 별도로 마련되어 있다.

웅묘과학탐비관: 웅묘과학탐비관(熊猫科學探秘館)에는 웅묘 연구기지 개괄, 신비한 대웅묘, 웅묘의 연애와 결혼, 웅묘의 유전 비밀, 생명의 요람, 웅묘와 그 친구들 등 6개 항목으로 나누어 대웅묘의 모든 것을 최신 전시 기법을 통해 보여주고 있다. 웅묘과학탐비관 이외에도 대웅묘박물관이 있어서 대웅묘의 과거와 미래에 대한 전망을 살필 수 있다.

판다로 외교하는 중국

자이언트 판다는 세계적인 희귀종이기 때문에 중국은 그 점을 외교에 적극 활용하고 있다. 이른바 '판다 외교'를 펼치고 있는 것이다. 판다 외교는 1972년 중국을 방문한 미국의 닉슨 대통령에게 판다 한 쌍을 선물한 것이 시초다. 이후 중국은 관계 회복이 필요하거나 우호적인 국가에만 판다를 선물해왔다. 판다를 일종의 외교적 무기로 이용한 것이다. 오랫동안 중국과 국경 분쟁을 벌이고 있는 인도가 14번이나 판다를 요청했으나 번번이 거절당했다. 그만큼 판다의 몸값이 높았다.

1973년 '워싱턴 조약'이 발효된 후부터는 사정이 달라졌다. 조약의 정식 명칭은 '멸종위기에 처한 야생 동식물의 국제거래에 관한 협약'인데

중국의 '외교 사절'로 불리는 자이언트 판다들 중국은 관계 회복이 필요하거나 우호적인 국가에만 국보급 동물인 판다를 임대 형식으로 선물하는 이른바 '판다 외교'를 해왔다. 판다는 중국에서만 서식하는 희귀동물인데다가 귀여운 외모로 인기가 매우 높기 때문에 중국은 그 점을 외교에 적극 활용하고 있다.

이 조약에 의하면 회귀동물을 타국에 팔거나 기증할 수 없게 되어 있다. 그래서 이후에 중국은 '임대' 형식으로 판다를 선물했는데 임대료를 받았다. 중국은 판다를 임대해준 대가로 한 쌍에 대하여 1년에 최대 100만 달러(약 13억 원)의 임대료를 받았다. 명목은 '번식 연구 기금'이다. 또 새끼를 낳으면 한 마리당 40만 달러(약 5억 원)를 중국에 지불해야 하고 그 새끼가 짝짓기할 나이가 되면 중국에 반환해야 한다. 어디까지나 판다의 소유권은 중국에 있다는 것이다.

판다는 귀여운 외모로 인하여 어느 나라에서나 사랑받는 동물이다. 일본에서 태어난 판다 샹샹(香香)이 중국으로 반환되는 2023년 2월 20일 도쿄 우에노동물원에는 떠나는 판다를 보려고 관중이 구름같이 모여들

©연합뉴스

용인 에버랜드의 푸바오 인기가 아이돌 스타 못지않은 푸바오가 2023년 7월 20일 세 번째 생일을 맞아 대나무 케이크를 선물받았다.

었다고 한다. 어떤 관중은 눈물을 흘리기도 했다. 샹샹은 2011년에 중국으로부터 임차한 수컷 리리와 암컷 싱싱 사이에서 2017년에 태어난 새끼이다. 샹샹은 중국에 반환해야 할 나이가 지났는데 일본 당국의 간절한 요청에 의하여 2023년 2월 19일까지 연장 체류하다가 이날 성도의 대웅묘 연구기지로 떠나게 된 것이다.

우리나라도 1994년에 한 쌍을 입양했다가 외환위기 극복과정의 어려움으로 1998년에 자진 반납했다. 그러다가 2014년 시진핑(習近平) 주석 방한 때의 약속에 따라 2016년에 한 쌍을 들여와 에버랜드에서 기르고 있다. 수컷의 이름은 러바오(樂寶, 2012년생), 암컷은 아이바오(愛寶, 2013년 생)인데 2020년 7월 20일에 암컷 새끼 푸바오(福寶)를 낳았다. '행복을 주는 보물'이란 뜻을 가진 푸바오의 인기가 아이돌 스타 못지않다. 푸바오의 첫돌 잔치가 에버랜드 유튜브 채널을 통해 방송되었고, 팬들의 모금으로 '생일 광고'가 서울·경기도 지하철 역사에 걸릴 정도다. 그뿐만 아니라 푸바오의 예비신랑 후보 판다(위안멍)가 프랑스 보발동물원에서 중국으로 귀국했다거나, 푸바오가 생일날 대나무 케이크를 선물받았다는 등 관련 소식이 미디어에 넘쳐난다. 2023년 7월 7일 푸바오 엄마인 아이바오는 암컷 쌍둥이를 낳았다. 이제 큰언니가 된 푸바오는 멀지 않아 (2024년 7월 이전) 중국으로 돌아가게 된다. 짝짓기할 나이(약 4살)가 되면 중국에 반환해야하기 때문이다. 이들 부모인 러바오, 아이바오도 계약 상 2031년 3월부터는 중국에 있어야 한다. 현재 전 세계 18개국의 22개 동물원에서 판다가 사육되고 있다고 한다.

대웅묘는 더운 여름철에는 밖으로 잘 나오지 않고, 하루 중에서도 오후에는 놀다 지쳐서 잠드는 경우가 많으므로 가급적 아침 일찍 연구기지에 입장하는 것이 좋다고 한다. 참고로 연구기지는 오전 7시 30분에 개장한다. 우리는 늦은 오후에 들어갔기 때문에 대웅묘를 충분히 관찰하지 못했다.

설도의
혼이 서린
망강루 공원

기행 첫날의 마지막 행선지는 당나라 여류시인 설도(薛濤)를 기념하기 위해 조성된 망강루(望江樓, 왕장러우) 공원이다. 관람 시간을 얼마 안 남기고 도착했지만 강행하기로 했다.

성도(成都) 시내에 있는 망강루 공원은 원림개방구(園林開放區)와 문물보호구의 두 부분으로 나뉘어 있다. 개방구란 입장료 없이 들어갈 수 있는 구역을 말하는데 이곳 원림개방구에는 엄청난 규모의 대나무가 자라고 있다. 설도가 평소에 대나무를 좋아해서 대나무를 읊은 시를 많이 남기기도 했기 때문에 이곳에 대나무를 심었다. 여기에는 용단죽(龍丹竹), 불두죽(佛肚竹), 인면죽(人面竹), 금사죽(琴絲竹), 대명죽(大明竹), 자죽(紫竹), 방죽(方竹) 등 국내외의 대나무 200여 종이 자라고 있다. 우리는 먼저 문물보호구로 향했다.

금강 변의 망강루 공원 풍경 · 중앙에 보이는 높은 건물이 망강루이다.

숭려각 혹은 망강루

　망강루 공원의 주 건물은 숭려각(崇麗閣)인데, 진(晉)나라 시인 좌사(左思)의 「삼도부(三都賦)」 중 '촉도부(蜀都賦)'에 나오는 "기려차숭(既麗且崇)"의 '崇'과 '麗'를 따서 붙인 이름으로 문자 그대로 '높고 아름다운 누각'이란 뜻이다. 1886년에 청나라의 선비 오조령(伍肇齡), 나응류(羅應旒), 마장경(馬長卿) 등이 설도를 기념하기 위하여 모금을 해서 건립한 높이 27.9미터의 4층 누각이다. 금강(錦江) 변에 있기 때문에 사람들이 망강루라 불렀다. 강을 바라보는 누각이란 뜻이다.

　숭려각에는 무수한 대련이 걸려 있는데 그중에서 가장 유명한 것이

숭려각 혹은 망강루 망강루 공원의 주 건물로 4층 누각이다. 금강 변에 있어 망강루(강을 바라보는 누각)로도 불린다.

212자에 달하는 종운방(鍾耘舫, 1847~1911)의 장련(長聯)과 어느 강남 재자(才子)의 기련(奇聯)이다. 기련을 살펴본다. '기련'이라 함은 통상적인 대련과 다른 독특한 형식으로 지어진 기이한 대련이란 뜻이다. 그 내용은 다음과 같다.

望江樓 望江流 望江樓上望江流 江樓千古 江流千古

(망강루 망강류 망강루상망강류 강루천고 강류천고)

망강루에서 강물 흐르는 것을 바라보네, 망강루 위에서 강물 흐르는 것을 바라보네, 강가 누각 영원하고 강물도 영원하네

강남 재자는 이렇게 상련을 지어놓고 하련을 짓기 위해서 6개월 동안 고심했으나 마음에 드는 연구(聯句)를 만들지 못해서 결국 포기하고 재능 있는 후인을 기다리기로 했다. 이후 수많은 인사들이 수많은 연구를 지었으나 강남 재자의 상련에 걸맞은 연구를 만들어내지 못했다. 그러다가 30여 년이 지난 후에 이길옥(李吉玉)이란 사람이 하련을 만들었는데 제법 그럴 듯했다. 그는 친구와 함께 달밤에 망강루에 올라 설도정(薛濤井)에 달이 비친 것을 보고 다음과 같은 연구를 지었다.

印月井 印月影 印月井中印月影 月井萬年 月影萬年

(인월정 인월영 인월정중인월영 월정만년 월영만년)

인월정에 달그림자 찍혔네, 인월정 속에 달그림자 찍혔네, 인월정 영원하고 달그림자도 영원하네

이길옥의 하련이 후인들의 높은 평가를 받았으나 아직도 강남 재자의 상련에 알맞은 최상의 하련이라고 할 수는 없다는 것이 중론이었다.

숭려각의 문창제군상 문창제군상 오른쪽에는 대련의 상련이 목판에 새겨져 걸려 있는데, 하련이 들어갈 왼쪽 목판에는 상련에 걸맞은 하련을 만나지 못해 공란으로 남아 있다.

이 상련이 매우 독특한 형식으로 지어졌기 때문에 정확히 대(對)를 맞추기 어려운 것이다. 그래서 지금 숭려각 2층에는 '숭려각(崇麗閣)'이라 쓰인 편액 밑에 문창제군(文昌帝君, 학문을 관장하는 신)상이 있고 그 오른쪽에 강남 재자의 상련이 목판에 새겨져 걸려 있는데 왼쪽 목판은 공란으로 남아 있다. 지금까지 이 상련에 상당한 하련을 만나지 못했던 것이다. 언제쯤이나 이 목판에 글자가 채워질까?

　숭려각이 건립된 후 이곳은 설도를 기념하는 곳으로 꾸며져, 탁금루(濯錦樓), 음시루(吟詩樓), 완전정(浣箋亭), 오운선관(五雲仙館), 유배지(流杯

池), 청완실(淸婉室), 비파문항(枇杷門巷) 등이 건립되었고, 설도정(薛濤井), 설도묘(薛濤墓)와 함께 최근에는 설도기념관도 개관했다.

설도는 어떤 인물인가

설도(薛濤, 768?~832)는 어현기(魚玄機), 이야(李冶), 유채춘(劉采春)과 함께 당나라 4대 여류시인의 반열에 오른 문학가이다. 어릴 때부터 시재(詩才)가 있어 8세 때 부친이 집안 정원의 오동나무 아래에 쉬면서

> 뜰 안의 오래된 오동나무 한 그루
> 줄기가 높이 솟아 구름 속에 들었네

> 庭除一古桐　聳幹入雲中

라 읊으니 설도가 곧 이어서

> 가지는 남북의 새를 맞이하고
> 잎사귀는 오가는 바람을 전송하네

> 枝迎南北鳥　葉送往來風

설도상 당나라 4대 여류시인 설도. 그의 시 「춘망사(春望詞)」 제3수는 김억이 번역하고 김성태가 작곡하여 널리 애창되는 가곡 「동심초(同心草)」의 원시(原詩)이다.

라 화답했는데, 이를 보고 부친은 한편으로는 기쁘고 한편으로는 걱정이 되었다고 한다. 여자가 어릴 때부터 재주가 뛰어나면 운명이 순탄하지 못한 예를 무수히 보아왔기 때문일 것이다. 과연 설도는 부친이 우려한 대로 평탄한 삶을 이어가지 못했다.

그녀는 원래 장안(長安, 지금의 섬서성 서안西安)에서 나고 자랐는데 벼슬살이하던 부친이 강직한 성격 탓에 권력자의 미움을 사서 사천성 성도로 좌천되었다. 성도에서 살다가 14세 때 부친이 사망하자 그녀는 가난 때문에 16세 되던 해에 관청의 악적(樂籍)에 이름을 올린다. 악적에 편입된다는 것은 관청 소속의 기생이 된다는 뜻이다. 타고난 미모에다 시와 음률에도 능해서 그녀는 당시 검남서천절도사(劍南西川節度使)로 있던 위고(韋皐)의 총애를 한몸에 받으며 이름을 널리 알렸다. 위고는 그녀에게 '여교서(女校書)'란 별칭을 내렸다. 교서는 관청의 서적과 문서를 관장하는 직책이다.

절도사 위고는 설도의 재능을 인정하여 중앙 조정의 비서성(秘書省)에 설도에게 교서랑(校書郞)의 직함을 내려달라고 정식으로 요청했으나 기생이라는 신분 때문에 거절당한다. 이 일로 인하여 후세에 기녀(妓女)를 교서(校書)라는 별칭으로 불렀다. 호사다마라 했던가, 그후 하찮은 일로 위고의 눈 밖에 난 설도는 789년 멀리 서남 변방 송주(松州)로 추방당하는데, 그곳에서 유명한「십이시(十離詩)」를 지어 위고의 마음을 돌리는 데 성공하고 성도로 귀환한다.

설도전 설도전은 설도가 만들었다는 시전지로, 시를 쓰기에 알맞은 크기의 종이에 채색을 한 것이다.

　성도로 돌아온 후 얼마 되지 않아서 설도는 돈을 내고 악적(樂籍)에서 풀려나 자유로운 몸으로 완화계(浣花溪)에서 홀로 지냈다. 완화계는 금강 지류의 시냇가 이름이다. 이때 그녀의 나이 20세 무렵이었다. 완화계 시절에 그녀는 백거이(白居易), 원진(元稹), 장적(張籍), 왕건(王建), 유우석(劉禹錫), 두목(杜牧) 등 당대 최고의 시인들과 시를 주고받으며 교유했다. 완화계는 당시 사천성 제지업(製紙業)의 중심지였다. 여기서 그녀는 목부용(木芙蓉) 껍질을 원료로 시를 쓰기에 알맞은 크기의 종이를 만들고 부용화 즙으로 채색하여 독특한 시전(詩箋)을 만들었는데 이를 설도전(薛濤箋) 또는 완화전(浣花箋)이라 한다. 이 설도전은 당대 시인들에게 큰 인기를 얻었다고 한다.

완화계에 살면서 원진을 만나 사랑의 불꽃을 태웠지만 끝내 그와 함께하지 못하고 쓸쓸히 지내다가 만년에 도사(道士)가 되어 벽계방(碧鷄坊)으로 거처를 옮기고 그곳에 음시루(吟詩樓)를 지어 소일했다. 831년 원진이 사망하고 이듬해에 설도도 세상을 하직했다. 이때 설도의 나이는 63세 무렵이었다. 그녀는 500여 편의 시를 지었다고 하나 지금 남아 있는 시는 90여 수이다.

설도와 원진의 사랑

설도의 생애에서 빼놓을 수 없는 인물이 원진(元稹, 779~831)이다. 809년 3월, 원진은 검남동천상복사(劍南東川詳覆使)로 성도에 왔을 때 일부러 청을 넣어 설도를 만났다. 그때 설도의 나이는 40세쯤, 원진은 31세였다. 11살의 나이 차이에도 불구하고 두 사람은 만나자마자 사랑에 빠졌다. 처음 만나 사랑을 나눌 때의 작품으로 추정되는 「연못의 오리 한 쌍(池上雙鳧)」을 보면 당시 설도의 심정을 알 만하다.

푸른 연못 위에서 쌍쌍이 깃들며
아침마다 저녁마다 함께 날아오는구나

새끼 데리고 놀 날을 애타게 기다리며

연꽃잎 사이에서 마음을 함께하네

雙棲綠池上 朝暮共飛還
更憶將雛日 同心蓮葉間

　　연못에서 오리 한 쌍이 새끼를 데리고 노는 것을 보고 문득 자신도 결혼해서 아이를 낳고 싶다는 생각을 하게 되는데, 원진을 알게 된 후에 생긴 바람이다. 그러나 두 사람이 함께 지낸 시간은 오래지 않았다. 3월에 성도로 온 원진이 조정의 부름을 받고 7월에 낙양(洛陽)으로 떠난 것이다. 이후 두 사람이 만났는지, 만났다면 몇 번이나 만났는지 정확한 기록이 없지만 서로 시를 주고받으며 인연을 이어간 것은 분명하다. 설도는 자신이 만든 설도전(薛濤箋)에 100여 수의 시를 써서 원진에게 보냈다고 한다. 그중에서 4수로 된 「봄날에 바라보다(春望詞)」의 제1수와 제3수를 읽어본다.

꽃 피어도 함께 즐길 수 없으며
꽃 져도 함께 슬퍼할 수 없어라

어디에 계시는지 묻고 싶구나
꽃 피고 꽃 지는 이 시절에 (제1수)

花開不同賞 花落不同悲

欲問相思處 花開花落時

바람에 날리는 꽃, 날로 늙어가는데
아름다운 기약은 외려 아득하기만

마음 같이하는 사람과 맺지 못하고
마음 같이하는 풀잎만 부질없이 맺고 있네 (제3수)

風花日將老 佳期猶渺渺
不結同心人 空結同心草

　두 시 모두 봄날에 님을 그리는 애타는 심정을 노래한 것이다. 봄은 여자의 마음을 설레게 한다. 봄을 맞아 님 생각이 더욱 간절한데 님의 부재 속에 그 봄도 이제 떠나려 한다. 늦은 봄날 시인은 바람에 휘날리는 꽃잎을 보면서 문득 꽃잎에 자신을 오버랩시킨다. 늙고 시들어 떨어지는 꽃잎처럼 자신도 속절없이 늙어만 간다고 생각하니 더욱 님이 그리워진다. 그래서 부질없이 풀잎을 맺어본다. 오지 않을 님인 줄 알면서도, 아니 오지 않을 님인 줄 알기 때문에 풀잎이라도 맺으며 쓸쓸함을 달래본다. 하지만 다 부질없는 짓인 줄 알기 때문에 외로움은 더욱 깊어진다.
　이 시의 제3수는 김억(金億)이 번역하고 김성태(金聖泰)가 작곡하여 널리 애창되는 가곡 「동심초(同心草)」의 원시(原詩)이다. 김억은 이 시를 이렇게 번역했다.

꽃잎은 하염없이 바람에 지고
만날 날은 아득타 기약이 없네
무어라 맘과 맘은 맺지 못하고
한갓되이 풀잎만 맺으려는고

가수 권혜경이 부른 「동심초」는 참으로 절창이었다. 그래서 이번 여행의 총무격인 다산연구소의 김대희 팀장에게 권혜경이 부른 이 노래를 준비해달라고 부탁했었다. 우리는 숭려각 앞 나무 그늘에 앉아서 녹음된 이 노래를 들으며 설도를 떠올렸다.

원진도 설도의 시에 화답하는 시를 써 보냈는데 「설도에게 부친다(寄贈薛濤)」가 널리 알려져 있다.

금강은 부드럽고 아미산은 빼어나서
문군(文君)과 설도를 환출(幻出)해냈네

말솜씨 교묘하여 앵무새 혀 훔친 듯
문장은 봉황의 깃을 나누어 가진 듯

많고 많은 시인들 붓을 꺾어버렸고
벼슬아치 저마다 몽도(夢刀)를 바라네

이별 후 그리우나 물안개 가로막고
창포에 꽃 피고 오색구름 높이 떴네

錦江滑膩蛾眉秀　幻出文君與薛濤
言語巧偸鸚鵡舌　文章分得鳳凰毛
紛紛詞客多停筆　個個公卿欲夢刀
別後相思隔煙水　菖蒲花發五雲高

　'문군(文君)'은 성도 출신의 재녀(才女) 탁문군(卓文君)을 가리킨다. '몽도(夢刀)'는 관직을 옮겨 승진하는 것을 뜻하는 말인데, 여기서는 관리들이 설도가 사는 곳으로 가서 벼슬하기를 바란다는 뜻으로 쓰였다.

　이 시를 쓸 때 원진의 나이는 43세, 설도는 52세쯤이었다. 그러니 만난 지 10년이 훨씬 넘었는데도 두 사람이 시를 주고받았다는 것을 알 수 있다. 그러나 설도의 애정이 변치 않았음에 비하여 원진의 마음에서 설도는 멀어져간 것으로 보인다. 원진은 원래 바람둥이 기질이 있었던 것 같다. 아내 위총(韋叢)이 사망하기 전인 809년 이미 성도에서 설도와 사랑을 나누었고, 아내가 죽은 후에는, 평생 홀아비로 살면서 고생한 아내에게 보답하겠다는 내용의 애절한 도망시(悼亡詩)를 짓기도 했다. 하지만 아내가 죽은 지 2년 후에 첩을 들였고 6년 후인 38세에는 배숙(裵淑)과 재혼을 한다. 그러니 43세에 설도에게 보낸 앞의 시에 원진의 진정성이 얼마나 담겼는지는 의문이다.

탁금루, 음시루

탁금루(濯錦樓)는 숭려각 서쪽 금강(錦江) 변에 있는 2층 누각이다. 성도에서 많이 생산되는 비단을 금강에서 씻는다고 해서 금강을 탁금강(濯錦江)이라고도 부르는데 이 누각이 금강 변에 있기 때문에 이런 이름이 붙은 것이다. 탁금루에는 명청(明淸) 시기의 가구들이 전시되어 있는데 특히 4개의 명나라 때 의자가 진귀한 유물로 평가된다.

탁금루 왼쪽 금강 가에 나루터가 있어 옛날 성도를 드나들던 사람들이 대부분 이곳을 통해서 왕래했다고 한다. 이 누각의 형태가 배 모양인 것도 이와 관련이 있다. 전하는 말로는 원진이 성도를 떠날 때 설도가 이 나루터 배 위에서 이별의 술잔을 나누었다고 한다. 그래서 누각을 배 모양으로 지었다는 이야기이다.

음시루(吟詩樓)는 숭려각 동쪽에 있는 누각으로 옛날 설도가 벽계방(碧鷄坊)에 세웠던 음시루를 기념해서 1814년에 이곳에 다시 건립했고 1898년에 중수한 것이다. 여기에도 영련이 걸려 있다. 그중 청말 민초(淸末民初) 시기의 '오로칠현(五老七賢)'의 한 사람이라 불리는 임사진(林思進, 1874~1953)의 영련을 읽어본다.

夕陽紅到枇杷 閱古今過客詞人 苔荒洪度千年井
(석양홍도비파 열고금과객사인 태황홍도천년정)
春水綠生楊柳 觸多少離懷別緒 門泊東吳萬里船
(춘수록생양류 촉다소이회별서 문박동오만리선)

음시루 설도가 벽계방에 세웠던 누각인데 후인들이 망강루 공원에 다시 건립했다.

석양이 붉을 때 비파문에 이르러, 거쳐간 시인들의 시문을 열람하
는데, 천년 된 설도정엔 이끼 끼어 황폐하네

봄 강물 푸르니 버들이 자라, 다소간 이별의 정서 일으키는데, 문밖
엔 만리길 동오(東吳)의 배가 정박해 있네

상련의 '홍도(洪度)'는 설도의 자(字)이다. 그러므로 '홍도천년정(洪度
千年井)'은 설도정을 가리킨다. 하련에서는 주위에 많이 자라는 버드나

무를 보고 촉발된 이별의 정서를 말하고 있다. 예부터 이별할 때 버드나무 가지를 꺾어주는 풍속이 있다. 또 이 망강루는 옛날 송별의 장소이기도 했다. 그 옆 금강에 나루터가 있기 때문이다. 그래서 마지막에 "만리 길을 떠나는 동오의 배가 정박해 있다"고 한 것이다. 이 '문박동오만리선(門泊東吳萬里船)'은 두보의 시 「절구(絶句)」에서 그대로 따온 것이다. 음시루에는 또 청나라의 유명한 서예가 하소기(何紹基, 1799~1873)의 대련이 있다.

詩箋茗碗香千載 (시전명완향천재)
雲影波光活一樓 (운영파광활일루)

시전(詩箋)과 찻잔은 천년토록 향기롭고
구름 그림자 파도 빛은 한 누각에 살아 있네

'시전'은 설도가 만들었다는 설도전이다. 예부터 이곳에 오는 사람들은 설도정의 물로 차를 달여 마셨다고 하는데 상련은 이를 말한 것이다.

비파문항

비파문항(枇杷門巷)은 설도와 동시대를 살았던 시인 왕건(王建, 766?~830?)이 설도에게 준 시 「촉 땅의 설도 교서에게(寄蜀中薛濤校書)」를 바탕으로 만들어진 건축물이다.

> 만리교 변 여교서가
> 비파꽃 아래서 문 닫고 사네
>
> 그녀 같은 재녀(才女)들 지금은 적어
> 시단의 영수들 모두 그녀 못 따르네

> 萬里橋邊女校書　枇杷花下閉門居
> 掃眉才子于今少　管領春風總不如

설도는 평소에 창포꽃을 좋아해서 집안 연못에 창포를 심었다고 하는데 왕건의 시에 의해서 그녀가 창포 이외에도 비파꽃을 좋아했다는 사실이 밝혀져 망강루 공원에 비파문항을 만든 것이다. 문항은 문으로 들어가는 좁은 길을 말한다. 이 시로 인해서 후에는 '비파문항'이 '기녀(妓女)들의 거주지'란 뜻으로도 쓰였다. 이 시의 제4구에 있는 '관령춘풍(管領春風)'의 '춘풍(春風)'은 '봄바람 같은 문장 즉 훌륭한 문장'을 말하고 '관령(管領)'은 '맡아 다스린다'는 뜻이니, 이 말은 '훌륭한 문장을 맡아서 이끄는 사람'으로 해석된다. '관령춘풍'은 탁금루에도 편액으로 걸려 있다. 논자에 따라서 이 시의 3·4구를 다르게 해석하는 경우도 있다.

설도정, 설도묘

설도정(薛濤井)은 설도가 설도전을 만들 때 사용했다고 하는 우물로 알려져 있으나 사실과 다르다. 설도정은 명나라 태조 주원장(朱元璋)의 열한 번째 아들로 촉왕(蜀王)에 봉해진 주춘(朱椿, 1371~1423)이 판 우물이다. 그는 성도에 부임한 후 이곳에 우물을 파고 매년 3월 3일에 그 물로 설도전을 모방한 시전(詩箋) 24폭을 만들어 16폭을 조정에 바치고 나머지는 자신이 사용했다고 한다. 1664년 성도지부(成都知府) 기응웅(冀應熊)이 '설도정(薛濤井)'이라 쓴 비석을 세움으로써 이 우물이 설도정으로 불리게 되었다. 그러므로 설도정은 망강루 공원의 설도 관련 유적 중에서 가장 오래된 것이다.

설도정 뒤에는 붉은 벽에 기응웅의 '薛濤井' 글씨가 새겨져 있고 오른쪽에 1795년 청나라 주후원(周厚轅)의 시, 왼쪽에 왕건의 시가 새겨져 있다. 양쪽 옆으로는 후인들의 시와 설도제전도(薛濤製箋圖), 설도음시도(薛濤吟詩圖) 등의 그림이 석각되어 있다. 청나라 구양몽란(歐陽夢蘭)은 설도정에 와서 이런 대련을 남겼다.

古井平涵修竹影 (고정평함수죽영)
新詩快寫浣花箋 (신시쾌사완화전)

옛 우물엔 키 큰 대(竹) 그림자 평온히 잠겼는데
완화전에 새 시를 경쾌하게 써내려가네

설도정 촉 헌왕 주춘이 판 우물로, 매년 3월 3일에 이 물로 설도전을 모방한 시전지를 만들었다고 한다.

그런데 이 대련이 설도정에 새겨져 있지 않고 현재는 설도정 오른쪽
에 있는 완전정(浣箋井) 영련으로 남아 있다. 원래는 설도정에 있었던 것
을 완전정을 신축할 때 그곳으로 옮긴 것으로 보인다. 이 대련이 완전정
의 성격과도 무관하지 않기 때문이다.

완전정은 설도가 설도전을 만든 것을 기념해서 음시루와 함께 건립한
건물로, 여기에는 당나라 때의 제지(製紙), 제전(製箋) 과정을 그림과 함
께 보여주고 있다.

설도묘(薛濤墓)가 애초에 어디에 있었는지는 모르지만 설도 연구가들
의 고증에 의하면 설도정으로부터 2, 3리 거리에 있었던 것으로 추정된

설도묘 비석에 '당여교서설홍도묘(唐女校書薛洪度墓)'라 쓰여 있다.

다. 1960년대 이전에는 망강루 공원 인근의 사천대학 구내에 설도묘가
있었는데 문화대혁명 때 완전히 파괴되었고 1994년 설도 연구회가 망강
루 공원에 설도묘를 복원하고는 2003년에 묘표도 세웠다. 현재 설도묘
앞에는 '당여교서설홍도묘(唐女校書薛洪度墓)'라 쓰인 비석이 서 있으며
뒷면에는 설도 연구회 부회장 유천문(劉天文)이 찬한 '중건설도비기(重
建薛濤碑記)'가 새겨져 있다. 그리고 사천대학 주응덕(周應德)이 찬한 묘표
가 대리석판에 새겨져 있다. 내가 갔을 때 설도묘에는 온갖 잡초기 무성
하게 자라고 있었다.

청완실, 설도기념관

청완실(淸婉室)은 1903년에 지은 건물로『시경』「정풍(鄭風), 야유만초 (野有蔓草)」의 "유미일인 청양완혜(有美一人 淸揚婉兮)"에서 '淸'과 '婉'을 따서 붙인 이름이다. 이 구절의 뜻은 '아름다운 저 사람, 눈매가 곱고도 맑아라'인데, 설도의 시풍이 곱고도 맑다는 의미로 건물의 이름을 지었 다. 여기에는 청나라 이래의 여러 문인 묵객들이 설도의 시와 인품에 대 해서 쓴 시문들을 모아놓았다. 또 만년에 여관복(女冠服)을 입은 설도의 모습을 새긴 석각상(石刻像)이 있다.(88면 사진 참조)

설도기념관은 설도에 관한 모든 것을 전시하고 있다. 설도의 시편들, 설도제전도(薛濤製箋圖)를 비롯한 설도 초상, 원진, 왕건 등 시인들이 설 도에게 준 시들 외에도 당나라 여인상 인형, 당나라 때의 여성 의상 등을 전시하고 있다.

기념관에서 단연 눈길을 끄는 것은 60미터에 달하는 대형 벽화이다. 화려한 색채가 돋보이는 이 벽화는 누별장안(淚別長安, 눈물로 장안을 이별 하다), 재녀춘망(才女春望, 재녀가 봄날에 바라보다), 방비세계(芳菲世界, 향기 로운 꽃의 세계), 변루장가(邊樓壯歌, 변방 누각에서의 비장한 노래), 중망소귀 (衆望所歸, 많은 사람들이 돌아오기를 바라다), 시혼장존(詩魂長存, 시의 혼이 길이 남다)의 6폭으로 구성되어 있는데 각 화폭마다 관련 시와 그림이 그려져 있다.

'누별장안'에는 설도가 8세 때 오동나무를 주제로 부친과 주고받았던 시가 쓰여 있고, '재녀춘망'에는 설도의「춘망사(春望詞)」중의 한 수가

설도기념관의 벽화 '재녀춘망' 화려한 색채가 돋보이는 6폭의 벽화 중 한 폭이다. 이 벽화에는 설도의 「춘망사(春望詞)」 중 한 수가 쓰여 있다.

쓰여 있다. '방비세계'에는 설도의 시 「수인우후완죽(酬人雨後玩竹)」이 쓰여 있고, '변루장가'에는 변방 송주(松州)로 추방당했을 때 지은 시 「주변루(籌邊樓)」와 원진에게 준 시 「증원(贈遠)」이 있다. '중망소귀'에는 설도의 시가 아닌 인간이 시 「기구봉도(寄舊封道)」의 전4구의 장나나 봉새함(王再咸)의 시 「성도죽지사(成都竹枝詞)」가 쓰여 있다. 「성도죽지사」를 소개한다.

소열사(昭烈祠) 앞에는 건물이 새로 섰고
교서(校書) 무덤 옆에는 봄날의 벽도화(碧桃花)

강산에는 주인 없다 말하지 말라
반은 영웅에 반은 미인에 속해 있다네

昭烈祠前棟宇新　校書墳畔碧桃春
江山莫謂全無主　半屬英雄半美人

'소열사'는 성도에 있는 유비(劉備)의 사당이고 '교서'는 설도를 가리킨다. 마지막 구절의 '영웅'은 유비를, '미인'은 설도를 가리킨다. 그러므로 이 시에서 작자는 천하의 영웅 유비와 미인 설도를 등가(等價)로 평가하고 있다.

2014년에 왔을 때에는 설도기념관에서 모두들 기념품으로 시전지 설도전(薛濤箋)을 한 묶음씩 샀는데 이번엔 관람 시간이 지나 기념품 매장 직원이 퇴근해버려 설도전을 살 수 없어 안타까웠다.

망강루 공원에는 이밖에도 오운선관(五雲仙館), 천향사(泉香榭), 유배지(流杯池), 설도정(薛濤亭) 등 설도와 관련된 건물이 있어서 온통 설도를 주제로 꾸며져 있다.

문물보호구에는 각 건물에 수많은 대련이 걸려 있는데 일일이 모두 소개할 수 없어서 유감이다. 마지막으로 망강루 공원 북대문에 있는 도

망강루 북대문 대문 양쪽 기둥에 도량생의 유명한 영련이 있다.

량생(陶亮生, 타오량성, 1900~1984)의 유명한 영련 하나를 소개한다.

　少陵茅屋 諸葛祠堂 幷此鼎足而三 飾崇麗蕩漪瀾 系客垂楊歌小雅

　(소릉모옥 제갈사당 병차정족이삼 식숭려 탕의란 계객수양가소아)

　元相詩篇 韋公奏牋 總是關心則一 思賢才哀窈窕 美人香草續離騷

　(원상시편 위공주전 총시관심즉일 사현재 애요조 미인향초속이소)

　소릉의 띠집, 제갈량의 사당과 세 솥발을 이루어

　높고 곱게 꾸미고 금강에 물결 일어 수양버들에 배를 매고 『소아』

를 노래하네

원림개방구의 울창한 대나무숲 설도가 평소에 대나무를 좋아했는데 그를 기념하기 위해 심은 200여 종의 대나무가 울창한 숲을 이루고 있다.

원진의 시편과 위고의 상주문(上奏文)은 모두 한 사람에 대한 관심이라

어진 재주 사모하고 예쁜 모습 슬퍼하나니 미인 향초는 『이소』를 이어가리

'소릉의 띠집'은 두보초당이고 '제갈량의 사당'은 무후사(武侯祠)인데 탁금루가 두보초당, 무후사와 함께 성도의 3대 명승이란 뜻이다. '위고

의 상주문'은 설도를 교서랑에 임명해줄 것을 요청한 상주문을 말한다. '미인 향초'는 설도를 말하는데 설도의 시가 굴원(屈原)의 『이소(離騷)』 의 정신을 이었다는 찬사이다.

문물보호구를 둘러보고 우리는 원림개방구로 가서 울창한 대나무 숲을 거닐며 하루의 피로를 풀었다. 언젠가 비 내리는 날 망강루 공원에 왔을 때 나는 「가랑비 속에 설도묘를 방문하다(細雨訪薛濤墓)」란 제목의 시를 지은 적이 있다.

濯錦江頭雨紛紛　寂寥沾濕有孤墳
明眸皓齒今安在　結草吟詩永世薰

탁금강 머리에 부슬부슬 내리는 비
적막하게 비에 젖는 외로운 무덤 있네

아름다운 미인, 지금은 어디 있나
풀 맺으며 읊은 시는 영원토록 향기롭네

전흥대국

전흥대국(全興大麴)은 전국 평주회(評酒會)에서 2회 (1963년), 4회(1984년), 5회(1989년)에 걸쳐 세 번이나 국가 명주에 선정된 우수한 농향형 백주이다. 당연히 '8대 명주'의 반열에도 든다. 8대 명주는 2회와 3회 평주회에서 각각 국가 명주로 선정된 8종의 백주를 가리키는데 2회 때의 8종과 3회 때의 8종이 조금 다르다. 2회 때는 분주(汾酒), 모태주(茅台酒), 노주노교특국(瀘州老窖特麴), 서봉주(西鳳酒), 오량액(五糧液), 고정공주(古井貢酒), 전흥대국(全興大麴), 동주(董酒)가 국가 명주로 선정되었고, 3회 때는 2회 때의 서봉주와 전흥대국이 탈락하고 검남춘(劍南春), 양하대국(洋河大麴)이 선정되었다. 그래서 2회 때의 8종을 '노8대(老八大)'라 부르고 3회 때의 8종을 '신8대(新八大)'라 부른다. 전흥대국은 노8대에 들었다는 자부심을 가지고 있다.

전흥대국은 사천성 성도(成都)에서 생산되는데 성도는 일찍부터 양질의 술을 생산해왔다. 한(漢)나라를 거쳐 당나라 때 이곳의 술이 이름났다는 사실을 옹도(雍陶, 805~?)의 시에서 확인할 수 있다. 사천성 출신인 옹도는 「촉에 도착한 후 도중의 경력을 기록하다(到蜀後記途中經歷)」라는 제목의 시에서

성도에 도착해 소주가 익은 후에는
이 몸 다시 장안에 갈 생각이 없네

自到成都燒酒熟 不思身更入長安

라 하여 성도의 소주 맛을 못 잊어 다시는 벼슬하려 장안에 갈 생각이 없다고 했다. 두보(杜甫)도 성도에 머물고 있던 762년에 쓴 한 시에서 "촉땅 술은 진하기 짝이 없다(蜀酒濃無敵)"고 말한 바 있다. 이로 보면 당나라 때 성도의 술이 꽤 유명했음을 알 수 있다. 송나라 때는 이곳의 금강춘(錦江春)이 이름났고 명나라 때도 만리춘(萬里春)이라는 술이 유명했다고 한다.

청나라 건륭 51년(1786년)에는 섬서성의 왕씨 형제가 사천성 성도의 금강(錦江) 변 수정가(水井街)로 와서 복승전(福升全)이란 소주방을 개설하고 근처에 있는 설도정(薛濤井)의 물로 술을 빚어 '설도주'라 이름했다. 이것이 오늘날 전흥대국의 전신이다. 1824년에는 복승전을 전흥성(全興成)으로 개명하고 설도주를 개선하여 새로운 술을 출시하며 이를 전흥대국(全興大麯)이라 했다.

신중국 성립 후 1951에는 전흥성에 남아 있던 3개의 노교(老窖)를 기초로 국영 성도주창(成都酒廠)을 설립했다. 1989년에 '사천성도전흥주창(四川成都全興酒廠)'으로 개명하고 1997년에는 다시 '사천성도전흥집단유한공사'로 이름을 바꿨다. 이 무렵 전흥집단은 어려움에 처해 있었다. 같은 사천성 제품인 오량액, 모태주 등에 밀리고 있었던 것이다. 그래서 분위기 쇄신을 겸해서 1998년에 공장의 보수, 확장 공사에 착수했다. 그런데 공사 도중에 지하에서 우연히 600여 년 전의 양조 시설 유지를 발견했다.

여기에는 놀랍게도 증류주를 만드는 모든 시설이 거의 완벽하게 보존되어 있었다. 이를 바탕으로 전흥집단은 2000년에 '수정방(水井坊)'이란 새로운 백주를 만들어 출시했다. 발견된 유지가 성도시 금강 변 수정가에 있었기 때문에 그 이름을 딴 것이다.('수정방'에 대해서는 졸저 『중국 인문 기행』 제1권 383면 이하에 자세하다.) 오량액, 모태주 등과 경쟁하기 위해 수정방을 출시해 승부수를 띄운 것이다.

그러나 새로 내놓은 수정방이 큰 성과를 내지 못하자 전흥집단은 2006년에 영국에 본부를 둔 세계 최대의 다국적 주류기업 디아지오(Diageo)와 합작하고 디아지오는 전흥집단의 주식 43퍼센트를 인수한다. 그런데 중국의 '외상(外商) 투자산업 지도목록'에 의하면 국가 명주와 국가 우질주에 선정된 상품에는 외국인의 투자가 금지되어 있었다. 전흥집단이 생산하는 전흥대국은 국가 명주에 선정되었기 때문에 디아지오는 전흥집단에 투자할 수 없게 되었다. 그래서 전흥집단은 2007년에 전흥대국과 수정방의 상표를 분리했다. 수정방은 국가 명주가 아니기 때문에 외국인 투자가 가능해지도록 조처한 것이다. 2010년에는 디아지오와 전흥집단이 정식으로 분가하여, 디아지오는 수정방을 생산하고 전흥집단은 종전의 전흥대국을 생산하게 되었다.

2000년에 수정방을 출시하면서 여기에 전력투구하고 전흥대국을 소홀히 했기 때문에 전흥대국은 더이상 옛날의 영광을 되찾기 어렵게 되었다. 그래서 2011년에는 광명식품집단(光明食品集團) 소속의 상해(上海) '당업연주유한공사(糖業煙酒有限公司)'가 전흥집단을 인수하고 성도에 '사천전흥주업유한공사(四川全興酒業有限公司)'를 설립하여 오늘에 이르고 있다.

　수정방이 나오기 전의 전흥대국은 매우 우수한 술이었다. 나는 중국에 갈 때마다 이 술이 눈에 띄면 주저 없이 구입했다. 수정방이 나온 후에는 이 술을 만나기가 어려워 생산이 중단된 것이 아닌가 하는 생각도 했지만 계속 생산은 되고 있었다. 다만 수정방에 밀려서 그 존재가 흐려졌을 뿐이었다. 광명집단으로 넘어간 후의 전흥대국을 마셔보진 않았지만 옛 명성을 잃고 지금은 중저가 상품으로 전락했다고 한다. 참으로 안타까운 일이다.

세계
과학기술사의 기적,
도강언

세계 수리문화의 효시

기행 2일째인 오늘은 성도 시내를 벗어나 청성산-도강언 풍경구를 둘러볼 예정이다. 먼저 도강언으로 향했다. 성도에서 북서쪽으로 약 50킬로미터 거리에 있는 도강언(都江堰, 두장옌)은 성도 평원 서부의 민강(岷江)에 설치한 대규모 수리관개(水利灌漑) 시설이다. 민강은 장강(長江)의 상류로 수량이 가장 많은 곳이어서 우기(雨期)에는 해마다 사천 분지(四川盆地)에 홍수가 나고 반대로 성도 평원은 가뭄에 시달리고 있었다. 진(秦)나라 소양왕(昭襄王)이 촉군태수(蜀郡太守)로 임명한 이빙(李氷)과 그의 아들이 이 문제를 해결하기 위하여 기원전 256년 전후에 8년여의 공사 끝에 완성한 것이 도강언이다. 천문과 지리에 밝은 이빙은 민강과 주변의 지형을 교묘하게 이용하여 이 공사를 성공적으로 이끌었다. 도

도강언 풍경구　도강언은 진(秦)나라 때 이빙이 민강에 건설한 대규모 수리관개 시설인데, 주위의 풍경이 수려하여 이 일대가 '국가 5A급 여유 경구(旅游景區)'로 지정되었다.

강언의 전체적인 구도는, 민강의 큰 물길을 양분하여 한 갈래를 성도 평원으로 흘러가게 함으로써 홍수를 방지하기도 하고 농업용수를 공급하기도 한다는 것이다.

　도강언이 완성된 후에는 해마다 수재(水災)와 한재(旱災)에 시달리던 일대가 자연재해 없는 곡창지대가 되어 '천부지국(天府之國)'이란 명성을 얻게 되었다. 천부지국은 '하늘의 곳간'이란 뜻으로 땅이 비옥하고 물산이 풍부한 곳을 말한다. 이 수리시설은 이후 계속 보완하여 지금까지도 많은 농지에 농업용수를 공급한다고 한다. 세계사적으로 볼 때 도강언은 세계 수리문화의 효시라 할 수 있으며 건설자 이빙은 중국에서 우왕(禹王) 이래의 치수 영웅(治水英雄)으로 칭송된다.(우왕의 치수에 대해서는 졸저『중국 인문 기행』제2권 307면 이하 참조) 도강언은 2000년에 유네스코 세계문화유산에 등재되었다.

도강언의 기본 구조

2천 년 넘게 수리시설 기능을 해온 도강언은 어취, 비사언, 보병구 세 부분으로 설계되었다.

어취 분수제(魚嘴分水堤)는 민강 중류에 설치한 구조물로 앞부분이 물고기 주둥이(魚嘴)처럼 생겨 민강의 흐름을 두 갈래로 나누는 역할을 한다. 어취에 의해서 물길이 갈라져 서쪽으로 흐르는 것을 외강(外江), 동쪽으로 흐르는 것을 내강(內江)이라 하는데 내강은 좁고 깊으며 외강은 넓고 얕다. 외강이 민강의 본류다. 그러므로 갈수기(渴水期)에는 민강 물의 60퍼센트가 내강으로 흘러 들어가고 40퍼센트가 외강으로 들어간다. 홍수기에는 그 반대가 되어 수량이 자동적으로 조절된다. 이것이 이른바 '치수(治水) 삼자경(三字經)'에서 말한 "분사육(分四六) 평료한(平潦旱)"이다. 즉 '4·6으로 나뉘어 홍수와 가뭄을 평정한다'는 뜻이다.

비사언(飛沙堰)은 어취 분수제 꼬리 부분의 동쪽에 설치한 2미터 정도 높이의 제방으로 홍수가 났을 때 내강의 물을 외강으로 흘려보내는 역

내강

외강

어취

민강

도강언 중국 역사상 사람의 마음을 가장 격동시킨 것이라고 할 만큼 중요한 수리시설이다. 강 중앙에 설치된 물고기 수능이처럼 생긴 것이 '어취'인데, 민강의 큰 물길을 양분하여 한 갈래를 성도 평원으로 흘러가게 함으로써 홍수를 방지한다. 그 뒤쪽에 비사언과 보병구가 있다.

할을 한다. 홍수 때 어취 분수제에 의해서 수량이 어느 정도는 자동 조절되지만 더 큰 홍수가 났을 때를 대비한 구조물이다. 물뿐만 아니라 홍수 물결에 떠밀려온 큰 바위나 모래도 비사언을 통해서 외강으로 흘려보내서 내강에 찌꺼기가 쌓여 막히는 것을 예방한다. '비사언'은 '모래(沙)를 날려보내는(飛) 제방(堰)'이란 뜻이다.

보병구(寶甁口)는 내강으로 흘러온 물이 성도 평원으로 빠져나가도록 인공으로 만든 수로(水路)이다. 민강 동쪽의 옥루산(玉壘山)이 강 쪽으로 뻗은 부분을 인공적으로 잘라서 너비 20미터가량의 수로를 만든 것이다. 여기서 나간 물이 광대한 농지의 관개(灌漑)를 가능케 하여 옥토를 만든다. 수로의 입구가 병(甁)의 목 모양으로 생겼다고 해서 '보배로운 병입구'란 뜻으로 붙여진 명칭이다.

도강언이 완성된 후 조정에서는 이를 지속적으로 감독하고 보호하고 손질했다. 한나라 영제(靈帝) 때는 도수연(都水椽), 도수장(都水長)을 두어 시설을 관리케 했고, 촉한(蜀漢) 때는 제갈량이 도강언의 중요성을 알아서 1,200명의 병사로 하여금 보호하고 언관(堰官)을 설치하여 감독케 했다. 또 송대 이후에는 해마다 겨울철 갈수기에 내강의 밑바닥에 쌓인 모래 등을 파내어 강물이 보병구로 잘 흘러 들어가도록 했다. 현재도 도강언은 성도 평원의 농업에 중요한 역할을 한다. 중국의 저명한 현대 작가인 여추우(余秋雨, 위추위)는 이렇게 말했다.

중국 역사상 사람의 마음을 가장 격동시킨 것은 만리장성이 아니고 도강언이다. 도강언은 중화민족에게 영원히 물을 대준다. 도강언이 있었기 때문에 제갈량과 유비의 웅대한 재능과 큰 지략이 있었고, 이백, 두보, 육유의 빛나는 문장이 있었다. 도강언이 있었기 때문에 항일 전쟁 중에 중국이 비교적 안정적인 후방을 가질 수 있었다.

도강언이 건설된 후 이 지역에는 이빙의 치적을 기리는 건물들이 들어서고 또 주위의 풍경이 수려하여 이 일대가 '국가 5A급 여유 경구'로 지정되었다. 이제 도강언 풍경구의 유적과 명소 몇 곳을 소개한다.

이빙 부자의 사당 이왕묘

이왕묘(二王廟)는 도강언의 건설자인 이빙(李氷) 부자(父子)를 모시는 사당이다. 원래는 고대 촉왕 두우(杜宇)를 제사 지내는 망제사(望帝祠)였으나, 남북조 시대 제(齊)나라의 익주자사(益州刺史) 유계련(劉季連)이 3세기 말경에 망제사를 비현(郫縣)으로 옮기고 이곳은 이빙을 모시는 숭덕사(崇德祠)로 개명했다. 이후 이공묘(李公廟), 이왕궁(二王宮) 등 20여 개의 명칭으로 불리다가 송대(宋代) 이후로 이빙 부자가 왕으로 책봉되었기 때문에 청대(淸代)에 와서 이왕묘로 불리게 되었다.

전란과 화재로 수없이 흥폐를 거듭하다가 현존 건축물은 대부분 1925년 화재 이후에 중건한 것이다. 옥루산 기슭에 건립한 것이기 때문에 평지에 지은 일반 도교 사원이나 불교 사찰과는 달리 중축선(中軸線, 구역을 남북으로 가르는 중심선)을 중심으로 좌우 대칭을 이루는 구조가 아

이왕묘 악루(정문)   도강언을 건설한 이빙의 사당 앞에 모인 중국 인문 기행 참가자들(2018년 10월)

니고, 산기슭이라는 입지에 맞게 높고 낮은 자연 지리 환경에 따라 자연스럽게 건축되었다. 그래서 맨 아래부터 위쪽 건물까지의 높이가 61미터에 이르러 16층 건물의 높이와 맞먹는다. 또 넓은 평지에 지은 것이 아니기 때문에 건축 밀도가 높아서 건폐율이 60퍼센트에 달한다. 이왕묘는 문물구(文物區)인 동원(東苑)과 원림구(園林區)인 서원(西苑)으로 나누어지는데 대부분의 건물은 동원에 있다. 동원의 주요 건물을 살펴본다. 건물군은 악루(樂樓)와 3개의 주전(主殿), 16개의 배전(配殿)으로 이루어져 있다.

악루는 이왕묘의 정문으로 3층으로 이루어져 있고, 이 정문을 들어서면 계속 아래로 내려가면서 건물이 배치되어 있다. 민국시기 풍옥상(馮玉祥, 평위상, 1882~1948) 장군이 쓴 '이왕묘(二王廟)' 편액이 정문에 걸려있다.

3개의 주전은 이빙 부부를 모신 이빙전과 이빙의 아들을 모신 이랑전(二郎殿) 그리고 노자(老子)를 모신 노군전(老君殿)을 일컫는다. 이중 이랑전에 대해서 약간의 설명이 필요하다. 이랑(二郎)은 중국 고대신화 속의 수신(水神)인 이랑진군(二郎眞君)이다. 이빙에 대해서는 자세한 생애가 알려져 있지 않지만 그는 아들이 없는 것으로 되어 있다. 그런데 후대에 이빙이 신격화되면서 신화 속의 이랑을 이빙의 아들로 만들어 이랑전을 건립한 것이다. 이 3개의 주전에 무수한 편액과 영련이 걸려 있는데 몇 개만 소개한다. 먼저 편액이다.

膏流萬頃(고류만경) 일만 이랑에 기름진 물길 ── 이빙전

利濟斯民(이제사민) 백성들을 이롭게 하고 구제하다 —— 이빙전

利濟全川(이제전천) 온 사천 지방을 이롭게 하고 구제하다 —— 이빙전

奕世戴德(혁세대덕) 대대로 덕을 지니다 —— 이랑전

惟道獨尊(유도독존) 도(道)만 홀로 높다 —— 노군전

다음은 이빙전의 영련이다.

六字炳千秋 十四縣民命食天 盡是此公錫予

(육자병천추 십사현민명식천 진시차공석여)

萬流歸一匯 八百里靑城沃野 都從太守得來

(만류귀일회 팔백리청성옥야 도종태수득래)

여섯 글자가 천추에 빛나

열네 개 현의 백성 생명 먹여 살리니

모두가 이분이 하사하신 것이라

일만 갈래 물이 한곳에 모여

팔백 리 청성이 비옥한 평야 되었으니

모두가 태수로부터 나온 것이라

이빙전의 영련에서 '여섯 글자'는 이른바 '치수 육자결(治水六字訣)'
로, 이빙의 치수 요결(要訣)을 6자로 요약한 '심도탄(深淘灘) 저작언(低作

관란정 벽에 새겨진 치수경 좌측에 삼자경과 팔자격언이 새겨져 있고, 정면에 보이는 것이 치수 육자결인 '심도탄(深淘灘) 저작언(低作堰)'이다.

堰)'을 말하는데 '강을 깊이 준설하고, 제방을 낮게 만든다'는 뜻이다. 그리고 '이분'과 '태수'는 모두 이빙을 가리킨다.

치수경(治水經)은 관란정(觀瀾亭) 아래 벽에 삼자경(三字經), 육자결(六字訣), 팔자격언(八字格言)이 새겨져 있는 것을 말한다. 삼자경은 두 가지인데 하나는 1874년에 관현(灌縣) 태수 호기(胡圻)가 작성한 것으로 세 글자로 된 16항목의 치수 요결이고, 다른 하나는 1906년에 성도지부 문환(文煥)이 호기의 삼자경을 수정 보완한 것으로 모두 20개의 항목으로 되어 있다. 육자결은 문환의 삼자경 첫 두 개 항목인 '심도탄 저작언'을 말한다. 팔자격언은 팔자경이라고도 하는데 '우만절각(遇灣截角) 봉정추심

(逢正抽心)' 여덟 글자이다. 대체적인 뜻은, 강의 튀어나온 부분은 깎아서 물길이 순탄하게 흐르도록 하고, 강 가운데를 깊이 파서 물이 범람하지 않도록 한다는 것이다.

언공당(堰功堂)은 이빙 이래 도강언을 만들고 보수하고 관리하는 데 공헌을 한 30명을 모신 사당이다. 여기에는 촉군태수 문옹(文翁), 제갈량, 사천총독 정보정(丁寶楨) 등 30명의 목주(木主, 죽은 사람의 이름을 적은 나무 패. 위패)와 간략한 전기가 새겨져 있다.

이왕묘에는 이밖에도 청룡전, 백호전, 성황전, 성모전, 태양전 등의 16 배전이 있고 서원(西苑)에는 서하정(栖霞亭), 청음정(青蔭亭), 응벽정(凝碧亭) 등의 정자들이 들어서 있다.

어취 위에 놓인 안란삭교

안란삭교(安瀾索橋)는 민강의 내강과 외강이 갈라지는 곳, 즉 어취(魚嘴) 위에 놓인 교량으로 내강과 외강을 가로지르는 일종의 '줄다리'이다. 처음 언제 만들어졌는지는 알 길이 없으나 송나라 이전에는 주포교(珠浦橋)로 불렸고 990년에 대리평사(大理評事) 양초(梁楚)가 중건한 이후로는 평사교(評事橋)로 불리다가 명나라 말에 전란으로 훼손되었다.

이 부근은 물살이 거세어서 건너기가 위험했는데 1803년에 여기서 배가 전복되어 100여 명이 사망하는 사고가 발생했다. '천하의 길을 두루 다녀도, 민강을 건너기는 어렵다네'라는 민요가 있을 정도로 물살이 거

안란삭교 민강의 내강과 외강을 가로지르는 일종의 '줄다리'로 '천하 애정 제일교'라 불리기도 한다.

센 곳이었다. 이를 보고 당지 인사인 하선덕(何先德) 부부가 모금을 하고 사람을 모아 다리를 다시 건설한 후 이를 안란교(安瀾橋)라 불렀다. 이것은 '안도광란(安渡狂瀾)' 즉 '미친 물길을 안전하게 건너다'는 뜻이다. 또 후세 사람들이 하선덕 부부를 기려 이 다리를 '부처교(夫妻橋)' '천하 애정 제일교'라 부르기도 했다.

이 다리에는 이런 이야기가 전한다. 하선덕이 다리를 건설하던 중 난간이 없는 다리 위에서 일하던 사람이 떨어져 죽는 일이 있었는데 이 사건으로 하선덕을 모함하는 자가 있어 그는 관청에 잡혀가 억울하게 사형을 당했다. 그후 아내가 남편의 억울함을 풀어주기 위해서 다리를 완성했다고 한다. 아내는 사람이 떨어지지 않게 난간(欄干)을 먼저 설치했다고 해서 이 다리를 '안란교(安欄橋)'라 불렀다는 말도 전해진다. 그러나 1982년에 발견된 하선덕 부부 합장묘비(合葬墓碑)에는 이런 사실이 적혀 있지 않다. 이 묘비는 지금 이퇴공원의 복룡관(伏龍觀)에 보존되어 있다.

1962년 이전에는 관례에 따라 대나무 줄을 사용했으나 1962년에 처음으로 쇠줄로 바꾸었다. 줄만 쇠줄로 바꾸었지 상판엔 나무판자를 깔아 옛 정취를 느낄 수 있게 했다. 지금 우리가 보고 있는 안란삭교는 1974년에 원 위치에서 100미터 아래에 중건한 것으로 다리 양쪽에 안란루(安瀾樓)를 세워놓았다. 원래의 다리 길이는 500미터였으나 중건 이후에는 261미터로 줄었다.

이퇴공원의 도교 사원 복룡관

이퇴공원은 도강언 풍경구의 명소 중 하나이다. '이퇴(離堆)'는 '분리된 흙무더기'란 뜻으로, 이빙이 옥루산 끝자락을 끊어 파서 보병구를 만들 때 생긴 돌과 흙을 쌓아놓은 곳이다. 원래는 옥루산의 일부였다가 옥루산과 분리되었다는 뜻으로 붙인 명칭이다. 지금은 여기에 이퇴공원이 조성되어 있는데 중국 원림(園林) 중에서 천파원림(川派園林, 사천 지방 특유의 원림)의 전형적인 풍격을 갖추었다고 한다.

이곳 이퇴공원 북단에 복룡관(伏龍觀)이 있다. 복룡관은 4세기경, 오

복룡관 도강언 풍경구의 명소 중 하나인 이퇴공원 북단에 있는 도교 사원이다. 여기에 이빙의 석상이 보존되어 있다.

호십육국(五胡十六國)의 하나인 성한(成漢) 때 청성산(靑城山) 천사도(天師道)의 영수인 범장생(范長生)을 기념하기 위하여 건립된 도교 사원으로 처음엔 범현관(范賢觀)이라 불렀다. 그러다가 오대(五代) 후촉(後蜀) 시기 (934~966)에 이빙을 제사지내는 이공사(李公祠)로 바뀌었다. 전설에 의하면, 민강에 사람을 해치는 고약한 용이 있었는데 이빙 부자가 이 용을 잡아서 이퇴 밑에 가두었다고 한다. 그래서 송나라 때에 '용을 항복시켰다'는 의미에서 명칭을 복룡관으로 바꾸었다.

복룡관에는 이빙의 석상이 보존되어 있다. 이 석상은 1974년 외강의 갑문(閘門)을 수리하던 중 강 속에서 발견한 것으로 가슴에 '고촉군이부군휘빙(故蜀郡李府君諱氷)'이라는 명문(銘文)이 새겨져 있는 것으로 보아 이빙의 석상이 틀림없다고 판단되었다. 그리고 또 다른 명문에 의하여 이 석상이 168년에 만들어졌음도 밝혀졌다.

우리는 도강언 관람을 마치고 근처에 있는 화계신어항대주점(花溪新魚港大酒店)에서 점심 식사를 했는데 음식 맛이 좋지 않았다. 식당 앞에는 이런 문구가 쓰여 있었다.

拜水都江堰 (배수도강언)
問道靑城山 (문도청성산)

도강언에서 물에 경배하고
청성산에서 도를 묻는다

이것은 물과 도(道)라는 두 지역의 특성을 강조한 문구이다. 도강언과 청성산이 가까이 있고 또 이 두 지역을 묶어서 세계문화유산으로 등재했기 때문에 이런 표어가 생긴 것이다. 이후 이 문구는 이 지역을 대표하는 표어가 되었다.

도교의 발상지
청성산

중국 4대 도교 명산의 하나

청성산(靑城山, 칭청산)은 성도에서는 68킬로미터, 도강언에서는 서남
쪽으로 16킬로미터 거리에 있는 높이 1,600미터의 산으로 중국 도교(道
敎) 발상지 중의 하나이다. 청성산은 도교 10대 동천(洞天, 도교에서 추구하
는 신선이 사는 이상향) 중 제5동천에 해당하며 중국 4대 도교 명산의 하나
이다. 청성산은 2000년 도강언과 함께 유네스코 세계문화유산으로 등재
되었다.

도교는 노자(老子)를 교조로 하는 중국 토착 신앙인데 동한(東漢,
25~220) 말의 장릉(張陵, 85?~157?) 또는 장도릉(張道陵)에 이르러 처음으
로 조직을 갖춘 종교집단의 형태를 띠었다. 장릉은 사천성 대읍현(大邑
縣)의 학명산(鶴鳴山)에서 도를 깨치고 청성산으로 들어와 제자들을 가

청성산 산문(대문) 청성산은 중국 4대 도교 명산의 하나로, 유네스코 세계문화유산에 등재되었다. 이 건물의 뒷면 처마 밑에 '청성천하유(靑城天下幽, 청성산은 천하에서 가장 그윽하다)' 편액이 걸려 있다.

르쳤는데 그의 가르침을 받으려는 사람들은 당시의 관습에 따라 쌀 다섯 말을 바쳤기 때문에 이를 '오두미도(五斗米道)'라 불렀다. 중국 도교에서는 장릉을 도교의 창시자로 본다.

이후 제자들이 그를 '천사(天師)'라 부르고 그의 가르침을 천사도(天師道)라 불렀다. 천사도는 남북조 시기에 구겸지(寇謙之)를 중심으로 한 북천사도(北天師道)와 육수정(陸修靜)이 이끄는 남천사도(南天師道)로 나뉘었다가 당나라 때 하나로 통일된다. 당나라 역대 황제는 스스로 노자의 후예임을 자처하고 도교를 숭상했는데 노자의 본명 이이(李耳)가 당나라 고조(高祖) 이연(李淵)과 성(姓)이 같기 때문이다. 666년에는 당나라 고

종(高宗)이 노자가 이씨(李氏)
의 선조임을 공식적으로 선
포하기에 이르렀다.

그러다가 무측천(武則天,
624~705) 집권 시기에는 불교
를 숭상했다. 무측천은 무씨
(武氏)이므로 이씨(李氏)인 노
자의 후예로 자처하여 도교
를 숭상할 필요가 없었던 것
이다. 이렇게 되자 도교 사원
이 승려들에 의해 강제로 불
교 사찰로 바뀌는 일이 벌어
졌다. 그 대표적인 예로 청성
산 밖에 있던 비부사(飛赴寺)

오동천 패방 도보로 올라가다 만나게 되는 천연
도화방과 천사동 사이에 있는 패방이다. 청성산은
도교 10대 동천 중 제5동천에 해당한다.

의 승려들이 청성산의 도관(道觀, 도교 사원)인 상도관(常道觀)을 강제로
점거했다. 이후 양측은 20여 년간 대치하며 유혈사태가 일어나기도 했
는데 이 사태는 현종(玄宗)에 의해서 해결되었다.

즉위하면서 다시 도교를 국교로 삼고 불교를 배척한 현종은 이 사태
에 대하여 "도관은 도가(道家)에게 돌려주고 사찰은 산 밖의 옛 장소로
돌아가라(觀還道家 寺依山外舊所)"고 판결한 것이다. 이 사건의 전말을 기
록한 비석이 '대당개원신무황제칙서비(大唐開元神武皇帝勅書碑)'로 지금
청성산 천사동(天師洞)의 삼황전(三皇殿)에 보존되어 있다. 현종이 이 칙

서에서 원래의 이름 '淸城山'을 '靑城山'으로 쓴 이후 사람들은 산의 이름을 '靑城山'으로 표기했다. '淸'을 '靑'으로 쓴 것이 현종의 고의인지 실수인지는 알 길이 없다.

청성산은 전산(前山)과 후산(後山)으로 나뉘는데 대부분의 도교 문화 유적들이 전산에 집중되어 있다. 전산을 관람하는 방법은 다양하다. 대문을 들어간 후 적취정(滴翠亭)과 천연각(天然閣)을 지나 이락와(怡樂窩)에서 길이 두 갈래로 갈라진다. 왼쪽으로 가면 도보로 올라가는 길이고 오른쪽으로 가면 월성호(月城湖)를 지나 케이블카를 타고 상청궁(上淸宮)까지 올라가는 길이다. 어느 쪽으로 가든 그 나름의 장단점이 있다. 우리 일행은 케이블카를 타기로 했다. 여기서는 청성산의 중요한 도교 유적 몇 곳을 소개한다.

상도관, 천사동

도관(道觀)은 도교의 신을 모시고 도사(道士)가 수행과 제의(祭儀)를 행하는 곳으로 불교의 사찰에 해당한다. 청성산 중턱에 위치한 천사동(天師洞)은 청성산의 주 도관인 상도관(常道觀)의 별칭이다. 수(隋)나라 때에는 연경관(延慶觀)으로 불렸고 당나라 때 상도관으로 불리다가 송나라 때에는 한때 소경관(昭慶觀)으로도 불리다가 다시 상도관이란 명칭을 되찾았다. 지금은 상도관 산문에 '고상도관(古常道觀)' 편액이 걸려 있고, 지형의 높낮이에 알맞게 수십 개의 사원 건물이 들어서 있다. 이곳이 청

천사동(상도관) 산문 문 위에 '고상도관(古常道觀)'이란 편액이 걸려 있고, 높고 가파른 돌계단을 따라 올라가면 정면에 보이는 건물이 상도관 삼청대전이다.

성산 도교의 중심이다. 이곳 상도관의 중요한 건축물인 삼청대전, 황제사, 삼황전, 천사전 등을 살펴본다.

　삼청대전(三淸大殿)은 상도관의 주전(主殿)으로, 도교 최고의 삼신(三神)인 옥청(玉淸) 원시천존(元始天尊), 상청(上淸) 영보천존(靈寶天尊), 태청(太淸) 도덕천존(道德天尊)을 모시는 곳이다. 삼청(三淸)은 도교 최고의 세 신을 일컫는 말이기도 하고, 이들 세 신이 관장하는 옥청, 상청, 태청

천사동 삼청대전 천사동의 주전(主殿)으로, 도교 최고의 삼신인 옥청 원시천존, 상청 영보천존, 태청 도덕천존을 모시는 곳이다.

의 세 영역을 가리키는 말이기도 하다. 천존은 도교 최고신의 존칭이다. 이들을 모신 감실(龕室) 위쪽에는 청나라 강희 황제의 어필 '단대벽동(丹臺碧洞)' 편액이 걸려 있는데 이에 대해서는 약간의 설명이 필요하다. 도교는 당나라 때 전성기를 맞이했다가 이후 송, 금, 원, 명을 거치면서 점차 쇠퇴해갔다. 그런 가운데에서도 금나라 때 왕중양(王重陽)이 창립한 전진도(全眞道)만 교세를 확장했다. 명나라 말기에 전란으로 나라가 몹시 어지러워지자 청성산의 도사들이 대부분 도망을 가서 청성산의 도맥(道脈)이 끊어질 위기에 처했다. 이 시기에 무당산(武當山)에서 전진도 용문파(龍門派)를 이끌고 있던 진청각(陳淸覺)이 강희 8년(1669년)에 청성산으로 들어와서 도교를 개혁하고 크게 발전시켰다. 그후 강희 황제는 진청각을 '벽동진인(碧洞眞人)'으로 책봉하고 '단대벽동(丹臺碧洞)' 친필 편액을 하사했다. 이로부터 청성산 도교는 '전진도 용문파 단대벽동종(全眞道龍門派丹臺碧洞宗)'에 소속되었다. 천사동의 현존 건축물 대부분은 강희(1662~1722) 중엽에 진청각의 주도로 신축되거나 증축된 것이고 이를 1920~1930년 사이에 도장(道長) 팽춘선(彭椿仙)이 개건(改建)한 것이다. ·

　삼청대전에는 수많은 대련이 있는데 그중에서도 다음과 같은 대련이 눈에 띈다.

　　一生二 二生三 三生萬物 (일생이 이생삼 삼생만물)
　　地法天 天法道 道法自然 (지법천 천법도 도법자연)

　　하나가 둘을 낳고 둘이 셋을 낳고 셋이 만물을 낳는다
　　땅은 하늘을 본받고, 하늘은 도를 본받고, 도는 자연을 본받는다

　상련은 『도덕경』 제42장의 구절로 『도덕경』에는 '일생이(一生二)' 앞에 '도생일(道生一, 도가 하나를 낳고)'이 있는데 이를 생략한 것이다. 하련 역시 『도덕경』 제25장에 있는 구절로 『도덕경』에는 '지법천(地法天)' 앞에 '인법지(人法地, 사람은 땅을 본받고)'가 있는데 이를 생략한 것이다.

　황제사(黃帝祠)는 삼청대전 뒤에 있는 건물로 천사동에서 가장 먼저 세워졌다. 정문에 국민당 원로인 명필 우우임(于右任)이 초서체로 쓴 '고

천사동 황제사 '고황제사(古黃帝祠)' 편액 아래에 도교의 시조인 황제 헌원씨의 소상이 모셔져 있다.

천사동 천사전 장도릉이 수련 하던 곳으로, 안에는 수나라 때 만든 장도릉 석각상과 장릉의 30대손인 송나라 때의 허정천사 장계선의 소상이 있다. 산의 높낮이에 맞게 지어진 건물이 동굴 과 같다고 하여 이곳을 천사동이라 불렀는데, 지금은 습관적으로 상도관 전체를 천사동이라고 부른다.

황제사(古黃帝祠)' 편액이 걸려 있고 안에는 면류관을 쓴 황제 소상이 모셔져 있다. 도교는 황제(黃帝)로부터 기원했기 때문에 황제를 시조(始祖)라 칭하고, 노자가 황제의 기초 위에서 교의(敎義)를 발전시켰기 때문에 노자를 도조(道祖)라 칭하고, 장릉이 종교로서의 도교를 조직화했기 때문에 장릉을 교주(敎主)라 칭한다. 그렇기 때문에 황제를 모시는 사당을 따로 만든 것이다.

삼황전(三皇殿)은 황제사 뒤에 있는 건물로 복희(伏羲), 신농(神農), 황제(黃帝)를 모시는 사당이다. 삼존신(三尊神)의 좌상이 안치되어 있다. 여기에 청성산에서 보물로 여기는 대당개원신무황제칙서비(大唐開元神武

皇帝勅書碑)가 보존되어 있다. 또 '춘선팽진인중수상도관비(椿仙彭眞人重修常道觀碑)'가 있어서 팽춘선이 상도관의 여러 건물을 중수한 기록을 볼 수 있다.

천사전(天師殿)은 장(도)릉이 수련하던 곳으로 산의 높낮이에 따라 지은 건물이 동굴과 같다고 해서 이곳을 천사동(天師洞)이라 불렀다. 지금은 상도관 전체를 습관적으로 천사동이라 부른다. 안에는 수나라 때 만든 장도릉 석각상이 있고 밖에는 장릉의 30대손인 송나라 때의 허정천사(虛靖天師) 장계선(張繼先)의 소상이 있다. 앞문에는 청나라 '양주팔괴(揚州八怪)'의 한 명인 판교(板橋) 정섭(鄭燮)의 대련이 쓰여 있다.

心淸水濁 (심청수탁)
山矮人高 (산왜인고)

마음은 맑고 물은 탁하며
산은 낮고 사람은 높다

마치 불가(佛家)의 선문답(禪問答) 같아서 그 뜻을 제대로 파악하기가 쉽지 않다. 여러 가지로 해석할 여지가 있지만 내 나름대로 한번 해석해 본다. '마음이 무척 맑기 때문에 물도 탁해 보이고, 산이 낮게 보이는 것은 사람의 인품이 높기 때문이다.' '마음'은 천사동에서 수련한 장릉의 마음일 터이고, '사람' 역시 장릉을 가리키는 것으로 해석했다.

상청궁 청성산의 숭요한 도교 사원으로, 정문에 걸린 '상청궁(上淸宮)' 편액은 1940년에 장개석이 쓴 것이다.

상청궁

상청궁(上淸宮)은 산 정상에서 500미터쯤 아래에 있다. 청성산의 중요한 도관 중의 하나로 진(晉)나라 때 처음 건립되어 흥폐를 거듭하다가 현존 건물은 1869년에 중건되고 민국 초에 증축된 것이다. 정문(산문)에 걸려 있는 '상청궁(上淸宮)' 편액은 1940년에 장개석(蔣介石, 장제스)이 쓴 것이다. 편액 밑 양쪽의 영련은 국민당 원로 우우임이 짓고 쓴 것이다.

于今百草承元化 (우금백초승원화)

自古名山育聖人 (자고명산육성인)

지금까지 온갖 풀은 대자연의 덕화를 받았거늘

예부터 명산은 성인을 길렀도다

　우우임은 국민당 정부의 고위 관리이며 유명한 서예가였다. 1949년
장개석을 따라 대만으로 가서 일생을 마쳤다. 위의 대련은 장개석과 우
우임의 관계를 나타낸다고도 한다. 즉 '온갖 풀'은 국민당 당원들을 가
리키고 '대자연의 덕화'는 장개석의 덕화를 암시한다는 것이다. 하련의
성인도 물론 장개석을 지칭한다는 것인데 다소 지나친 해석이라는 생각
이 든다. 상청궁 편액이 걸린 중앙 정문 양쪽에 작은 문이 있고 문 위에
는 각각 현포문(玄圃門), 요대궐(瑤臺闕)이라는 편액이 걸려 있는데 현포
와 요대는 모두 신화 속의 신선들이 산다는 곳이다.

　상청궁 산문 앞에는 커다란 조벽(照壁)이 있는데 앞면엔 '도(道)'자가
쓰여 있고 뒷면엔 '대도무위(大道無爲)'라 쓰여 있다. 모두 도가(道家) 문
자이다. 산문엔 민국 시기 서북 군벌의 수령인 풍옥상(馮玉祥, 1882~1948)
장군이 『도덕경』에서 집구(集句)한 대련이 걸려 있다. 여기서 '집구'란
『도덕경』의 구절을 발췌, 조합하여 하나의 의미 있는 문단을 만드는 것
을 말한다.

　上德無爲 行不言之敎 (상덕무위 행불언지교)

상청궁 산문 앞 조벽　앞면엔 '도(道)', 뒷면엔 '대도무위(大道無爲)'라 쓰여 있다. '도'와 '무위'는 도교가 추구하는 궁극적인 목표이다.

大成若缺 天得一以淸 (대성약결 천득일이청)

높은 덕을 지닌 사람은 하는 일이 없으나, 말 없는 가르침을 행하고
크게 이룬 것은 모자란 듯하나, 하늘은 하나를 얻어 맑아진다

상련의 '상덕무위(上德無爲)'는 『도덕경』 제38장의 "높은 덕을 지닌 사
람은 하는 일이 없으나 하지 못하는 것이 없다(上德無爲 而無以爲)"의 앞
구절을 발췌한 것이고, '행불언지교(行不言之敎)'는 『도덕경』 제2장의
"이런 까닭에 성인은 무위(無爲)의 일에 처하고, 말 없는 가르침을 행한
다(是以聖人 處無爲之事 行不言之敎)"의 뒷 구절을 발췌하여 조합한 것이다.
하련의 '대성약결(大成若缺)'은 역시 『도덕경』 제45장의 "크게 이룬 것은

모자란 듯하나, 그 쓰임이 낡지 않다(大成若缺 其用不弊)"의 앞 구절에서 따온 것이고, '천득일이청(天得一以淸)'은 『도덕경』 제39장의 "하늘은 하나를 얻어 맑아지고, 땅은 하나를 얻어 안정되고, 신은 하나를 얻어 영험 해지고, 골짜기는 하나를 얻어 가득 차고, 만물은 하나를 얻어 생장하고 후왕은 하나를 얻어 천하가 바르게 된다(天得一以淸 地得一以寧 神得一以靈 谷得一以盈 萬物得一以生 侯王得一以爲天下貞)"의 첫 구절을 발췌한 것이다. 여기서 '하나'는 '도(道)'일 것이다.

상청궁에는 여러 부속 건물들이 있는데 그중 노군전(老君殿)은 태상노 군(太上老君) 노자와 순양조사(純陽祖師) 여동빈(呂洞賓), 삼풍조사(三豊祖 師) 장삼풍(張三豊)을 모시는 전각이다. 또 다른 부속건물인 삼청대전에 는 도교의 삼존신(三尊神)과 그 제자인 12금선(金仙)을 모시고 있다. 삼청 대전 우측의 도덕경당(道德經堂)에는 노자 『도덕경』 전문과 『음부경(陰符 經)』 전문이 남목판(楠木板)에 새겨져 있고, 삼청대전 좌측의 문무전(文武 殿)에는 문성(文聖) 공자와 무성(武聖) 관우가 모셔져 있다.

도덕경당 앞에 '원앙정(鴛鴦井)'이라는 두 개의 우물이 있는데 하나는 맑고 다른 하나는 탁하며, 하나는 깊고 다른 하나는 얕다고 한다. 이 두 우물의 밑바닥은 서로 통해 있어서 각각 남과 여를 상징한다고 한다. 여 기에는 또 일 년 내내 넘치지도 않고 마르지도 않는 '마고지(麻姑池)'라 는 연못도 있다. 이 '원앙정'과 '마고지' 글씨는 사천성 출신의 현대 화 가 장대천(張大千)이 썼다고 한다. 장대천은 뛰어난 발묵화가(潑墨畫家, 먹 물이 번져 퍼지게 하는 기법을 쓰는 화가)로 제백석(齊白石)과 이름을 나란히 하여 '남장북제(南張北齊)'로 일컬어졌으며 1950년대에는 세계 각지를 순회하면서 개인전을 열어 일약 세계적인 화가로 평가되었다. 이 장대천이 1938년부터 4년간 이곳 상청궁에 거주하면서 1,000여 폭의 그림을 그렸다고 한다.

노군각

상청궁에서 바로 위로 올라가면 노군각(老君閣)이 나온다. 노군각은 청성산 제1봉인 팽조봉(彭祖峰, 1260미터) 꼭대기에 세워진 누각으로 높이가 33미터에 이른다. 6층의 팔각형 건물인데 아랫부분은 사각형이고 윗부분은 원형이다. 팔각형은 팔괘를 나타내고 건물 전체의 모양은 하늘은 둥글고 땅은 모지다는 '천원지방(天圓地方)'을 상징한다고 한다.

누각의 5층까지는 내부가 비어 있는데 여기에 노자가 푸른 소를 타고 있는 조각상이 안치되어 있다. 노자상의 높이가 13.6미터이고 소의 높이까지 합하면 전체가 16미터에 달하는 거대한 조각이다. 이 조각은 저명한 화가 서비홍(徐悲鴻)이 청성산에서 그린 그림 「자기동래(紫氣東來)」의 모델이 되었다.(서비홍에 관해서는 졸저『중국 인문 기행』제2권 443면 이하 참조) 이 조각과 「자기동래」의 유래는 이렇다. 세상이 어지러워지자 노자가 벼슬을 버리고 낙양을 떠나 서쪽으로 향했다. 함곡관(函谷關, 하남성 서북부에 있는 관문)을 지키고 있던 관령(關令) 윤희(尹喜)가 누대에 올라 사방을 살펴보다 자기(紫氣, 자줏빛 기운으로 상서로운 기운을 말함)가 동쪽으로부터 오고 있음을 발견하고는 분명 성인이 지나갈 것으로 생각했는데 얼마 뒤

노군각 청성산 제1봉인 팽조봉 꼭대기에 세워진 누각으로, 높이 33미터의 6층 팔각형 건물이다. 안에는 노자가 푸른 소를 타고 있는 조각상이 안치되어 있다.

에 과연 노자가 푸른 소를 타고 왔다는 것이다. 그리고 여기서 노자가 윤희에게 5,000자의 도덕경을 구술했다는 이야기도 전한다. 노군각에 있는 수많은 대련 중에서도 장대천의 대련이 산뜻하다.

長嘯一聲 山鳴谷應 (장소일성 산명곡응)
回頭四望 海闊天空 (회두사망 해활천공)

길게 한번 휘파람 부니
산이 울고 골짜기가 응답하네

고개 돌려 사방을 바라보니

바다는 넓고 하늘은 텅 비었네

건복궁

장인봉(丈人峰) 아래 자리 잡은 건복궁(建福宮)은 청성산 산문 부근에 있다. 730년에 처음 건립되었고 여러 차례의 중수(重修)를 거쳐 현존 건물은 1888년에 중건된 것이다. 처음의 명칭은 장인관(丈人觀)이었고 송나라 때 회경건복궁(會慶建福宮)으로 개명했는데 그냥 건복궁으로 불렸다. 3개의 전각 중 주전(主殿)인 장인전(丈人殿)에 청성산의 주신(主神) 영봉진인(寧封眞人)과 당나라 학자 두광정(杜光庭)을 모시고 있다.

도교 10대 동천에는 각각 주신이 있는데 제5동천인 청성산의 주신이 영봉진인이다. 영봉진인에 관해서는 이런 이야기가 전한다. 중화민족의 시조라 일컬어지는 황제(黃帝)가 북방의 치우(蚩尤)와의 전투에서 승리를 거두지 못하자 청성산으로 가서 도자기 굽는 관원인 영봉에게 도움을 요청한다. 이에 영봉은 황제에게 용갹비행술(龍蹻飛行術)을 가르쳐주었다. 황제는 이 비행술을 사용하여 치우를 물리치고 중화민족을 통일했다. 그리고 영봉을 오악장인(五岳丈人)으로 책봉했다. 오악을 관장하는 총책임자라는 뜻이다. 그를 모신 전각을 장인전(丈人殿)이라 부르는 이유가 여기에 있다.

건복궁 청성산의 주신(主神) 영봉진인과 당나라 때 학자 두광정을 모시는 사원이다.

두광정(850~933)은 당나라 말기 오대(五代)의 학자로 전촉(前蜀)을 세운 왕건(王建) 밑에서 벼슬하다가 만년에 벼슬을 버리고 청성산에 들어가 30여 년간 도교의 교리, 수도 방법 등을 연구하여 후세의 도교 발전에 큰 영향을 미쳤다. 그래서 그는 두천사(杜天師)라 불린다. 장인전에는 394자에 달하는 장련이 있는 것으로 유명하다.

상황관

상황관(上皇觀)의 원래 명칭은 현진관(玄眞觀)이다. 현진관이 상황관으로 개명된 사유는 이렇다. 현진관 측 주장에 의하면 이곳이 금선공주(金仙公主)와 옥진공주(玉眞公主)가 수도(修道)하던 곳이라고 한다. 두 공주는 당나라 제5대 황제 예종(睿宗)과 두덕황후(竇德皇后) 사이에서 난 딸이자 제6대 황제 현종(玄宗)의 누이동생이다. 금선, 옥진 두 공주는 어머니가 무측천(武則天)에 의해 살해되는 등 고종, 중종, 예종 대에 벌어진 궁중의 끔찍한 살육을 목격했다. 그래서 폐위되었던 부친 예종이 다시 즉위한 다음 해(712년) 출가하여 여도사(女道士)가 되었다. 당시 금선공주는 23세, 옥진공주는 20세였다고 한다. 이에 두 공주를 가엾게 여긴 예종은 이들을 위하여 호화로운 도관(道觀)을 마련해주었다고 한다. 여기까지는 대체로 사실인데 그후의 행적에 대해서는 서로 엇갈리는 기록들이 많아서 어느 것이 사실인지 알 길이 없다. 특히 옥진공주에 관해서는 시인 이백(李白)과의 로맨스가 얽혀 더욱 복잡하다.(옥진공주와 이백에 관해서는 졸저 『중국 인문 기행』 제1권 354면 이하 참조)

나중에 두 공주는 청성산 현진관으로 들어가서 수도했다는 것이 현진관 측의 주장이다. 한편 현종은 안녹산의 난이 일어난 후 서촉(西蜀)으로 피난을 가다가 이곳 청성산 현진관에 들러 누이동생인 두 공주를 40여 년 만에 만났다고 한다. 757년에 난이 평정되어 현종이 장안으로 돌아오기 1개월 전에 두 공주는 현진관에서 사망했다. 후에 현진관을 중수하다가 두 공주가 사용했을 것으로 추정되는 쇠 솥 '비룡철정(飛龍鐵鼎)'이 발굴되었고, 또 공주가 심었다는 오래된 삼나무 한 그루가 아직도 남아 있다. 옥진공주가 마지막 숨을 거둔 곳은 이곳 말고도 하남성 왕옥산(王屋山), 안휘성 경정산(敬亭山) 등으로 견해가 엇갈린다.

현종은 장안으로 돌아온 후 숙종(肅宗)에 의해 태상황(太上皇)으로 밀려나 쓸쓸한 나날을 보내고 있었다. 이 소식을 들은 현진관의 도사들이 현진관을 상황관(上皇觀)으로 개명한 후 상황이 된 현종의 초상을 모셨다고 한다. 도교를 숭상했던 현종은 일찍이 상도관과 비부사 간의 도불(道佛) 분쟁이 있었을 때에도 도교 측 손을 들어준 바 있어서 현진관 측이 현종을 받드는 것은 당연한 일일 것이다.

원명궁

북쪽으로 해발 800미터쯤에 있는 원명궁(圓明宮)은 도교에서 숭봉하는 원명두모천존(圓明斗姆天尊)을 모시는 도관이다. 원명궁 전각(殿閣)은 네 채이다. 전전(前殿)인 영조전(靈祖殿)에는 영관신상(靈官神像)을 모셨고 제2전인 노군전(老君殿)에는 노자를 모셨다. 제3전은 원명궁의 주전(主殿)인 두모전(斗姆殿)인데 '두모'가 바로 원명두모천존이다. '두모'는 인간의 생사화복(生死禍福)을 관장하는 도교의 여신으로 신화에 나오는 자광부인(紫光夫人)인데 도교에서 북두칠성의 어머니로 여기고 공경한다. 두모상은 일반적으로 눈이 세 개, 머리(얼굴)가 네 개이며, 몸 좌우에 팔이 네 개씩 모두 여덟 개가 있는데 중앙의 양팔은 합장을 하고 있는 모

원명궁 도교에서 숭봉하는 원명두모천존을 모시는 사원이다. 이곳에 설립된 '청성산 도가 양생 연수원'에서는 일반인들에게 도가 문화와 양생술을 교습하고 있다.

습이다. 후전(後殿)은 삼관전(三官殿)으로 천(天)·지(地)·수(水)를 관장하는 삼관대제(三官大帝)를 모시고 있다.

이곳에는 각종 진귀한 꽃들이 피고 남목(楠木)이 숲을 이루며 소나무, 대나무가 무성하여 청성산 도관 중에서도 경치가 빼어난 곳이다. 그래서 지금 이곳에는 '청성산 도가 양생 연수원'을 설립하여 일반인들에게 도가 문화와 도가 양생술(養生術) 등을 교습하고 있다. 객잔(客棧)식의 숙소도 마련되어 있어서 여기서 장기간 머물면서 양생 수련을 할 수 있다. 여기에 멋진 대련이 있다.

栽竹栽松 竹隱鳳凰 松隱鶴 (재죽재송 죽은봉황 송은학)

培山培水 山藏虎豹 水藏龍 (배산배수 산장호표 수장룡)

대를 심고 솔을 심으니

대에는 봉황이, 솔에는 학이 숨네

산을 가꾸고 물을 가꾸니

산에는 범이 살고, 물에는 용이 사네

　오늘은 도강언과 청성산 두 곳만 관람하고 호텔로 돌아왔다. 추적추
적 내리던 비가 그치고 상쾌한 가을 하늘이 더 높다. 호텔로 돌아오는
길, 성도 시내 도로의 중앙 분리대에 심어놓은 소철나무가 인상적이다.
성도에 올 때마다 이 소철나무에 눈길이 간다. 높이가 족히 3미터는 될
듯한 이 소철나무가 이국 풍정을 자아낸다.

사마상여와 탁문군의
사랑이 깃든
문군정

기행 3일째, 오늘은 성도 서쪽에 있는 진주같이 아름다운 세 도시를
방문할 예정이다. 공래(邛崍, 충라이), 대읍(大邑, 다이), 숭주(崇州, 충저우)가
그곳인데 공래에서는 회란탑(回瀾塔)과 문군정(文君井)을, 대읍에서는 유
씨장원(劉氏莊園)을, 숭주에서는 엄화지(罨畵池)를 둘러볼 예정이다. 그러
고 나서 마지막으로 무후사(武侯祠)를 들를 예정인데 일정이 매우 빡빡
하다.

문풍을 바로잡는 회란탑

우리는 공래시(邛崍市)의 문군정으로 가는 도중에 먼저 공래 회란탑
(回瀾塔)을 방문했다. 이 회란탑은 육각형 13층의 전탑(塼塔)으로 높이가

공래 회란탑 육각형 13층 전탑(塼塔)으로 높이가 75.4미터에 달한다. 중국에서 일곱 번째로 높은 탑이다.

75.4미터에 달한다. 중국에서 일곱 번째로 높은 탑이다. 제일 높은 탑은 산서성 분양현(汾陽縣)에 있는 문봉탑(文峰塔)으로 84.9미터이다. 회란탑은 명나라 만력(萬曆) 44년(1616년)에 건립되어 명말에 전란으로 훼손된 것을 청나라 건륭(乾隆)·동치(同治)·광서(光緒) 연간의 170년 동안 세 차례에 걸쳐 중수한 끝에 1882년 완성되었다.

처음의 명칭은 진강탑(鎭江塔)이었다. 이 일대는 수해(水害)가 심했는데, 어느 날 한 스님이 근처를 지나다가 악룡(惡龍)이 난동 부리는 것을 보고 탑을 건설하여 용을 진압했다. 그래서 '강(의 용)을 진압했다'는 뜻의 진강탑이란 이름이 붙었다. 1882년에 중건한 후로는 회란문풍탑(回

瀾文風塔)으로 개명하고 줄여서 회란탑으로 불렀다. 이 명칭은 한유(韓愈)가 쓴 「진학해(進學解)」의 "백 갈래의 냇물을 막아 (도에 합치되도록) 동쪽으로 흐르게 하여, 미친 물결이 거꾸로 흐르는 것을 바르게 흐르도록 돌려놓다(障百川而東之 廻狂瀾於旣倒)"라는 구절에서 '회(廻)' 자와 '란(瀾)' 자를 따서 이름 붙인 것이다. 애초의 풍수탑(風水塔)으로서의 성격에서 '일대의 문풍(文風)을 바로잡아 진작시킨다'는 성격으로 바뀌었음을 알 수 있다. '廻'와 '回'는 통용되는 글자이다. 탑 정면에는 '회란탑(廻瀾塔)'이라 쓰여 있고 다른 면에는 '진강탑(鎭江塔)'이라는 옛 이름도 새겨놓았다.

탑 꼭대기까지 올라갈 수 있다고 하는데 시간 관계로 우리는 오르지 않았다. 탑의 1층부터 8층까지 내부에 오자서(伍子胥), 범여(范蠡), 관우(關羽), 이빙(李氷), 소식(蘇軾), 풍시행(馮時行), 악비(岳飛)의 소상이 안치되어 있고 이들과 함께 문운(文運)을 주관한다는 규성(奎星)도 안치되어 있어 '회란문풍탑'의 이름에 걸맞은 장치를 해놓았다.

사마상여와 탁문군의 인연

다음 행선지는 문군정(文君井, 원쿤징)이다. 문군정은 '탁문군(卓文君)의 우물'이란 말인데 이를 이해하기 위해서는 사마상여(司馬相如)와 탁문군에 얽힌 이야기를 알 필요가 있다.

사마상여(BC 179~BC 118)는 한(漢)나라 때 성도(成都) 출신의 문학가,

문군고리 입구 패방 앞뒤에 '문군고리(文君故里)' '진한유풍(秦漢遺風)'이라 쓰인 편액이 걸려 있다. 사마상여와 탁문군이 한때 살았던 곳이다.

정치가로 자(字)는 장경(長卿)이고 어릴 때는 이름을 그저 견자(犬子)라 불렀다. '견자'는 남 앞에서 자기 자식을 낮추어 부르는 명칭이다. 후에 그는 전국시대 조(趙)나라 인상여(藺相如)를 존경하여 상여(相如)로 개명했다. 그는 처음에 경제(景帝)를 섬겨 작은 벼슬을 했으나 사부(辭賦)를 좋아하지 않는 경제를 떠나 경제의 아우 양 효왕(梁孝王) 밑에서 노닐었다. 효왕은 그를 매우 총애하여 그에게 천하의 명금(名琴)인 녹기금(綠綺琴)을 내리기도 했다.

효왕이 죽은 후 고향인 성도로 돌아왔는데 부모도 사망하여 그는 심한 가난에 시달렸다. 그래서 평소 잘 알고 지내던 성도 근처 임공(臨邛, 지금의 공래邛崍의 옛 이름)의 현령 왕길(王吉)에게 의탁하고 있었다. 임공에는 탁왕손(卓王孫)이란 거부(巨富)가 있었는데 집안의 노비가 800명이나 되었다. 왕길이 탁왕손에게 그를 소개했고 탁왕손은 그를 초청하여 금(琴)을 타도록 요청했다. 그는 이미 거문고를 잘 탄다는 명성이 나 있었던 것이다. 그런데 청상과부가 된 탁왕손의 딸 탁문군(卓文君)이 몰래 병풍 뒤에서 그의 거문고 소리를 듣고 있었다. 탁문군은 거문고, 바둑, 글씨 그림에 능한 재색(才色)을 겸비한 여인이어서 사마상여도 그 소문을 익히 듣고 있었다. 그는 탁문군을 유혹할 심산으로 다음과 같은 가사의 금곡(琴曲)을 연주했다.

봉(鳳)이여, 봉이여, 고향으로 돌아왔네
천하를 누비면서 황(凰)을 찾아다니다가

때 만나지 못하여 황(凰) 거느리지 못했는데
오늘 밤 이 집에 오를 줄 어찌 알았으리오

아름다운 숙녀가 규방에 있어도
방 가까운데 사람은 멀어 애간장이 끊어지네

어떡하면 고개 합해 원앙이 되어
오르락내리락 함께 날아볼거나

鳳兮鳳兮歸故鄉　遨遊四海求其凰

時未遇兮無所將　何悟今夕升斯堂
有艶淑女在閨房　室邇人遐毒我腸
何緣交頸爲鴛鴦　胡頡頏兮共翺翔

이 가사의 명칭을 「금가(琴歌)」라고도 하고 「봉구황(鳳求凰, 봉새가 황새를 구한다)」이라고도 하는데 일반적으로 「봉구황」으로 널리 불린다. 봉황(鳳凰)은 전설상의 새로 수놈이 봉(鳳)이고 암놈이 황(凰)이다. 사마상여는 자신을 '봉'에 탁문군을 '황'에 비겨서 넌지시 유혹의 신호를 보낸 것인데 이를 듣고 있던 탁문군도 사마상여의 늠름한 모습과 뛰어난 거문고 연주에 반해버렸다.

드디어 사마상여가 시동(侍童)을 시켜 몰래 탁문군의 시녀에게 쪽지를 전달하고 그날 밤 두 사람은 성도로 도망하여 살림을 차렸다. 그러나 사마상여에게는 아무런 재산이 없었다. 두 사람은 성도에서 어렵게 생활하다가 더이상 견디지 못하고 다시 임공으로 가서 주점을 경영했다. 부잣집 딸 탁문군은 목로에서 술을 팔고 천하의 사마상여는 허름한 옷을 입고 그릇을 씻는 등 잡일을 하며 생활했다. 두 사람의 모습을 형용한 '문군목로(文君木壚) 상여척기(相如滌器)'는 후대 문인들이 애용하는 문구가 되었다. 처음에는 두 사람의 결혼을 완강히 반대했던 탁왕손도 이를 보고는 어쩔 수 없이 많은 재물(종 100명과 돈 백만 전)을 내려주었다.

그에게는 벼슬길도 열렸다. 한 무제(漢武帝)는 부(賦)를 좋아했는데 사마상여가 양 효왕에게 바쳤던 「자허부(子虛賦)」를 보고 기뻐하여 그를 장안으로 불러들였다. 그는 한 무제를 위하여 「상림부(上林賦)」를 지어 바

바위에 새겨진 「봉구황」 문군공원 입구에 설치된 것으로, 사마상여가 탁문군을 유혹할 심산으로 연주한 거문고곡의 가사이다.

처 낭관(郎官)에 임명되고 이어 중랑장(中郎將)으로 벼슬이 올랐다. 이에 탁왕손이 비로소 그를 사위로 인정했다고 한다.

그는 평소 소갈증(消渴症, 당뇨병)이 있는데도 몸을 돌보지 않고 여색에 빠져 한때는 첩을 둘 생각을 하기도 했다. 한번은 장안에서 벼슬살이하면서 성도에 있는 탁문군에게 '一二三四五六七八九十百千萬'이라는 13자의 편지를 보냈다. 이를 보고 탁문군은 크게 상심했다. 숫자를 나열하는 가운데 '억(億)' 자가 없었기 때문이었다. '億'은 '憶'과 통하여 '생각하다' '그리워하다'는 뜻인데 '億' 자가 없다는 것은 사마상여가 자기를 그리워하지 않고 있다는 표시임을 알았던 것이다. 이 편지를 받고 그녀는 사마상여에 대한 원망과 함께 그녀의 그리움을 절절히 표현한 「원랑시(怨郎詩)」를 지어 보냈다. 이 시를 읽은 사마상여는 크게 뉘우치고 마음을 가다듬어 탁문군과 행복하게 해로했다는 이야기가 전한다.

술집 터, 문군정

공래시에 들어서면 커다란 패방(牌坊)이 보이는데 앞뒤에 '문군고리(文君故里)' '진한유풍(秦漢遺風)'이라 쓰인 편액이 걸려 있다. 어느 상점의 2층 벽에는 사마상여의 시 「봉구황」을 크게 써놓았으며, 문군정 근처에는 '금대소작반점(琴臺小酌飯店)'이란 간판을 단 음식점이 있어서 이곳이 사마상여와 탁문군이 한때 살았던 곳임을 말해주고 있었다.

옛 임공 땅에 오래된 우물이 하나 있는데 고증에 의하면 2300여 년 전의 유물이라고 한다. 후세 사람들이 이 우물 터를 사마상여와 탁문군이 차렸던 술집 터로 여기고 우물을 문군정(文君井)이라 불렀다. 탁문군이 주점을 경영하면서 이 우물물로 술을 빚고 음식을 만들었다는 것이다. 지금 문군정에는 청나라 증선희(曾先曦)가 쓴 '문군정(文君井)' 세 글자가 크게 새겨져 있다. 그리고 동쪽에는 곽말약(郭沫若)이 1957년에 이곳을 방문하고 쓴 시 「제문군정(題文君井, 문군정에 부쳐)」이 석각(石刻)되어 있다.

문군정 마상여와 탁문군이 차렸던 술집 터에 있는 우물이다. 탁문군이 이 우물물로 술을 빚고 음식을 만들었다고 한다.

문군이 목로에서 일하던 때요
상여가 그릇을 씻은 곳이네

봉건제도 반항한 선구자여서
천고에 아름다운 얘기 전해져오네

마땅히 죽은 영혼 위로하고자
우물 속 물을 길어 올려서

차를 끓여 속된 생각 씻어버리니
맑고도 시원하기 비할 데 없네

文君當墟時　　相如滌器處
反抗封建是前驅　佳話傳千古
會當一憑弔　　　酌取井中水
用以烹茶滌塵思　淸逸凉無比

　곽말약은 두 사람의 애정 행각을 봉건제도에 반항한 선구적 일이라
고 치켜올리고 있다. 그리고 곽말약이 이곳을 방문했을 때만 해도 우물
물이 차를 끓여 마실 만큼 맑았던 모양이다. 이 시에 힘입어 공래시는
1979년에 '문군녹차(文君綠茶)'를 만들어 시판하기 시작했다. 송나라 육
유(陸游)도 이곳에 와서 「문군정(文君井)」이란 시를 지었다.

　서천(西川)에서 영락하여 술잔 물고 지낼 때
　얼큰히 취해서 금대(琴臺)를 몇 번이나 올랐던가

　푸른 짚신 스스로 속박 없다 웃으며
　다시 또 문군정(文君井) 가로 돌아오네

落魄西川泥酒杯　酒酣幾度上琴臺

青鞋自笑無羈束　又向文君井畔來

문군공원의 건축물

현재 문군정은 문군공원(文君公園) 안에 있다. 청말(淸末)부터 사마상여와 탁문군의 이야기를 바탕으로 문군정 주위에 여러 건물을 짓기 시작했는데 지금은 이 일대를 문군공원으로 조성해놓았다. 술도 팔고 차도 파는 시민들의 놀이터였다. 우리가 갔을 때 공원에는 카드놀이하고 장기 두는 사람들을 볼 수 있었다. 입구에는 커다란 바위에 붉은 글씨로 「봉구황」 전문을 새겨놓아서(155면 사진 참조) 이곳이 사마상여와 탁문군을 기념하는 공원임을 알 수 있게 했다.

2014년에 여기 왔을 때는 2008년의 문천(汶川) 대지진으로 파괴된 건물들을 수리하고 있어서 관람객들의 출입을 금하고 있었다. 한국에서 여기까지 왔는데 사마상여와 탁문군의 흔적을 볼 수 없다고 생각하니 너무도 서운했다. 그래서 가이드를 통해 교섭을 해보았다. 멀리 한국에서 이곳을 보기 위하여 일부러 왔다는 가이드의 말에 현장 소장이 우리 일행 중 5명만 헬멧을 쓰고 입장해도 좋다고 허락해서, 수리하느라고 먼지가 풀풀 나는 이곳을 간신히 둘러볼 수 있었다. 현재 문군공원의 주요 건물은 다음과 같다.

금대(琴臺)는 사마상여가 당년에 「봉구황」을 연주했다는 곳으로, 대 앞에 조그마한 연못이 있고 그 안에 석가산(石假山, 정원에 돌을 쌓아 조그마

금대 사마상여가 거문고로 「봉구황」을 연주했다는 곳이다.

하게 만든 산)을 만들어 놓았다. 금대에는 돌로 만든 거문고가 놓여 있는데 사마상여가 연주했던 녹기금(綠綺琴)인 듯하다.

당로정(當壚亭)은 사마상여와 탁문군이 술을 팔았다는 목로이다. 여기에는 탁문군과 사마상여의 일하는 모습이 동상으로 재현되어 있다. 당로정에는 이런 영련(楹聯)이 걸려 있다.

擇婿何須父命 (택서하수부명)

當壚更暖人心 (당로경난인심)

160

당로정 안에 재현해놓은 탁문군과 사마상여 모습 목로에서 부잣집 딸 탁문군은 술을 팔고 천하의 사마상여는 허름한 옷을 입고 그릇을 씻는 등 잡일을 하며 생활했다.

남편을 고르는데 어찌 반드시 아비 명령 기다리랴

목로 앞에서 다시금 사람 마음을 따뜻하게 하네

녹기정(綠綺亭)은 편액에 '녹기(綠綺)'라고만 쓰여 있는 정자로, 사마
상여의 녹기금을 기념하기 위한 정자인 듯하다. 다음과 같은 주련(柱聯)
이 있다.(주련, 영련 등에 대해서는 졸저『중국 인문 기행』제3권 5~6면에 자세하다.)

七弦生百韻 (칠현생백운)

一曲動千秋 (일곡동천추)

일곱 개 줄에서 백 가지 운(韻)이 생기고

한 곡조가 천년토록 사람을 감동시키네

문군공원에는 이밖에도 소장대(梳妝臺), 청우헌(聽雨軒), 팔각정(八角亭), 수향사(水香榭) 등의 건물이 있다. 그리고 사마상여의 작품인 「자허부(子虛賦)」「상림부(上林賦)」「장문부(長門賦)」「애진이세부(哀秦二世賦)」 등이 죽간(竹簡) 모양의 나무 판에 새겨져 있다.

기념 거리 금대로

공래시의 문군공원과는 별개로 성도시에 사마상여와 탁문군을 기념하는 곳이 따로 조성되어 있는데 금대로(琴臺路)가 그것이다. 900미터에 달하는 이 거리는 2002년 12월 30일 개통했다. 금대로가 새롭게 조성된 이유는 이곳이 사마상여와 탁문군이 술집을 차린 옛터이기 때문이라고 하는데 이는 잘못이다. 사마천의 「사마상여열전」에는 두 사람이 술집을 차린 곳은 성도가 아니라 임공(지금의 공래)으로 기록되어 있다. 금대로를 새롭게 조성한 것은 사마상여가 성도 출신이고 두 사람이 후에 성도에서 거주했기 때문일 것이라 봄이 합당하다.

도로의 북단에 '금대고경(琴臺古徑, 금대 옛길)'이란 편액이 달린 거대한 패방이 있는데 이것은 금대로가 조성되기 전인 1987년에 만들어진 것이

「봉구황」조각상　사마상여가 거문고를 타고, 탁문군이 긴 옷소매를 날리며 춤을 추고, 머리 위에 봉황이 둥글게 원을 그리고 있는 예술성 높은 작품이다.

다. 남북으로 길게 뻗은 도로 양쪽엔 한당(漢唐)풍의 건축물이 들어서 있는데 대부분이 금은보석 상섬과 호화 음식점들이다. 도로 중앙 분리대 북쪽에는 진시황 병마용에서 출토된 동차마(銅車馬)와 비슷한 동차마가 한 대 놓여 있는데 이것은 사천성에서 출토된 한(漢)나라 때 유물을 모방해서 만든 것이라 한다. 주변의 한당식 건물과 조화를 이루고 있다.

금대로의 상징적인 구조물은 남단에 있는 「봉구황(鳳求凰)」조각상이다. 사마상여가 금(琴)을 타고, 탁문군이 긴 옷소매를 날리며 춤을 추고, 머리 위에 봉황이 둥글게 원을 그리고 있는 반추상의 조각상인데 매우 정교하고 예술성 높은 걸작이다.

금대로의 남단 오른쪽에는 '금대시비(琴臺詩碑)'가 있다. 사마상여의 「봉구황」을 비롯하여 이상은(李商隱)의 「두공부촉중이석(杜工部蜀中離席)」, 두보의 「금대(琴臺)」 등을 비롯한 여러 편의 시를 모필로 써서 벽에 새겨놓았는데 '시비장(詩碑墻)'인 셈이다. 그중에서 두보의 「금대」를 읽어보기로 한다.

무릉은 병을 많이 겪은 후로도
여전히 탁문군을 사랑했었네

주막은 인간 사는 세상에 있었건만
금대(琴臺)엔 저문 날 구름이 흘러가네

들꽃은 탁문군 보엽(寶靨)을 남긴 듯
들풀은 탁문군 비단 치마 보는 듯

돌아온 봉(鳳)새가 황(凰)새 구한 그 곡조
적막하게 다시는 들을 수 없네

茂陵多病後 尙愛卓文君
酒肆人間世 琴臺日暮雲
野花留寶靨 蔓草見羅裙
歸鳳求凰意 寥寥不復聞

'무릉(茂陵)'은 사마상여가 만년에 거주했던 곳으로 시에서는 이 지명이 사마상여를 가리킨다. 제5구의 '보엽(寶靨)'은 여인들의 장신구이다. 이 시는 두보가 성도의 초당에 정착한 다음 해(761년, 50세)에 쓴 작품인데, 제목의 '금대'가 어디를 가리키는지는 불분명하다. 사마상여가 「봉구황」을 연주한 곳이라는 설이 있는데 그가 「봉구황」을 연주한 곳은 성도가 아니라 임공이다. 어떤 기록에는 금대를 사마상여가 살았던 성도의 옛집을 가리킨다고 했다. 지금 성도시에 '금대로'가 있는 걸 보면 여기에 금대라는 이름의 건물이 있었을 것이다. 그러나 금대가 「봉구황」을 연주한 곳은 아니고 사마상여가 살았던 옛집을 금대라 불렀을 가능성이 있다. 따라서 두보가 방문한 곳은 임공이 아니라 성도에 있는 사마상여의 구택이었으리라 생각된다.

문군주

사천성에서 생산되는 대표적인 백주 6종에 포함되지는 않지만 그에 못지않은 백주가 공래시(邛崍市)에서 생산되는 문군주(文君酒)이다. 참고로, 사천성의 대표적인 백주 6종을 '육타금화(六朵金花, 여섯 송이 금화)'라 하는데 오량액(五糧液), 노주노교특국(瀘州老窖特麴), 검남춘(劍南春), 전흥대국(全興大麴), 낭주(郎酒), 타패주(沱牌酒)가 그것이다.

문군주는 이름에서 알 수 있듯이 한(漢)나라의 재녀(才女) 탁문군(卓文君)과 사마상여(司馬相如)의 로맨스가 얽혀 있는 술이다. 사마상여와 탁문군이 한때 지금의 공래시인 임공(臨邛)에서 목로주점을 열어 술을 만들어 팔았다는 기록이 있다. 그후 이 이야기를 근거로 임공주(臨邛酒), 탁녀소춘(卓女燒春) 등의 술이 생산되었다고 한다. 그러다가 명나라 만력(萬曆) 연간(1573~1619)에 임공의 구씨소방(寇氏燒房)에서 최초로 '문군주'라는 이름으로 술을 생산하여 내려오다가 청일전쟁을 겪는 등 근대사의 격변기에 다소 침체해 있었다.

신중국 성립 후인 1961년에 여러 소방(燒房)들이 연합하여 문군주 전문 생산공장을 건립하고 이듬해에 상표를 등록했다. 1963년에 제1회 사천성 명주로 선정된 것을 시작으로 1988년에는 제1회 중국 식품박람회 금상, 제13회 파리 국제식품박람회 금상, 제6회 홍콩 국제식품전람회 금상 등 국내외의 각종 상을 휩쓸었다. 1985년에 공장 명칭을 '사천성 문군

주창'으로 개명하고 1986년부터 해
외 수출도 하기 시작했다.

　문군주는 1980년대 말에서 1990년
대 초에 전성기를 맞이하여 당시엔
오량액을 능가하는 인기를 누렸다.
그 여세를 몰아 문군주는 1989년 제
5회 전국 평주회에 자신 있게 출품
했다. 그러나 기대와 달리 금상인 국
가 명주에 선정되지 못하고 은상 격

문군주 술병 라벨

인 국가우질주(國家優質酒)에 선정되자 자존심에 상처를 입고 은상은 문
군주에 대한 모욕이라며 수상을 거부하고 전국 평주회에서 탈퇴했다. 이
사건이 계기가 되어 1990년대 중반부터 문군주는 점차 내리막길을 걸었
다. 이후 문군주는 주인이 세 번 바뀌었다.

　2000년에 같은 백주 회사인 검남춘집단(劍南春集團)이 문군주 지분의
62퍼센트를 매입하여 주로 저가주(低價酒)를 생산했다.('검남춘'에 대해서
는 졸서 『중국 인문 기행』 제3권 357~62번에서 자세히 소개한 바 있다.) 그러다가
2007년에 프랑스에 본부를 둔 다국적기업 모엣 헤네시 루이비통(LVMH)
이 55퍼센트의 지분을 매입하고 문군주를 인수했다. 패션, 화장품, 귀금
속, 코냑 등 최고급 사치품을 생산하는 LVMH는 그룹의 성격에 맞게 '문
군주를 백주계(白酒界)의 루이비통으로 만들겠다'라 선언하고 그동안 검
남춘집단이 생산해왔던 저가주 생산을 중단했다.

　2009년에는 거대한 복합시설 '문군장원(文君莊園)'을 건립하고 국가급
조수사(調酒師, 블렌딩 전문가) 오효평(吳曉萍, 우샤오삥) 여사를 영입했다.
오효평은 백주계의 유일한 여성 조주사로 노주노교집단(瀘州老窖集團)의

야심작인 '국교(國窖)1573', 주귀주집단(酒鬼酒集團)에서 생산하는 고가품인 '내참계열(內參系列)'이 오효평의 손에서 나온 작품이다.('내참계열'에 대해서는 졸저『중국 인문 기행』제3권 51면 참조) 오효평이 LVMH에서 만든 제품이 2009년의 '천현(天弦)'과 2010년의 '대사견선55(大師甄選55)'이다. '천현'은 1,500위안(한화 약 30만 원)을 호가하는 고급품이고 '대사견선55' 역시 한정품으로 출시한 최고급품이다. 2010년에는 유명 영화감독 강문(姜文, 장원)을 동원하여 광고를 하기도 했다.

그러나 이러한 노력에도 불구하고 LVMH의 고가 전략은 성공을 거두지 못했다. 그 원인을 여러 곳에서 찾을 수 있겠지만 서양 일변도의 판매전략이 중국인들의 정서에 맞지 않은 것이 원인의 하나라는 분석이 있다. 혹자는 LVMH가 만든 문군주를 평하여 '중국 미인 탁문군에게 하이힐을 신기고 미니스커트를 입히고 머리를 금발로 염색한 꼴'이라 말하기도 했다. 결국 문군주는 LVMH에 넘어간 지 8년 만에 다시 검남춘집단의 품으로 돌아왔다.

내가 문군주를 처음 마셔본 것은 1993년 4월이었다. 그때 나는 연구교수 자격으로 북경사범대학에 머물고 있었는데 틈을 내어 민족출판사에 근무하는 이무영(李武英) 씨와 함께 사천성을 여행했다. 북경의 중국사회과학원 진조무(陳祖武, 천쭈우) 교수가 사천성 사회과학원 역사연구소의 왕강(王綱, 왕강) 교수를 소개해주어서 왕 교수의 안내로 사천성의 여러 곳을 여행했다. 하루는 왕 교수가 식사 초대를 했는데 식당 이름이 성도의 '문군주가(文君酒家)'였다. 그리고 거기서 문군주를 마셨다. 문군주가라는 이름에 걸맞게 식당 안에 우물도 하나 만들어놓았던 기억이 난다. 탁문군이 물을 길어 술을 빚은 문군정(文君井)이었을 터였다. 술맛이 꽤 좋아서 여러 병을 마셨다. 아마 1993년이면 문군주가 전성기를 구가할 때였을 것이다. 2010년에 성도에 와서 문군주가를 찾았으나 없어지고 그 자리에 옛 주인이 경영한다는 식당이 들어서 있었다.

2014년에 왔을 때는 문군주가 생각나서 가이드에게 구해달라고 요청했다. 마침 가이드의 친구가 주류 판매업을 한다고 해서 부탁을 했더니 친구에게 갔다 온 가이드의 말에 의하면 문군주를 생산하는 공장이 문을 닫았고 상점에도 문군주가 없다는 것이었다. 나는 이 말을 믿지 않았다. 중국을 여행하면서 가이드에게 너무나 많이 속아봤기 때문이다. 멀쩡한 공장이 문을 닫았을 리 없을 것이고 또 우리 일행인 성균관대 영문과 김동욱 교수가 여행 오기 전 자기 강의를 듣는 중국 학생으로부터 선물받은 문군주를 마셨다고 말해서 더욱 가이드의 말은 믿을 수 없었다. 그러나 지금 생각해보니 내가 성도에 왔던 2014년 7월은 LVMH가 문군주를 검남춘집단에 넘기기 직전이라 공장이 문을 닫았을 가능성이 있겠다 싶었다.

반식민지 시대
지주계급 유씨의
장원

공래시의 문군공원을 뒤로하고 우리는 대읍현(大邑縣) 안인진(安仁鎭) 의 유씨장원(劉氏莊園, 류스좡위안)으로 향했다. 유씨장원은 1900년대 초 반봉건(半封建), 반식민지(半植民地) 시대의 대표적인 지주계급인 유씨 육형제의 저택이다. 이 저택은 중국식과 서양식을 결합한 건축양식으 로 지어졌는데 전체 면적이 7만여 평방미터, 건평이 2.1만 평방미터로 500여 개의 방을 가진 거대한 저택이다. 1958년에 '지주장원진열관(地 主莊園陳列館)'으로 대외에 개방되었고 문화대혁명 때는 '사천성 대읍현 계급교육 전람관'으로 개명되었다가 현재의 명칭은 '대읍유씨장원박물 관'이다.

이곳은 중국에서 손꼽히는 장원 건축물의 하나인 유씨 저택이 잘 보 존되어 있고 국가급 문물을 포함해 2만 점 이상의 진귀한 문화재를 소장 하고 있다.

유씨 형제는 어떤 지주였나

유씨 육형제의 부친 유공찬(劉公贊)은 안휘성 출신의 객가인(客家人)으로 소주방을 운영하는 소지주였다고 한다. 객가인은 한말(漢末)부터 청나라 중엽까지 전란을 피해 남쪽으로 이주하여 독자적인 생활방식으로 살아간 집단을 말하는데, 중국의 유대인으로 불린다. 유씨 육형제는 유문연(劉文淵), 유문운(劉文運), 유문소(劉文昭), 유문성(劉文成), 유문채(劉文彩), 유문휘(劉文輝)인데 그중에서 중요한 인물은 유문휘와 유문채이다.

육형제 중 막내인 유문휘(1895~1976)는 1917년 보정군관학교(保定軍官學校)를 졸업한 후 직업군인으로 나서서 당질(堂姪)인 유상(劉湘, 1890~1938)의 도움과 자신의 특출한 능력으로 승승장구하여 1920년엔 사천군(四川軍) 독립 여단장 신분으로 사천성 동부의 서부(敍府), 즉 지금의 의빈(宜賓)을 점령하고 군벌 생활을 시작했다. 군벌들의 혼전 속에서 1922년에 천군(川軍) 제9사단장이 되고 1928년에는 장개석 정부로부터 사천성 정부 주석에 임명되었다. 당시 그는 7개 사단, 20여 여단, 14만 군대를 거느리는 군벌로 성장하여 그 일대는 유문휘의 독립 왕국이나 다름없었다.

그러나 사천왕(四川王)을 꿈꾸며 세력을 넓혀가던 강력한 군벌 유상과의 충돌이 불가피했다. 유상이 비록 그의 당질이긴 했지만 두 사람은 사천성의 패권을 놓고 격돌했다. 이것이 이른바 '이유지전(二劉之戰)'이다. '두 유씨 간의 전쟁'이란 뜻이다. 1년여에 걸친 전쟁에서 패한 유문휘는 1933년 이후 아안(雅安)에 우거하다가 1939년에 장개석 정부에 의해 신설된 서강성(西康省) 정부의 초대 주석에 임명된다. 서강성은 사천성 서

대읍유씨장원박물관(노공관) 중국에서 손꼽히는 유씨 지주의 거대한 저택이자 진귀한 문화재를 소장하고 있는 박물관이다. 이 건물은 악덕 지주 유문채 공관인데 박물관으로 사용하고 있다.

부와 지금의 티베트(西藏) 자치구 동부 일대를 영역으로 하여 1939년에 설치되었다가 1955년에 폐지된 행정단위이다. 그가 서강성 주석에 임명되긴 했지만 이 무렵부터 비밀리에 반(反) 장개석 노선을 걸으며 공산당 인사들과도 접촉했다. 그리하여 1942년에는 중경에서 주은래(周恩來)와 비밀리에 회동하고 1944년에는 중국 민주동맹에 가입하여 친공(親共) 쪽으로 기울었다.

유문휘는 신중국 성립 후 사천성 정협(政協, 정치협상회의) 부주석, 전국 정협 상임위원 등을 역임하고 1955년에는 중앙 인민정부가 수여하는

'일급 해방훈장'을 받았으며 1959년에 중앙 정부의 임업부장에 임명되기도 했다. 중국의 토지개혁 때 그는 "나는 이전에는 대지주였으나 현재 보유하고 있는 토지를 조건 없이 농민에게 지급하겠다"라 말했다. 문화대혁명 기간에 홍위병들의 표적이 되었으나 주은래 총리의 보호를 받아 위기를 넘겼다.

유문채(1887~1949)는 유씨 육형제 중 다섯 째로 유문휘의 바로 위의 형이다. 그는 1921년에 동생 유문휘가 점령하고 있던 의빈(宜賓)으로 가서 사천 연주공사 의빈 분국장(四川煙酒公司宜賓分局長), 천남 호상처장(川南護商處長), 천남 세무총국장(川南稅務總局長) 등의 관직을 역임하면서 민간의 재물을 수탈하고 각종 횡포를 일삼았다. 그가 의빈 지역에서 거두어들인 세금 항목이 44종이었다고 한다. 그중에는 화연(花捐, 꽃 세), 측소연(厠所捐, 화장실 세) 등이 있고, 농민에게 아편 재배를 강요하면서 연묘세(煙苗稅, 양귀비 싹에 매기는 세금), 연토세(煙土稅, 생아편에 매기는 세금), 나세(懶稅, 아편을 심지 않는 농민에게 매기는 게으름 세) 등의 명목을 만들어 세금을 긁어모았다. 그는 자신에게 거슬리는 조세 저항 운동가와 아편 반대 운동가 수백 명을 살해하기도 했다.

앞서 언급한 '이유지전(二劉之戰)'이 일어나 유상이 비행기로 의빈을 폭격하자 유문채는 고향으로 도망했는데, 이때 그는 20만 은원(銀元)과 각종 금은보화를 4,500개의 나무상자에 넣어 20척의 선박에 실어 가져갔다고 한다. 고향에 돌아가서도 농민들의 토지를 강탈하고 가혹한 세금을 긁어들이는 아덕 지주로 시종일관하다가 1949년에 병사했다. 사람들은 유문채를 '중국 악덕 4대 지주'의 우두머리로 평가한다.

유문휘 공관(신공관) 사천성 군벌로 막강한 세력을 떨친 유문휘 공관이다.

유문채 저택의 생활공간

유씨장원은 유문채 소유의 저택으로 남쪽의 노공관(老公館)과 북쪽의
신공관(新公館)으로 이루어져 있다. 노공관은 유문채가 1930년에 착공하
여 1932년에 완공한 저택인데 대부분이 자신의 거주지이고 나머지 공
간은 유씨 육형제 중 유문연, 유문소, 유문성의 공관으로 이루어져 있다.
그리고 유씨의 조상들이 살던 조거(祖居)도 여기 있다. 육형제 중 유문운
의 공관은 이곳이 아닌 별도 장소에 건립되었고 유문휘의 공관은 별도

로 건축된 신공관이다.

노공관은 크게 유문채의 생활공간과 수조원(收租院), 고공원(雇工院) 그리고 장원문물진품관으로 구성되어 있다. 유문채의 생활공간에서는 대청(大廳), 중국식과 서양식 객청(客廳), 침실, 아편 창고, 화원, 하계 흡연실, 동계 흡연실, 불당(佛堂), 다섯째 부인 왕옥청(王玉淸) 거실 등을 볼 수 있다. 또 유문채의 세 딸이 거주하던 아담한 소저루(小姐樓, 일명 수루繡樓)도 있다. 이밖에 물이 차 있는 지하실에 사람을 가두어 형벌을 가하는 수뢰(水牢, 물 감옥)가 있었다고 하는데 후대의 조사 결과 이는 물 감옥이 아니고 아편 창고로 밝혀졌다.

수조원과 고공원의 진흙 조각상

노공관에서 볼만한 것은 수조원(收租院)과 고공원(雇工院)의 진흙 조각상인 '니소(泥塑)'이다. 수조원은 유문채가 농민들로부터 조곡(租穀, 조세로 받는 곡식)을 거두어들이던 장소이고, 고공원은 유문채 공관에서 일하는 하인들의 숙소이다. 이 두 장소에 후대에 흙을 빚어 만든 인물 조각상을 설치했는데 이것이 니소이다.

'수조원 니소'는 사천성 미술학원 교수와 학생 그리고 민간 예술가들이 공동으로 제작한 집체창작물(集體創作物)이다. 이들 창작조(創作組)는 직접 농촌에 들어가 농민 생활을 체험한 후 토론을 거쳐 주제를 확정했는데, 지주계급의 횡포와 이에 시달리는 농민들의 비참한 생활상 그리

수조원 니소 '송조(送租)' 농민들이 조곡을 유문채 저택으로 운반하는 모습이다.

고 농민들의 불굴의 저항 정신을 사실적으로 표현했다. 창작조는 참여자 개개인의 개성을 숨기고 철저한 공동체적 의식으로 창작하여 1년여의 제작 기간을 거쳐 1965년 10월 1일 대외에 개방했다. 이 조각상은 모두 7개의 주제로 이루어져 있다.

송조(送租): 농민들이 조곡을 유문채 저택으로 운반하는 것.

험조(驗租): 농민들이 가지고 온 조곡을 일일이 검사하는 것.

풍곡(風穀): 곡물의 겨를 불어 날리는 것.

과두(過斗): 곡식을 말로 되어 수량을 확인하는 것.

산장(算帳): 결산, 회계하는 일.

수조원 니소 '반항(反抗)' 농민들이 지주의 횡포에 맞서 들고일어나는 모습이다.

핍조(逼租): 수조(收租)하는 과정에서 농민들을 학대하는 것.

반항(反抗): 참다 못한 농민들이 들고 일어나는 것.

이 일곱 개의 주제를 표현하기 위해서 114명의 인물이 창작되었으며 각각의 인물들은 생동감 있게 형상화되어 선명한 개성을 지니고 있다. 이 '수조원 니소'는 중국 전통 조소(彫塑)와 서양 조소 기법을 교묘히 결합시킨 결작으로 평가된다. 일반에 공개되자 '중국 조소계의 대혁명' '중국 미술계의 원자탄' 등의 찬사가 쏟아졌다.

1965년 10월 1일 대외 개방 이래 전국적으로 비상한 관심을 끌어 곧 북경 중국미술관에서 복제 전시되고 이어 11개 도시에서 복제 전시되었

고공원 니소 '괴로워하는 소녀(苦妹子)'

다. 외국에서도 이 작품을 높이 평가하여 프랑스, 독일, 오스트리아, 일본, 미국 등 20여 개국에서 수조원 니소를 연구하기 시작했다. 독일의 한 미술대학 교수는 학생들을 이끌고 직접 이곳에 와서 견학하기도 했다. 한편 오스트리아의 한 대학에서는 어느 학생이 수조원 니소를 주제로 박사학위 논문을 작성한 일도 있었다고 한다.

고공원은 이 저택에서 고용되어 일하는 가마꾼, 유모, 계집종 등의 하인들이 거주하는 공간인데 이곳에 이들 하인들의 모습을 흙 조각으로 만들어놓은 것이 '고공원 니소'이다. 수조원 니소가 성공을 거둔 뒤 후속 작업으로 고공원 니소를 계획하던 중 문화대혁명으로 중단되었다가 문혁 후 수조원 창작에 참여했던 5명의 예술가가 다시 작업을 시작했다. 이미 수조원 니소가 있는데 또 고공원 니소를 중복해서 만들 필요가 없다는 등의 반대 의견이 있었지만 우여곡절 끝에 작품을 완성하여 1980년에 전시했다. 규모는 수조원 니소보다 훨씬 작지만 수조원 니소 못지않은 예술성을 지녔다는 것이 후대의 평가이다. 혹자는 이를 수조원 니소의 자매편이라 부르기도 한다.

고공원 니소는 모두 9개의 조각에 10명의 인물로 이루어져 있는데, 각종 고용인에 대한 봉건사회 지주계급의 착취와 이에 신음하는 고용인들의 비참한 생활상을 성공적으로 형상화했다. 이 10명의 인물은 유문채 저택의 하인을 대표하는 전형으로 만들어진 것이다.

장원문물진품관의 전시품

노공관 중에서 유문연의 공관은 미공개이고 유문소의 공관은 박물관 행정실로 쓰이고 있으며 유문성의 공관은 장원문물진품관으로 활용되고 있다. 대읍유씨박물관에는 27,000여 건의 소장품이 있는데 이중 국가 1급 문물이 15건, 2급 문물이 21건, 3급 문물이 1,813건이나 된다. 1993년에 개관한 장원문물진품관(莊園文物珍品館)은 소장품 중에서 진귀한 물품을 전시하고 있는데 5개의 전시실로 구성되어 있다.

제1전시실: 상아(象牙) 조각들이 전시되어 있다. 이중에서 육각형 13층의 상아탑과 상아구(象牙球), 상아배추 등이 유명하다.

제2전시실: 자기(瓷器), 옥기(玉器), 은기(銀器) 등이 전시되어 있다.

제3전시실: 자단목(紫檀木) 가구들이 전시되어 있다. 자단목은 남양(南洋)의 여러 섬에서만 생장하는 귀한 나무로 목질이 단단하고 무늬가 화려하여 최고급 목재로 이용된다. 전하는 말에 의하면 홍수전(洪秀全)이 태평천국 왕부(王府)를 건설할 때 멀리 남양에 가서 목재를 채취해오게 하여 만들었다고 하는데 이것이 여러 경로를 거쳐 유씨장원으로 들어오게 된 것이다.

장원문물진품관 국가급 문물을 포함해 2만 점 이상의 진귀한 문화재를 소장, 전시하고 있다. 이 건물은 유문성 공관인데 진품관으로 사용하고 있다.

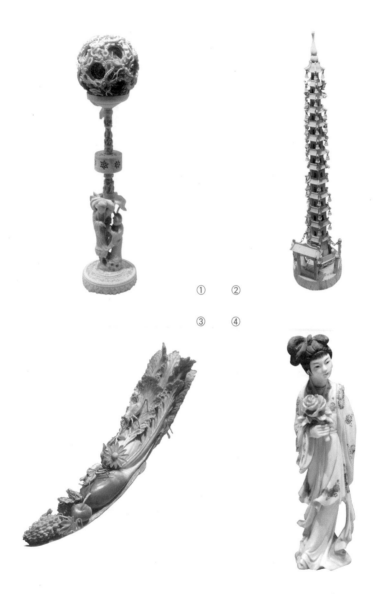

① ② ③ ④

장원문물진품관의 상아(象牙) 조각 ① 상아구, ② 상아탑, ③ 상아배추, ④ 상아궁녀. 상아구, 상아탑, 상아배추는 국보급 문화재이다.

제4전시실: 명인 서화들을 전시하고 있다. 여기에는 박물관이 소장하고 있는 수천 건의 서화 작품 중에서 28건의 정품(精品)을 뽑아 전시하고 있는데 하소기(何紹基, 청대 서예가), 옹방강(翁方綱, 청대 학자), 좌종당(左宗棠, 청대 군인·정치가), 임칙서(林則徐, 청대 정치가), 강유위(康有爲, 청말 학자·정치인), 장대천(張大千, 현대 화가) 등의 글씨와 그림이 포함되어 있다.

제5전시실: 사천성 출신의 저명한 현대 화가 진자장(陳子莊, 천쯔좡, 1913~1976)의 그림들로만 채워져 있다.

신공관은 유문채가 자신과 동생 유문휘를 위해서 1938년에 착공해서 1942년에 준공한 저택으로 면적은 구공관의 2배나 된다. 신공관은 1988년에 '천서(川西) 민속박물관'으로 개조되어 대외에 개방되었다. 이 민속박물관은 혼속청(婚俗廳), 생산 생활청, 민간 공예 및 민간 문화청으로 구성되어 1900여 건의 소장품을 전시하고 있는데, 생산 생활청에 걸려 있는 거대한 공필화(工筆畵) 「천서풍정(川西風情)」이 눈길을 끈다. 이 그림은 천서(川西) 지방의 풍토 인정과 당시 인민들의 생활상을 사실적으로 그려 '천서판(川西版) 「청명상하도(淸明上下圖)」'라 불리고 있다. 「청명상하도」는 북송의 화가 장택단(張擇端)이 당시의 수도 변경(汴京, 지금의 개봉)의 도시 상황과 각계각층 인민들의 생활상을 그린 대형 풍속화로 길이가 528센티미터, 폭이 24.8센티미터나 된다.

엄화지 공원의
역사문화유적

연못이 있는 정원 엄화지
시인 육유의 사당 육유사
공자의 사당 숭주문묘

성도 평원의 세 개의 명주(明珠)라 일컬어지는 공래(邛崍), 대읍(大邑), 숭주(崇州) 중에서 공래와 대읍을 둘러보고 우리는 숭주로 향했다. 숭주는 사천성에서 가장 먼저 역사문화명성(歷史文化名城)으로 지정될 만큼 역사적으로 유서 깊은 도시이다. 숭주의 문물 중에서 가장 유명한 것이 엄화지 공원(罨畵池公園, 옌화츠공원)인데, 엄화지 주변의 건축군과 육유사(陸游祠) 건축군 그리고 숭주문묘(崇州文廟) 건축군으로 이루어져 있다. 엄화지 공원은 2011년 숭주시엄화지박물관(崇州市罨畵池博物館)으로 개칭되었다.

날씨는 종일 안개가 끼어 햇빛을 볼 수 없으나 공기는 깨끗하다. 사천성엔 황사가 이르지 않는다고 한다.

연못이 있는 정원 엄화지

엄화지(罨畵池)는 연못(면적 6,700평방미터)이 있는 정원으로 당나라 때 만들어졌다고 하는데 처음 이름은 '동정(東亭)'이었고, 당송 시기에는 지방관이 손님을 접대하는 장소로 사용되었다. 당나라 때 촉주자사(蜀州刺史)로 부임한 배적(裴迪)이 두보를 이곳으로 초청하여 시를 주고받았다는 기록이 있다. 촉주는 숭주의 옛 이름이다.

'엄화(罨畵)'는 채색화(彩色畵)란 뜻이다. 연못 주위의 경치가 채색화처럼 아름다워서 붙인 이름인 듯한데, 문헌상으로 엄화지란 말이 처음 나온 곳은 조변(趙抃, 1008~1084)의 시이다. 강원현령(江原縣令)이었던 조변이 촉주자사 양유(楊瑜)의 초청을 받고 이곳을 방문하여 쓴 시 구절 중에 "꽃들이 만발한 좋은 곳 차지하여/이름을 엄화지라 부른다네(占勝芳菲地 標名罨畵池)"라 한 것이 최초의 기록이다. 이로부터 엄화지가 세상에 널리 알려지게 되었다고 한다.

그러나 엄화지를 세상에 알린 핵심 인물은 남송(南宋)의 시인 육유(陸游, 1125~1210)였다. 그는 1173년 촉주통판(蜀州通判)으로 이곳에 부임하여 재직 기간 중 촉주의 풍물을 노래한 시 120여 수를 썼는데 30여 수가 엄화지에 관한 것이었다. 그래서 이곳 인사들은 엄화지에 1368년에 조변과 육유를 기념하는 사당 이현사(二賢祠)를 건립하고 '금학매화(琴鶴梅花)'란 편액을 달았다. '금학'은 조변이 관직 생활을 할 때 거문고(琴) 하나와 학 한 마리만 지니고 검소한 생활을 했다는 것을 나타낸 것이고, 매화는 육유가 평소 매우 좋아했던 꽃이다.

엄화지 '엄화(罨畵)'는 채색화란 뜻인데, 연못 주위의 경치가 그림처럼 아름답다고 해서 붙인 이름이다.

엄화지에는 그후 흥폐를 거듭하면서 야취정(野趣亭), 문매산관(問梅山館), 명금대학지헌(鳴琴待鶴之軒), 금학당(琴鶴堂), 호심정(湖心亭), 망월루(望月樓), 엄화정(罨畵亭), 청시관화정(聽詩觀畵亭), 암향정(暗香亭) 등을 비롯해서 반담추수일방산(半潭秋水一房山), 풍송화향입주치(風送花香入酒巵) 편액이 달린 정자들이 건립되었다. 중국의 관광지 어디에서나 보는 것이지만 엄화지의 각 건물 앞에 세워진 안내판의 한글 표기가 눈에 거슬렸다. 얼른 눈에 띄는 것만 해도 '엄화정(罨畵亭)'을 '찡그림 정자'로 적어놓은 것이 그 한 예이다.

시인 육유의 사당 육유사

육유사(陸游祠)의 전신은 조변과 육유를 기념하기 위해서 1368년에 세운 이현사(二賢祠)인데 1982년 엄화지를 중수할 때 이현사를 육유만을 위한 육유사로 개조했다. 육유사 대문에는 저명한 서화가 오작인(吳作人, 우쪄런, 1908~1997)의 글씨로 된 '육유사(陸游祠)' 편액이 걸려 있고 문 양쪽 기둥에 장애평(張愛萍, 장아이핑, 1910~2003) 장군이 지은 다음과 같은 영련이 달려 있다.

懷壯志統一國土 (회장지통일국토)
含悲憤宿願未酬 (함비분숙원미수)

국토 통일의 웅대한 뜻을 품었으나
슬픔과 분노를 머금고 묵은 소원 못 이루었네

애국 시인 육유의 이상과 좌절을 잘 표현한 대구이다. 대문을 지나면 50미터가량의 긴 용도(甬道, 양쪽에 담을 쌓은 길)를 통과하는데 벽에는 육유의 시가 석각되어 있다. 용도를 지나면 '매형천대(梅馨千代)' 편액이 달린 과청(過廳, 일종의 중간문)이 나온다. '형(馨)'은 '향(香)'의 뜻이니 이 편액은 '육유의 애국정신이 매화처럼 향기로워 천년토록 영원하다'는 의미로 해석된다. 과청 양쪽 기둥에는 육유의 유명한 시 「유산서촌(遊山西村)」의 한 구절이 영련으로 걸려 있다.

육유사 대문 육유사는 송나라 시인 육유를 기념하기 위해 지은 사당이다. 그는 이곳에 촉주통판으로 부임하여 재직 기간 중 엄화지에 관한 30여 수의 시를 지었다.

山重水複疑無路 (산중수복의무로)

柳暗花明又一村 (유암화명우일촌)

산이 겹겹 물도 겹겹 길이 없나 싶더니

버들 짙고 꽃 밝은 곳에 또 하나 마을 있네

과청을 지나면 서관(序館) 격인 향여고당(香如故堂)이 나온다. 이 낯선 명칭은 육유의 사(詞) 「복산자·영매(卜算子·咏梅)」에서 따온 것이다.

육유사 향여고당(香如古堂) '향여고'는 육유의 사(詞)「영매(詠梅)」에서 따온 말로, 매화가 땅에 떨어져도 향기는 옛날과 같다는 뜻이다. 육유는 자신을 이 매화에 비유했다.

역참(驛站) 바깥 끊어진 다리 가에서
적막하게 피어서 돌보는 사람 없네

황혼 녘 홀로 수심에 잠겼는데
다시 또 비바람 맞고 있네

구태여 봄을 다툴 생각이 없어
꽃들이 질투를 하거나 말거나

떨어져 흙이 되고 먼지 되어도
향기만은 여전히 옛날 같다네

驛外斷橋邊　　寂寞開无主
已是黃昏獨自愁　更著風和雨
无意苦爭春　　一任群芳妒
零落成泥碾作塵 只有香如故

　이 시 맨 끝 구절의 '향여고(香如故)'를 따서 건물의 이름을 지은 것이다. 이 시에서 육유는 자신을 매화에 투영하고 있다. 그는 일생을 불우하게 살았다. 일찍이 과거에 1등을 했으나 당시 권력자 진회(秦檜)의 반대로 합격이 취소되었고, 후에도 용대연(龍大淵) 등 반대파의 배척을 받았다. 그는 중원을 침략하고 있던 금나라와 싸워서 이기자는 주전파(主戰派)였다. 그는 생애의 상당 부분을 사천성에서 벼슬하고 종군했는데 한때는 왕염(王炎)의 막부에서 종군하다가 또 주화파(主和派)의 공격으로 파직당해 뜻을 이루지 못하기도 했다. 만년에는 한탁주(韓侘胄)의 북벌에 찬성했다가 한탁주가 실패한 후 모함을 받았다. 이렇게 자신은 길가에 버려져 비바람을 맞고 있는 매화와 같지만 끝까지 향을 간직하고 있다고 말함으로써 자신의 굳은 절개와 변치 않는 신념을 노래한 시이다. 그는 매화를 무척 좋아하여 많은 양의 매화시를 남겼다. 향여고당을 소개하는 간판에는 우리말로 '향루고당'으로 표기해놓았다.
　향여고당을 지나면 두 개의 상방(廂房, 곁채)이 있는데 남쪽의 상방이

'천고풍류(千古風流)'를 주제로 꾸며져 있다. 여기에는 육유와 당완(唐琬)의 슬프고도 아름다운 사랑의 이야기를 시의화(詩意畵)로 전시하고, 육유가 절강성 소흥(紹興)의 심원(沈園) 벽에 썼다는 유명한 「채두봉(釵頭鳳)」과 당완을 그리며 쓴 시들이 전시되어 있다.(육유와 당완의 사랑에 관해서는 졸저 『중국 인문 기행』 제2권 119면 이하 참조)

드디어 육유사의 정전(正殿)인 방옹당(放翁堂)이다. '방옹(放翁)'은 육유의 자호인데 그 유래는 이렇다. 당시 조정은 여진족의 금나라에 대항해서 싸우자는 주전파와 화친을 하자는 주화파로 나뉘었는데 애국시인 육유는 주전파였다. 그는 1176년에 적극적인 주전을 주장하다가 화친을 주장하는 당국자에 의해 '연음퇴방(燕飲頹放, 잔치에서 술을 즐기며 퇴폐하고 방종하다)'하다는 모함을 받고 벼슬에서 물러난 후 자신의 호를 '방옹(放翁, 방종한 늙은이)'으로 지었다.

그런데 방옹당 문이 굳게 잠겨 있었다. 가이드를 통해 알아본 결과 최근 사당 안의 문물을 도난당한 적이 있어 개방하지 않는다고 했다. 섭섭하지만 어쩔 수 없는 일이다. 2014년에 와서 본 기억과 남긴 기록에 의하면 방옹당 안에는 육유의 소상이 있고 그 옆에 '긍고남아 일방옹(亘古男兒 一放翁)'이라 쓰인 양계초(梁啓超, 1873~1929)의 글씨가 있다. 또 여기에는 육유가 시 「회성도십운(懷成都十韻)」 「유근촌(游近村)」을 초서로 쓴 것이 석각되어 있고 기타 그와 관련된 문물들이 전시되어 있다.

육유사에는 시운진열실(詩韻陳列室), 청시관화정(聽詩觀畵亭), 암향정(暗香亭) 등의 건물이 있고 방옹당 후원이 매원(梅園)인데 여기에 신유정(信有亭), 동심정(同心亭)이 있다. 신유정은 육유의 시

육유사 방옹당 육유사의 정전이다. '방옹(放翁)'은 '방종한 늙은이'라는 뜻으로 육유의 자호이다.

강호에서 떠돈 사십여 년 꿈속에

인간세상에 촉주(蜀州) 있음을 어찌 믿었겠는가

江湖四十餘年夢　豈信人間有蜀州

에서 '信' 자와 '有' 자를 따서 지은 명칭이다. 한자의 조어력(造語力)이
참으로 신기하다. '信有' 두 글자만 놓고 보면 아무런 의미를 찾을 수 없
는데 육유의 시와 연관될 때 비로소 의미를 지닌다. 우리나라에서 사용되

는 '중꺾마'(중요한 것은 꺾이지 않는 마음)와 같은 조어법과는 격이 다르다.

공자의 사당 숭주문묘

엄화지 남쪽에 있는 숭주문묘(崇州文廟)는 사천성 경내에 가장 잘 보존된 4곳 문묘 중의 하나로 명나라 홍무(洪武) 연간(1368~1398) 초에 건립되었는데 1516년 전쟁으로 소실된 것을 청나라 강희 원년(1662년)에 중건하여 오늘에 이르고 있다. 문묘는 공자의 사당이다.

문묘 앞 공자광장에 공자행교상(孔子行敎像, 공자가 가르침을 행하는 모습)이 서 있고 그 뒤에 노란 글씨로 '궁장만인(宮牆萬仞)'이라 쓰인 붉은 조벽(照壁)이 보인다. 이 문구는 공자의 높은 학덕을 가리키는 말인데 산동성(山東省) 곡부(曲阜)의 앙성문(仰聖門)에 써 있는 '만인궁장(萬仞宮牆)'과 같은 말이다. 『논어』「자장(子張)」편의 다음과 같은 구절에서 유래되었다.

(노나라 대부) 숙손무숙(叔孫武叔)이 조정에서 대부에게 말하기를 "자공(子貢)이 중니(仲尼, 공자의 자字)보다 어질도다"라 하자, 자복경백(子服景伯)이 그 말을 자공에게 전했다. 자공이 말하기를 "궁실의 담에 비유하면, 나의 담은 어깨에 닿아서 집안의 좋은 것을 엿볼 수 있거니와, 선생님의 담은 몇 길(夫子之牆數仞)이나 되어서 그 문을 들어가지 못하면 종묘의 아름다움과 백관(百官)의 풍요함을 볼 수 없다"라 했다.

숭주문묘 앞 공자행교상과 조벽 공자광장에 공자행교상이 서 있고 그 뒤에는 '궁장만인(宮牆萬 仞)'이라 쓰인 조벽이 있다.

　자공이 "선생님의 담은 몇 길이나 된다"고 했는데, 후에 명나라 호찬 종(胡纘宗)이 '몇 길(數仞)'을 '만 길(萬仞)'로 고쳐서 앙성문 벽에 써놓았 다. 공자의 학덕을 표현하자면 '만 길'이라고 해야 한다는 생각이었다. 지금 우리가 곡부에서 볼 수 있는 '만인궁장' 글씨는 건륭제(乾隆帝)가 쓴 것이다. 건륭이 곡부를 방문했을 때 호찬종의 글씨를 깎아버리고 자 신의 글씨를 대신 새겼다는 것이다. 그런데 숭주문묘의 조벽에 왜 '만인 궁장(萬仞宮牆)'이라 하지 않고 '궁장만인(宮牆萬仞)'이라 써놓았는지 모 를 일이다.

숭주문묘 영성문 공자의 사당 숭주문묘의 대문이다. 영성문 양쪽의 회랑 벽에 공자어록이 석각,
전시되어 있다.

　의문(儀門)과 문묘의 대문격인 영성문(欞星門)을 지나면 반지(泮池)가
나오고 극문(戟門)을 통과하여 대성전에 이른다. '극문'은 대성문이라고
도 하는데 대성전으로 들어가는 문이다. 여기에도 한글 안내판에 '戟門'
을 '창문'이라 번역해놓았다. '극문'은 고대에 제왕이 외출하면 그가 머
무는 곳에 창(戟)을 세워 문을 만들었다는 데에서 유래되어 후에는 고관
대작의 저택이나 중요한 관청의 문을 가리키는 말로 쓰였다. 종루와 고

루를 거치면 계성전(啓聖殿)에 이른다. 계성전은 공자의 부모를 모신 사당인데 이곳 한글 안내판에도 '啓聖殿'을 '치성전'으로 번역해놓았다.

숭주문묘는 두 가지 점에서 다른 문묘와 차별된다. 첫째는, 영성문 양쪽의 회랑 벽에 『논어』에 나오는 공자어록 100여 조를 석각(石刻)해서 전시하고 있다는 점이다. 이를 '논어 비랑(論語碑廊)'이라고도 하는데 번자체(繁字體)의 큰 글씨로 공자 어록을 새기고 그 옆에 작은 간자체(簡字體)로 번역을 해놓았다.

둘째는, 동서무(東西廡), 대성전, 계성전 등에 공자와 그 부모를 비롯하여 공자 제자, 후대의 명유(名儒) 등 65명의 소상(塑像)이 전시되어 있다. 이 소상들은 사천성의 저명한 조각가 한덕아(韓德雅)가 설계한 후 13명의 공장(工匠)과 함께 2년 반에 걸쳐 완성했다고 한다.

유비와 제갈량의
사당 무후사

군주와 신하를 합사한 까닭

엄화지를 관람한 후 우리는 성도 시내의 무후사(武侯祠, 우허우츠)로 향했다. 오후 5시나 되어서야 무후사에 도착할 것 같아 걱정이 되었다. 중국은 관광지에서도 오후 5시면 칼같이 문을 닫는다는 것을 잘 알고 있었기 때문이다. 그런데 가이드의 말에 의하면 무후사는 오후 8시까지 개방한다는 것이다. 아마 무후사를 찾는 관람객이 무척 많기 때문일 것이다. 과연 오늘이 월요일인데도 무후사에는 그야말로 인산인해였다. 하기야 '휘궈(火鍋, 중국식 샤부샤부)를 먹지 않고 무후사를 보지 않으면 성도에 온 것이 아니다'라는 말이 있을 정도로 무후사는 성도의 상징이 된 관광지이다.

무후사는 중국에서 유일하게 임금과 신하를 합사(合祀)한 사당이다.

196

임금인 유비(劉備)와 신하인 제갈량(諸葛亮)을 합사하게 된 사연은 이렇다. 221년 성도를 도읍으로 촉한(蜀漢)을 세운 유비는 이듬해 이릉(夷陵, 지금의 호북성 의창시宜昌市에 위치)에서 오(吳)나라와 결전을 벌이다 패퇴한 뒤, 223년 4월 사천성 봉절(奉節)의 백제성(白帝城) 영안궁(永安宮)에서 63세를 일기로 병사하여 그해 8월 성도의 혜릉(惠陵)에 묻혔다.

유비가 죽은 지 11년 만인 234년에 제갈량은 오장원(五丈原, 지금의 섬서성 미현郿縣에 있던 싸움터)에서 위(魏)나라의 사마의(司馬懿)와 대치하다가 54세에 병사한 후 그의 유언에 따라 그곳 정군산(定軍山)에 장사지냈다. 이후 263년 습융(習隆), 상충(向充) 등의 건의로 묘소 근처 면양(沔陽)에 무후사를 건립했으니 이것이 최초의 무후사이다. 면양은 지금의 섬서성(陝西省, 산시성) 한중시(漢中市, 한중시) 면현(勉縣, 몐현)의 옛 이름이고 정군산은 면현 남쪽 약 5킬로미터 지점에 있다. 제갈량은 생전에 무향후(武鄕侯)에 봉해졌고 사후에 충무후(忠武侯)의 시호가 내려졌기 때문에 사당을 무후사라 한 것이다. 이후 전국에 많은 무후사가 건립되었다.

성도에는 4세기 초에 무후사가 세워졌다. 사람들은 사후에도 군신 간에 가까이 지내라고 유비 사당에서 멀지 않은 곳에 무후사를 세웠다. 그런데 무후사에는 참배객이 많은 반면에 유비 사당을 찾는 사람들은 적었다. 이렇게 신하의 인기가 군왕보다 높은 것을 안타깝게 여겨, 촉 헌왕(蜀獻王)에 봉해진 주원장(朱元璋)의 열한 번째 아들 주춘(朱椿)이 기존의 무후사를 없애고 제갈량 사당을 유비 사당 옆 부속 건물로 옮겼다. 그래도 사람들은 이곳을 무후사라 부르며 참배했다고 한다.

1671년에는 유비 사당을 대대적으로 중수하여 앞쪽에 유비전이 있고

무후사박물관 정문 '한소열묘(漢昭烈廟)' 편액이 달린 무후사는 삼국시대의 인물인 유비와 제갈량을 합사한 사당으로, 성도의 상징이 된 명소이다. 편액에 쓰인 '소열(昭烈)'은 유비의 시호이다.

뒤에 제갈량전이 있는 현재의 군신 합사의 구도로 만들고 대문에 '한소열묘(漢昭烈廟)'라는 편액을 걸었다. 유비의 시호가 '소열(昭烈)'이다. 이렇게 이 사당이 유비의 사당임을 분명히 했지만 사람들은 여전히 이곳을 무후사라 불렀다고 하니 국민들이 제갈량을 얼마나 존경하는지를 보여주고 있다. 중국 각지에는 모두 13개의 무후사가 있어 제갈량에 대한 국민들의 존경심이 유비를 능가함을 알 수 있다.

무후사박물관의 대문과 이문

1984년에 무후사는 '성도 무후사박물관'으로 개칭된 이래 2008년에는 제1회 국가 일급 박물관으로 선정되었다. 무후사는 크게 문물구(文物區), 원림구(園林區), 금리(錦里)의 세 부분으로 구성되는데 핵심 부분은 삼국시대 역사 유적이 있는 문물구이다. 문물구부터 둘러본다.

'한소열묘(漢昭烈廟)' 편액이 달린 대문을 들어서면 동쪽과 서쪽에 비각(碑閣)이 있는데 동쪽의 비가 당비(唐碑)이고 서쪽의 비가 명비(明碑)이다. 이중 당비의 비문은 809년에 당시 검남서천절도사(劍南西川節度使) 무원형(武元衡)이 서기인 배도(裴度)를 시켜 짓게 한 것으로 정식 명칭은 '촉승상제갈무후사당비(蜀丞相諸葛武侯祠堂碑)'이다. 이 비는 배도의 문장, 유공작(柳公綽)의 글씨, 노건(魯建)의 각(刻)으로 해서 '삼절비(三絶碑)'로 일컬어진다. 높이 367센티미터, 너비 95센티미터, 두께 25센티미터이다. 유공작은 명필 유공권(柳公權)의 형이다.

서쪽의 명비는 명나라 사천순무(四川巡撫) 장시철(張時徹)이 찬한 '제갈무후사당비기'로 1547년에 세워졌다. 높이는 110센티미터.

당비와 명비를 지나면 한소열묘 이문(二門)이 나타나는데 여기에는 청나라 오영(吳英)의 글씨로 된 '명량천고(明良千古)'란 편액이 걸려 있다. '유비와 같은 명군(明君)과 제갈량과 같은 양신(良臣)은 천추만대의 모범이 된다'는 뜻인데 '明'을 '眀'으로 써놓았다. 청이 명을 멸망시키고 건국했기 때문에 '明' 자를 꺼려서 '眀'으로 썼다는 설이 있으나 근거 없는 말이다. 원래 '明'과 '眀'은 서로 통하는 같은 글자여서 서예가들이

이문 편액 '명량천고(明良千古)'는 '유비와 같은 명군(明君)과 제갈량과 같은 양신(良臣)은 천추만대의 모범이 된다'는 뜻이다.

종종 작품의 구도상 '明'을 '眀'으로 쓰는 경우를 흔히 볼 수 있다. 가이드는 "유비가 눈이 밝아 인재를 잘 등용했기 때문에 '明' 자에 '日' 대신 '目'을 썼다고 설명했다. 또 이문의 양쪽 기둥에 주련이 걸려 있는데 왼쪽 기둥의 주련 중 '촉(蜀)' 자 안의 '虫'을 '日'로 써놓은 것을 볼 수 있다. 이를 두고도, '虫'은 나쁜 이미지를 갖고 있으며 '日'은 태양이나 천자의 상징이므로 촉(蜀)을 미화하기 위한 것이라는 해석이 있다.

이문을 들어서면 서쪽 벽에 남송의 명장 악비(岳飛)가 썼다는 제갈량의 「출사표(出師表)」가 새겨져 있다.(220면 사진 참조) 명나라의 백린(白麟)이 악비의 이름을 빌려 썼다는 설이 있지만 사실은 알 길이 없다. 어쨌든 글씨 자체는 그야말로 운연비동(雲煙飛動)하는 명필임이 틀림없다.

명군(明君) 유비전

한소열묘, 즉 유비전(劉備殿)에는 청나라 완안숭(完顔崇)이 쓴 '업소고광(業紹高光)' 편액이 걸려 있다. '高'는 한고조(漢高祖), '光'은 후한의 광무제(光武帝)를 가리키는데, 한 왕실의 후예를 자처하는 유비가 한고조와 광무제의 위업을 잇는다는 뜻이다. 그리고 전각 앞 기둥에는 편액을 쓴 완안숭이 지은 다음과 같은 주련이 걸려 있다.

> 使君爲天下英雄 正統攸歸 王氣鍾樓桑車蓋
> (사군위천하영웅 정통유귀 왕기종누상거개)
> 巴蜀系漢朝終始 遺民猶在 霸圖餘古柏祠堂
> (파촉계한조종시 유민유재 패도여고백사당)

유비는 천하의 영웅이라 한 왕조의 정통이 돌아온 바이니 왕기가 누상거개에 모였네
파촉은 한(漢) 왕조가 시작하고 끝난 곳이라 그 유민이 아직 있는데 당년의 웅대한 패업이 고백(古柏)사당만 남겨놓았네

상련의 '누상거개(樓桑車蓋)'란 말의 유래는 이렇다. 유비의 출생지 하

유비전　유비의 사당으로 편액 '업소고광(業紹高光)'은 유비가 한고조와 광무제의 위업을 잇는다는 뜻이다.

북성 탁주(涿州)의 누상촌(樓桑村)에 우산 덮개 모양의 뽕나무가 있었는데 매우 높아서 마치 높은 누각 같았기 때문에 누상(樓桑, 누각과 같은 뽕나무)이란 이름을 얻었고 마을 이름도 누상촌이 되었다. 유비가 어렸을 때 늘 이 나무 밑에서 놀면서 뽕나무를 가리키며 "후에 이 나무로 나의 수레 덮개(車蓋)를 만들겠다"라 했다. 당시엔 제왕만이 수레에 덮개를 달 수 있어서 사람들은 이 뽕나무에 제왕의 기운이 있다고 여겼고 또 유비에게도 제왕이 될 조짐이 있다고 생각했다. 하련의 '고백사당(古柏祠堂)'은 '오래된 측백나무가 있는 사당'이란 뜻으로 무후사를 가리킨다. 무후사에는 제갈량이 손수 심었다고 전해지는 여러 그루의 측백나무가 있다.

유비전의 유비상 머리에 면류관을 쓰고 황포를 입었으며 손에는 옥규를 들고 있다. 두 귀가 어깨에까지 내려올 정도로 크다.

유비전 중앙에는 1672년(강희 11년)에 건조된 높이 3미터의 유비 소상이 있다. 머리에 면류관을 쓰고 황포(黃袍)를 입었으며 손에는 옥규(玉圭)를 들고 있다. 그리고 사서(史書)에 기록된 대로 두 귀가 어깨에까지 내려올 정도로 크다.

유비상 동쪽 뒤편에 유비의 손자 유심(劉諶)의 소상이 있다. 원래 이 자리에는 아들 유선(劉禪)의 소상이 있었는데 그를 유비전에 배향(配享)할수 없다는 많은 사람들의 반대로 철거된 후 1788년에 손자 유심의 소상을 세운 것이다. 유선의 소상이 없어진 연유는 이렇다. 위나라 군대가 쳐들어왔을 때 유선이 항복하려 하자 그 아들 유심이 극력 만류했으나 유선이 받아들이지 않았다. 이에 유심은 할아버지 유비의 사당에 들어가 한바탕 통곡을 한 후 처와 자식을 죽이고 자신도 자결했다. 후대인들이 나라를 망하게 하고 유비를 욕보인 유선의 소상을 철거하고 그 자리에 유심의 소상을 안치한 것이다. 유심 소상이 놓인 곳의 기둥에 유함형(劉咸榮, 1857~1949)이 지은 주련이 걸려 있다.

生不視强寇西來 天意茫茫 傷心慟洒河山淚
(생불시강구서래 천의망망 상심통쇄하산루)
死好見先皇地下 英姿凜凜 放眼早空南北人
(사호견선황지하 영자늠름 방안조공남북인)

살아서 원수가 서쪽에서 쳐들어오는 걸 차마 못 보겠는데 하늘의 뜻이 아득하기만 하니 상심하여 통곡하며 산하에 눈물 뿌리네
죽어서 지하의 선황(先皇)을 뵙는데 영용한 자태가 늠름하여 눈 씻고 보아도 일찍이 세상에 이런 사람 없었네

유선의 무능과 우매함에 대해서는 다음과 같은 얘기가 전한다. 촉이 멸망한 후 유선은 위나라의 수도 낙양에서 안락공(安樂公)에 봉해져 그야말로 '안락한' 생활을 하고 있었다. 위나라는 순순히 항복한 점을 감안하여 유선에게 최대한의 예우를 해준 것이다. 하루는 위나라의 사마소(司馬昭)가 연회를 베풀고 촉에서 데리고 온 궁녀들에게 촉의 음악을 연주케 하면서 그에게 "촉이 생각나지 않느냐"고 물었다. 촉의 음악을

듣고 촉의 옛 신하들은 얼굴을 가리고 우는데 유선은 "이렇게 즐거운데 어찌 촉 생각이 나겠습니까"라 답했다. 잠시 후 촉의 신하 각정(郤正)이 유선에게 "재차 물으면, 선인(先人)의 묘가 촉 땅에 있어 하루도 생각나지 않는 날이 없다"라 답하라고 충고했다. 이윽고 사마소가 재차 물었을 때 유선은 각정이 말해준 대로 답했더니 사마소가 "그대의 말이 어쩌면 각정의 말과 똑같습니까"라 했다. 유선이 놀라 "당신이 어떻게 그걸 알았습니까"라 해서 좌중이 크게 웃었다는 이야기가 전할 만큼 그는 우매했던 것이다.

관우전·장비전, 문신랑·무장랑

유비전 동쪽의 편전(偏殿)이 관우전(關羽殿)이다. 중앙의 관우상은 면류관을 쓰고 황포(皇袍)를 입은 제왕의 모습이다. 관우는 무장(武將)이지만 그의 의기(義氣)와 용기가 역대 조야의 인사들에 의해서 존숭받았기 때문에 조정에서는 그를 제후에 봉하고 이어 왕으로 봉했으며 또 제왕으로 봉하기도 했다. 일부에서는 공자가 '문성인(文聖人)'이라면 관우는 '무성인(武聖人)'이라 할 만하다고 말하기도 한다. 이런 연유로 제왕의 모습을 한 관우상이 만들어진 것이다. 관우전의 '의박운천(義薄雲天)' 편액이 그에 대한 후대인의 평가를 잘 보여주고 있다. 편액의 뜻은 '의기가 하늘에 닿는다'이다.

관우상 우측에 부장(副將) 주창(周倉)과 아들 관평(關平) 상이 있고 좌

관우전의 관우상 면류관을 쓰고 황포를 입은 제왕의 모습이다. 관우는 무장(武將)이지만 후대에 그를 왕으로 봉했기 때문에 제왕의 모습으로 만든 것이다.

장비전의 장비상 얼굴이 검고 눈동자가 크다.

측에 아들 관흥(關興)과 조루(趙累)의 소상이 있다. 또 관우가 평소에 쓰던 청룡언월도(青龍偃月刀)도 전시되어 있다.

유비전 서쪽의 편전이 장비전(張飛殿)이다. 장비의 소상은 얼굴이 검은색이고 눈동자가 크다. 장비의 소상 좌우에 그의 아들 장포(張苞)와 손자 장준(張遵)의 소상이 있다. 장비전에는 '성관금석(誠貫金石)'이란 편액이 걸려 있는데 '정성이 쇠와 돌을 뚫는다'는 뜻이다. 이것은, 한나라 비장군(飛將軍) 이광(李廣)의 화살이 바위를 뚫었듯이 장비의 정성이 금석을 뚫을 듯했다는 말이다.

유비전 앞 동서 양쪽에 긴 행랑이 있는데 여기에 촉나라 문신과 무장들의 소상이 있다. 동쪽의 문신랑(文臣廊)에는 방통(龐統)·간옹(簡雍)·여개(呂凱)·부동(傅肜)·비위(費禕)·동화(董和)·등지(鄧芝)·진진(陳震)·장완(蔣琬)·동윤(董允)·진복(秦宓)·양홍(楊洪)·마량(馬良)·정기(程畿)의 14인의 소상이, 서쪽의 무장랑(武將廊)에는 조운(趙雲)·손건(孫乾)·장익(張翼)·마초(馬超)·왕평(王平)·강유(姜維)·황충(黃忠)·요화(廖化)·상총(向寵)·부첨(傅僉)·마충(馬忠)·장의(張嶷)·장남(張南)·풍습(馮習)의 14인의 소상이 안치되어 있다. 각 소상의 높이는 1.7미터에서 3미터까지로 일정하지 않은데 각 소상 앞에는 평생의 사적(事績)을 적은 석비(石碑)가 놓여 있다.

무장랑에서 특이한 점은, 조운이 무장인데도 문관 복장을 하고 있다는 사실이다. 그는 무장일 뿐 아니라 치국과 치민을 위한 여러 정책도 건의하여 유비를 도왔기 때문에 후대인들이 그를 존경하

무장랑의 조운상 조운은 무장이지만 치국과 치민을 위한 정책도 건의하며 유비를 도왔기 때문에 후대인들이 그를 존경하여 문관 복장을 한 문신상으로 만든 것이다.

여 문신상으로 만들어놓은 것이다. 문신이 무장보다 더 우위에 있다는 것이 당시의 관념이었다.

제갈량을 모신 공명전

제갈량을 모신 공명전(孔明殿)은 유비전 뒤 11계단 아래쪽에 있다. 공명전을 유비전보다 낮은 곳에 지은 것은 군신 간의 위계질서를 지키기 위함이다. 공명전으로 들어가는 중간문인 과청(過廳)에 곽말약(郭沫若)

공명전으로 들어가는 중간문 '과청(過廳)' 이곳에 곽말약이 쓴 '무후사' 편액이 걸려 있다. 제갈량은 생전에 무향후(武鄕侯)에 봉해졌고 사후에 충무후(忠武侯)의 시호가 내려졌기 때문에 무후사라 한 것이다.

의 글씨로 된 '무후사(武侯祠)' 편액이 걸려 있다. '무후사' 편액은 이곳 공명전 앞에만 걸려 있고 이 무후사박물관 건물군 전체의 공식 명칭은 '한소열묘(漢昭烈廟)'이다. 박물관 정문에도 '한소열묘' 편액이 걸려 있다. 그런데도 사람들은 여전히 이곳을 무후사라 부른다. 과청 양쪽 기둥에 1965년 중국공산당 원로인 동필무(董必武, 둥비우)가 찬한 대련이 있다.

　　三顧頻煩天下計 (삼고빈번천하계)
　　一番晤對古今情 (일번오대고금정)

세 번 찾아 여러 번 천하 계책 나누었고
한 번 만남 고금의 아름다운 정이로다

하련의 뜻은, 유비와 제갈량이 한 번 만난 것이 고금의 미담으로 전해
진다는 것이다. 상련은 두보의 유명한 시 「촉상(蜀相, 촉나라 승상)」에 나오
는 구절이다. 워낙 유명한 시이기 때문에 이 시 전문을 소개한다.

승상(丞相)의 사당을 어디 가서 찾을거나
금관성 밖 측백나무 우거진 곳일레라

섬돌에 비친 풀은 저 혼자 봄빛이고
잎새 속 꾀꼬리는 공연히 좋은 소리

세 번 찾아 여러 번 천하 계책 나누었고
양조(兩朝)에 몸 바친 노신(老臣)의 그 마음

군사 내어 못 이기고 몸이 먼저 죽으니
길이 후세의 영웅들, 눈물로 옷깃 적시네

丞相祠堂何處尋　錦官城外柏森森
映堦碧草自春色　隔葉黃鸝空好音
三顧頻煩天下計　兩朝開濟老臣心

出師未捷身先死　長使英雄淚滿襟

　두보가 성도의 초당에 정착한 직후인 49세쯤의 작품으로 보인다. 그는 평소에 제갈공명을 무척 존경해서 이 시 이외에도 「무후묘(武侯廟)」「팔진도(八陣圖)」「제갈묘(諸葛廟)」「고백행(古柏行)」「영회고적(咏懷古蹟)」 등의 시를 써서 공명(孔明)에 대한 존모의 정을 나타냈다. 이밖에도 공명을 언급한 작품은 수없이 많다. 그러니 두보가 성도에 정착하자마자 근교에 있는 공명의 사당을 찾은 것은 지극히 당연한 일이다.

　자문자답 형식으로 되어 있는 제1연은 빨리 사당에 가서 참배하려는 두보의 간절한 염원이 드러나 있다. 아마 그곳 사람들에게 물어서 사당을 찾았을 것이다. 드디어 그의 눈앞에 무성한 측백나무가 나타난다. 이 측백나무가 곧 승상의 사당임을 암시한다. 승상이 손수 심었다는 말이 전해오기 때문이다. 또한 사철 푸른 이 측백나무는 승상의 충성과 절개를 상징하기도 한다.

　경내에 들어서니 봄빛이 완연하다. 섬돌엔 푸른 풀이 "봄빛(春色)"을 자랑하고 나무에선 새들이 "좋은 소리(好音)"로 지저귀는 아름다운 봄이다. 그러나 풀은 "저 혼자(自)" 봄빛이고 새들은 "공연히(空)" 좋은 소리로 지저귄다. 아무도 찾는 이 없는 황량하고 적막한 사당 풍경임을 암시하고 있다. 푸른 풀과 새들은 인간 세상의 흥망성쇠를 아는 듯 모르는 듯, 이곳이 일대 영웅 제갈공명의 사당임을 아는 듯 모르는 듯 해마다 봄이 되면 돋아나고 지저귄다. 섬돌에 풀이 나지 않을 만큼 사람들이 와서 오르내려야 하고, 많은 사람들이 와서 아름다운 새소리를 들어야 할 사당이 이렇게 쓸쓸하고 적막하다니. 여기서 두보는 무한한 감개에 젖는다.

제갈량이 누구인가? 유비가 세 번이나 그를 찾았을 땐 함께 천하를 위한 계책을 논했고, 양대(兩代)에 걸쳐 진충보국(盡忠報國)한 영웅이 아닌가. 참으로 밝은 임금과 어진 신하가 만났건만 불행하게도 천하통일의 위업을 이루지 못하고 죽은 것이 애통할 따름이다. 그래서 "길이 후세의 영웅들이 눈물로 옷깃을 적시는" 것이다. 남다른 애국심과 웅대한 포부를 지니고도 자신의 이상을 실현하지 못한 후대의 영웅들은 한결같이 제갈공명을 떠올리며 눈물짓는다는 말이다. 아마 두보는 자신도 그 후대의 영웅들 중의 한 사람으로 자부했을지 모른다. 지금 그도 황량한 사당에서 제갈공명을 추억하며 눈물을 흘리고 있으니까. 동필무의 대련 상련은 이 시 제5구를 그대로 끌어다 쓴 것이다.

과청의 '무후사' 편액 안쪽에 청나라 완안숭(完顔崇)의 글씨로 된 '선주무후동비궁(先主武侯同閟宮)'이란 편액이 달려 있는데 이 문구는 두보의 시 「고백행(古柏行, 오래된 측백나무를 노래하다)」 중의 한 구절이다. '비궁(閟宮)'은 '조용하고 깊은 건물'로 여기서는 사당을 뜻한다. 편액의 뜻은 '선주 유비와 무후 제갈량이 한 사당에 있다'로 풀이된다. 과청 뒷문 안쪽에 현대 화가 서비홍(徐悲鴻)의 글씨로 된 '만고운소일우모(萬古雲霄一羽毛)' 편액이 걸려 있다. 이 구절은 두보의 시 「영회고적(詠懷古迹, 옛 사람의 정취를 생각하며 읊다)」 5수 중의 제5수에서 따온 것이다. 이 시도 너무나 유명한 시이므로 전문을 소개한다.

　　제갈량 큰 이름 우주에 드리웠고

과청 안쪽 '선주무후동비궁(先主武侯同閟宮)' 편액 '선주 유비와 무후 제갈량이 한 사당에 있다'는 뜻으로 두보의 시에서 따왔다. 무후사는 중국에서 유일하게 임금과 신하를 합사한 사당이다.

종신의 유상(遺像)은 맑고도 높아라

천하를 삼분함에 온갖 계책 다 내었으니
만고에 하늘 나는 봉황이로다

이윤(伊尹)이나 여상(呂尙)과도 백중지간(伯仲之間)이고
정해진 듯 지휘하니 소하(蕭何), 조삼(曹參) 빛을 잃네

시운(時運) 따라 한실(漢室) 회복 끝내 어려웠으나

뜻을 굳혀 몸 바쳐 군무(軍務)에 골몰했네

諸葛大名垂宇宙　宗臣遺像肅清高
三分割據紆籌策　**萬古雲霄一羽毛**
伯仲之間見伊呂　指揮若定失蕭曹
運移漢祚終難復　志決身殲軍務勞

이윤(伊尹)은 은(殷)나라 시조인 탕(湯) 임금을 보좌한 명신이고, 여상(呂尙)은 문왕과 무왕을 도와 주(周)나라를 일으킨 현신(賢臣) 태공망(太公望) 즉 강태공을 가리킨다. 제갈량이 이윤, 여상에 비견될 수 있다는 것이다. 소하(蕭何), 조삼(曹參)은 유방(劉邦)을 도와서 한(漢)을 건국하는 데 결정적 역할을 하고 후에 승상의 지위에까지 올랐던 명신인데 제갈량이 소하, 조삼에 비할 바가 아니라는 것이다. 또 이 시 제1구의 '명수우주(名垂宇宙)'는 공명전의 편액으로도 걸려 있다. '만고운소일우모' 편액 옆 기둥에 이런 주련이 있다.

兩表酬三顧 (양표수삼고)
一對足千秋 (일대족천추)

'양표'는 전·후 출사표(前後出師表)를 가리키고, '삼고'는 유비가 제갈량을 세 번 찾아갔다는 말이다. 그러므로 상련은 '전·후 출사표를 올리고 위(魏)를 정벌하려 나선 것은 유비가 세 번이나 찾아준 것에 대한 보

공명전 제갈공명을 모신 사당이다. 편액 '명수우주(名垂宇宙)'는 '제갈량의 이름이 우주에 드리웠다'는 뜻으로 두보의 시구에서 따왔다.

답이다'로 풀이된다. 하련의 '일대(一對)'는 제갈량이 유비에게 건의한 천하삼분(天下三分)의 계책인「융중대(隆中對)」를 말한다. 하련은「융중대」한 편은 천추에 유전될 만하다'는 뜻이다.

과청을 지나면 공명전이 나타나고 여기에 '명수우주(名垂宇宙)' 편액이 걸려 있는데 이 구절은 앞에서 살펴본 두보의 시「영회고적」제5수의 제1구에서 따온 말로 '(제갈량의) 이름이 우주에 드리웠다'는 뜻이다. 강희제의 열일곱 번째 아들 과친왕(果親王) 윤례(允禮)의 글씨이다.

이 편액 오른쪽에 '훈고관악(勛高管樂)', 왼쪽에 '하악영령(河岳英靈)'

편액이 걸려 있다. 제갈량은 융중(隆中, 제갈량이 스스로 농사를 지으며 기거했던 곳)에 있을 때 「양보음(梁甫吟)」을 읊으면서 자신을 관중(管仲)과 악의(樂毅)에 비기며 우국우민의 회포를 풀었다고 한다. 관중은 춘추시대 제(齊)나라의 현신(賢臣)이고 악의는 전국시대 연소왕(燕昭王)의 명장이다. 그러므로 '훈고관악'은 '(제갈량이) 이룬 공훈이 관중, 악의보다 높다'는 뜻이다. '하악영령'은 '(제갈량이) 황하와 오악(五嶽)이 길러낸 걸출한 인재'라는 뜻이다. 공명전의 '명수우주' 편액 양쪽 기둥에는 청나라 말기의 학자 조번(趙藩, 1851~1928)이 찬한 유명한 영련이 있다. 이른바 '공심련(攻心聯)'이다.

能攻心則反側自消 從古知兵非好戰
(능공심즉반측자소 종고지병비호전)
不審勢則寬嚴皆誤 後來治蜀要深思
(불심세즉관엄개오 후래치촉요심사)

마음을 공략할 수 있으면 모반이 저절로 사라지니
예부터 군사를 아는 자는 전쟁을 좋아하지 않고

형세를 잘 살피지 않으면 관대함도 엄격함도 모두 잘못되나니
후에 촉(蜀)을 다스리는 데는 깊은 생각이 요구된다

제갈량은 상대의 마음을 공략할 줄 알았고 당시의 형세를 잘 살폈다

공명전 내부 '정원당(靜遠堂)' 편액 아래 제갈량의 소상이 있고 그 좌우에 아들 제갈첨과 손자 제갈상의 소상이 놓여 있다. 공명전의 또 다른 이름인 정원당은 제갈량의 「계자서」에서 따온 것이다.

는 말이다. 조번의 제자 잠춘훤(岑春煊)이 사천총독이 되어 지나치게 엄격한 정사를 폈는데, 잠춘훤이 무후사를 유람한다는 소식을 듣고 조번이 이 대련을 써서 무후사에 걸어놓고 제자인 잠춘훤으로 하여금 읽어서 경계를 삼도록 했다는 이야기가 전한다. 이후 수많은 위정자들이 이 대련에서 교훈을 얻었다고 하는 유명한 대련이다.

공명전 중앙에는 윤건(綸巾)을 쓰고 우선(羽扇)을 들고 학창의(鶴氅衣)를 입은 제갈량의 소상이 있고 좌우에 아들 제갈첨(諸葛瞻)과 손자 제갈상(諸葛尙)의 소상이 놓여 있다. 아들과 손자 모두 위나라와의 면죽(綿竹)

전투에서 전사했는데 당시 제갈첨은 37세, 제갈상은 19세였다.

제갈량 소상 위에 '정원당(靜遠堂)'이란 편액이 걸려 있고 전각의 가장 높은 대들보에 '非澹泊无以明志 非寧靜无以致遠'(비담박무이명지 비녕정무이치원) 14자가 금색으로 새겨져 있는데 이 말은 제갈량의 「계자서(戒子書)」에서 따온 것이다. 제갈량이 234년 임종 전에 8세 아들 제갈첨에게 써준 글이다. 유명한 글이기 때문에 그 전문을 소개한다.

제갈공명상 학창의를 입고 머리엔 윤건을 쓰고 오른손엔 우선(새의 깃으로 만든 부채)을 들고 있다.

무릇 군자의 행실은 고요함으로써 몸을 닦고 검소함으로써 덕을 기르는 것이다. (마음이) 담박하지 않으면 뜻을 밝힐 수 없고 (마음이) 안정되지 않으면 먼 곳까지 이를 수 없다. 무릇 배움은 마음의 안정을 필요로 하며 재능은 배움을 필요로 한다. 배우지 않으면 재능을 넓힐 수 없고 뜻이 없으면 학문을 이룰 수 없다. 방탕하고 개으르면 정신을 떨칠 수 없고 험하고 조급하면 본성을 다스릴 수 없다. 나이는 시간과 함께 달려가고 의지는 세월과 함께 사라져 마침내 마른 잎처럼 떨어질 것이고 사회에 공헌을 하지 못하는 경우가 많다. 그때 가서 곤

궁한 오두막을 지키며 슬퍼한들 장차 어찌할 것인가.

夫君子之行 靜以修身 儉以養德 非淡泊無以明志 非寧靜無以致遠
夫學須靜也 才須學也 非學無以廣才 非志無以成學 淫慢則不能勵精
險躁則不能治性 年與時馳 意與日去 遂成枯落 多不接世 悲守窮廬 將
復何及

'비녕정무이치원(非寧靜無以致遠)'의 '정(靜)'과 '원(遠)'을 따서 '정원
당(靜遠堂)'이라 한 것인데 이는 공명전의 또 다른 이름이다.

공명전에는 수많은 편액이 있는데 청나라 풍곤(馮昆)이 쓴 '이주경제
(伊周經濟)', 청나라 엄수삼(嚴樹森)이 쓴 '비고즉이(匪皐則伊)'가 눈길을
끈다. '이주(伊周)'는 은나라 탕임금의 명신 이윤(伊尹)과 문왕·무왕을 도
와 주나라를 일으킨 주공(周公)을 가리키고 '경제(經濟)'는 경세제민(經世
濟民) 즉 국가를 다스린다는 의미이다. 그러므로 '이주경제'는 제갈량의
국가를 다스리는 능력이 이윤, 주공과 맞먹는다는 뜻이다. '비고즉이(匪
皐則伊)'의 고(皐)는 순임금의 명신 고요(皐陶)를 가리킨다. 이 말은 제갈
량의 능력이 고요가 아니면 이윤과 같다는 뜻이다.

천고의 명문「출사표」

공명전의 동쪽 벽에는「융중대(隆中對)」가, 서쪽 벽에는「출사표」가

쓰여 있다. 「출사표」는 천고의 명문으로 인구에 회자되는 글이어서 좀 자세히 살펴볼 필요가 있다. 제갈량은 평소에도 막중한 의무감을 가지고 유비를 성심껏 보좌했지만 223년에 유비가 죽고 그 아들 유선(劉禪)이 즉위하자 제갈량의 임무는 더 커졌다. 유비는 죽기 전 제갈량에게 아들을 부탁하며 '당신의 재능은 위나라 조비(曹丕)의 10배나 된다. 그대는 반드시 국가를 안정시켜 대업을 이룰 것이다. 유선을 도울 만하면 돕고 재능이 없으면 그대 맘대로 하라'는 요지의 유언을 남겼다. '그대 맘대로 하라'는 것은 황제를 바꾸어도 좋다는 말이다. 그만큼 제갈량에 대한 유비의 신임은 두터웠다. 흔히 유비와 제갈량의 관계를 '수어지교(水魚之交)'로 표현한다. 제갈량을 지나치게 총애하는 유비에 대해서 관우와 장비가 불만을 토로하자 유비가 '나에게 공명(孔明)이 있는 것은 고기〔魚〕에게 물〔水〕이 있는 것과 같다'고 말한 데에서 유래한 성어이다.

이러한 유비의 유업을 완수하기 위하여 제갈량은 드디어 위나라를 공격하기 시작한다. 이 「출사표」는 유선이 즉위한 지 5년째 되던 227년에 위나라를 정벌하기 위하여 몸소 군사를 이끌고 출정하면서 유선에게 올린 글이다. '표(表)'는 한문 문체의 하나로 신하가 임금에게 올리는 글을 일컫는다. 출정하기에 앞서 그가 이렇게 간곡한 표문을 올린 것은 유선이 우매한 군주임을 알고 있었기 때문이었다. 그래서 자신이 없는 동안 국사를 처리할 방안을 담아서 「출사표」를 올린 것이다.

이 글은 크게 두 부분으로 나누어지는데 첫 부분에서 그는 나라가 처한 위급한 상황을 말하고 자신이 나라를 비운 동안의 국정 운영을 유선에게 당부한다. 그가 제시한 운영 방안은 크게 세 가지로 첫째는 "임금

님의 귀를 크게 열어(開張聖聽)" 충간(忠諫)을 받아들이는 일이고, 둘째는 간사한 자와 충성스러운 자를 가려 법에 따라 상과 벌을 분명히 하는 일이며, 셋째는 어진 인재를 등용하는 일이다. 인재 등용에 관해서 그는 구체적으로 문관 곽유지(郭攸之)·비위(費褘)·동윤(董允) 등 3인과 무관 상총(向寵)을 거명했다. 나라의 크고 작은 일을 이들과 의논해서 결정하라는 것이다. 말하자면 국정 운영의 지침서인 셈이다.

　그는 또 역사적 사실을 예로 들어 충간(忠諫)과 법치(法治)와 용인(用人)의 중요성을 거듭 환기시킨다. 이 글에서 그는 마치 아버지가 자식에게 타이르듯이 "성의(誠宜)" 즉 진실로 마땅히 해야 할 것과 "불의(不宜)" 즉 마땅히 하지 말아야 할 것을 일일이 지시하는데 이는 그가 유선의 사람됨이 시원찮다는 것을 알고 있었기 때문이다. 또 그런 만큼 나라를 떠나 있을 동안 나라를 걱정하는 마음이 지극했기 때문이기도 했다.

첫 부분이 논리적인 의론의 진술임에 비하여 뒷부분은 다소 감상적인 어조로 유비와의 옛일을 추억함으로써 유선의 마음을 움직이려 하고 있다.

신은 본래 삼베옷 입고 남양 땅에서 농사지으며 구차하게 난세에 생명을 보전하고 제후들에게 벼슬을 구하지 않았는데 선제(先帝)께서 신을 비천하게 여기지 않으시고 외람되게 스스로 몸을 굽히시어 세 번이나 신을 오두막으로 방문하여 당세의 일을 자문하시니 이로 말미암아 감격하여 드디어 선제께 신명을 다할 것을 허락했습니다. (…) (선제께서) 돌아가실 때 신에게 대사를 맡기셨기에 명을 받은 이래 밤낮으로 근심하고 탄식하며 부탁하신 효과가 나지 않아 선제의 밝음을 손상할까 두려워하였습니다. (…) 원컨대 폐하는 도적을 토벌하고 나라를 회복시키는 일을 저에게 맡겨 효과가 없으면 신의 죄를 다스려 선제의 영전에 고하십시오.

臣本布衣 躬耕於南陽 苟全性命於亂世 不求聞達於諸侯 先帝不以臣卑鄙 猥自枉屈 三顧臣於草廬之中 諮臣以當世之事 由是感激 遂許先帝以驅馳 (…) 故臨崩 寄臣以大事也 受命以來 夙夜憂嘆 恐託付不效 以傷先帝之明 (…) 願陛下 託臣以討賊興復之效 不效則治臣之罪 以告先帝之靈

제갈량은 「출사표」에서 '선제'를 13번이나 언급했다. 그렇게 함으로써 선제로부터 받은 은혜에 보답하고자 하는 자신의 충정을 나타냄과 동시에 선제와 같이 현명한 군주가 되라는 권고의 의미를 담고 있다. 또한 중원을 통일하여 한실(漢室)을 부흥하려 했던 선제의 유업을 이어 받으라는 간절한 권고를 함께 표명한 것이다. 이렇게 거듭 당부하고 나서

　　신은 은혜를 받은 감격을 이기지 못한지라 이제 멀리 떠남에 표(表)를 올리려니 눈물이 앞을 가려 말할 바를 알지 못하겠습니다.

臣不勝受恩感激 今當遠離 臨表涕泣 不知所云

라는 말로 글을 끝맺는다. 「출사표」를 올리고 출정한 1차 원정은 실패로 끝났지만 그는 다섯 차례나 북벌에 나서 일진일퇴를 거듭하다가 234년 5차 북벌 때 오장원(五丈原)에서 사마의(司馬懿)와 대치하다가 병으로 세상을 떠났다. 향년 54세. 그리고 그의 사후 30년 만인 263년 촉은 멸망했다.

　　일반적으로 표문(表文)은 의론 위주의 글이어서 다소 딱딱하기 마련인데 제갈량은 의론과 서사와 서정을 적절히 융합하여 읽는 이로 하여금 심금을 울리게 한다. 유협(劉勰)은 『문심조룡(文心雕龍)』에서 이 글을 "표문의 꽃"이라 극찬했다. 우리나라의 옛 선비들도 이 글을 읽고 눈물을 흘리지 않은 사람이 없었다고 한다. 소동파는 "출사표를 읽고 눈물을 흘리지 않는 자는 반드시 불충(不忠)한 자일 것이다"라 했다.

삼의묘 도원결의할 당시의 평민 복장을 한 유비, 관우, 장비의 소상이 모셔져 있다.

공명전 옆에 '금정(琴亭)'이란 편액이 달린 무금루(撫琴樓)가 있다. '무금'은 거문고를 탄다는 말인데 이것은 나관중(羅貫中)의 『삼국지연의』에 나오는 이른바 '공성계(空城計)'에 근거해서 만든 정자이다. 위나라의 사마의가 가정(街亭)을 함락하고 여세를 몰아 15만 병력을 이끌고 제갈량이 있는 서성(西城)으로 진격했는데 그때 병사들은 모두 전투에 투입되고 제갈량에게는 병사가 없었다. 이에 그는 성문을 활짝 열게 하고 성루에 앉아 향을 피우고 거문고를 타고 있었다. 이를 본 사마의는 복병이 있는 줄 의심하여 병사를 퇴각시켰다는 이야기다. 이것이 아군이 열세일 때 성을 비워 적을 혼란에 빠뜨리는 계책인 공성계인데, 이를 기념하여 만든 무금루에는 돌로 만들 거문고가 안치되어 있다.

공명전 뒤 넓은 광장 너머에 삼의묘(三義廟)가 있다. 여기에는 평민 복장을 한 유비, 관우, 장비의 소상이 있는데 젊었을 때 3인이 도원결의할 때의 모습이라고 한다. 삼의묘는 원래 강희(康熙) 원년(1662년)에 지금 성도 시내의 제독가(提督街)에 세웠던 건물인데 황폐하게 방치되어 있다가 1997년에 이곳 무후사로 이건되었다. 삼의묘 뒤에 있는 결의루(結義樓)는 현재 차를 마시고 공연을 하는 희대(戱臺)로 사용되고 있다.

유비의 묘 혜릉

공명전 서남쪽에 유비의 묘 혜릉(惠陵)이 있다. '한소열릉(漢昭烈陵)'의 편액이 걸린 대문을 들어서서 기린, 말, 문인, 무인의 석상이 늘어서 있는 10미터가량의 신도(神道)를 지나면 혜릉이 나타난다. 높이가 12미터, 둘레가 180미터의 능으로 역대 왕조의 다른 제왕 능에 비하면 규모가 작은 편이다. 혜릉에는 감씨(甘氏) 부인과 오씨(吳氏) 부인이 합장되어 있다.

혜릉은 도굴을 당하지 않았다고 하는데 이와 관련하여 재미있는 이야기가 전한다. 어느 도굴꾼이 능 안으로 들어가자 유비와 또 한 사람이 등불 밑에서 바둑을 두고 이들을 병사 10인이 호위하고 있었다고 한다. 두 사람은 도굴꾼에게 술 한 잔과 옥대(玉帶)를 내렸는데 도굴꾼이 묘 밖으

혜릉 산문 편액 '천추늠연(千秋凜然)'은 천년토록 늠름하다는 뜻이다. 편액 뒤쪽의 벽 너머에 유비의 묘가 있다.

로 나오자 입은 칠흑색으로 변했고 옥대는 뱀이 되어 꿈틀거렸다는 이야기다. 유비의 묘를 도굴하려는 자가 벌을 받은 것이다. 이로부터 도굴꾼들이 유비 묘에 접근하지 않았다고 한다.

혜릉은 유비의 시신을 매장한 진짜 묘가 아니라 옷을 묻은 의관총(衣冠冢)이라는 말도 있다. 유비는 223년 4월 사천성 봉절(奉節)의 백제성에서 사망했고 5월에 성도로 옮겨 8월에 장례를 치렀다고 한다. 봉절의 4월은 더운 계절이고 거기서 성도까지 옮기려면 적어도 30일은 소요되는데 시신이 부패할 수밖에 없어서, 시신은 봉절에 매장하고 성도에는 유비의 의관을 묻었다는 설이다. 이후 진묘(眞墓)의 소재지를 둘러싸고 수많은 논쟁이 있어왔다.

유비 묘 위에는 온갖 나무들이 무성하게 자라고 있었다. 중국의 묘제는 우리와 달라서 무덤 위를 손질하지 않고 풀과 나무들이 자라도록 내버려두거나 시멘트로 발라버리거나 계란석 같은 돌로 봉분을 덮어버리는 경우가 많다. 우리와 같이 잔디를 덮어 가꾸는 경우는 드물다. 산동성 곡부의 공자 묘, 안휘성 당도(當涂)의 이백 묘 정도가 잔디를 입힌 경우이다.

유비와 제갈량의 만남은 전형적인 명군(明君)과 현신(賢臣)의 아름다운 만남이어서 후세에 많은 시인들이 이를 노래했는데 그중 당나라 백거이(白居易, 772~846)의 시 「영사(詠史)」가 오랫동안 머리에 남는다.

선생이 자취 감춰 산림에 누웠는데
어이하여 성주(聖主)께서 세 번이나 찾으셨나

고기가 남양에 와, 비로소 물 얻었으니
하늘에 용이 날아 문득 큰비 되었도다

어린 아들 부탁하기에 정성껏 예(禮) 다했고
나라에 보답하려 충의심(忠義心)을 기울였네

전후 출사표가 아직도 남아 있어
한번 보면 가슴을 눈물로 적시네

先生晦迹卧山林　三顧那逢聖主尋
魚到南陽方得水　龍飛天漢便爲霖
托孤既盡殷勤禮　報國還傾忠義心
前後出師遺表在　令人一覽淚沾襟

무후사박물관의 원림구

지금까지 살펴본 것이 무후사박물관 문물구의 주요 유적이다. 이 문물구의 서쪽이 무후사박물관의 원림구(園林區)다. 원림구의 전신은 남교공원(南郊公園)이고 남교공원의 전신은 국민당 정부 때 사천성 주석을 지낸 유상(劉湘, 1888~1938)의 묘원(墓園)이다.

유상은 사천성 대읍(大邑)의 지주였던 유문채(劉文彩)·유문휘(劉文輝) 형제의 당질(堂姪)로 당시 사천성의 막강한 군벌이었다.(유문채, 유문휘, 유상에 관해서는 이 책「반식민지 시대 지주계급 유씨의 장원」참조) 그는 일본군과 중국군이 충돌한 '노구교(蘆溝橋) 사건'이 일어나자 휘하의 군대를 이끌고 항일전쟁에 참가했다가 1938년에 병사했다. 그가 죽었을 때 국민당 정부는 전국에 조기(弔旗)를 걸게 하여 융숭한 국장을 거행했다.

그의 묘역은 1938년에 시작해서 1942년에 완공했는데 명청(明淸) 제

금리 예부터 무후사 부근에 비단 짜는 업체가 모여 있어서 '금리'라 불렀는데 이곳이 무후사박물관으로 편입되면서 상업구로 활기를 띠고 있다.

왕의 능원을 모방하여 건조했다. 이 묘역이 1953년에 남교공원으로 바뀌었고 2003년에 무후사박물관 원림구로 편입된 것이다. 그러므로 유상의 묘역이 원림구의 중심이라 할 수 있다.

무후사박물관 동쪽에 금리(錦里)가 있다. 예부터 성도는 비단으로 유명했는데 지금의 무후사 부근에 비단 짜는 업체가 모여 있어서 이곳을 '금리'라 불렀다. '금(錦)'은 비단이라는 뜻이다. 금리는 진한(秦漢) 때부터 비단업이 성행해서 당송(唐宋) 시기에 전성기를 구가했다고 한다. 그러므로 금리는 성도에서 역사적으로 가장 오래된 상업구이다.

한동안 버려져 있던 이곳이 무후사박물관으로 편입되면서 다시 활기를 띠게 되었다. 550여 미터에 달하는 거리는 주점구(酒店區), 음식점구, 객잔구(客棧區), 공예품구의 4구역으로 나뉘는데 여기에서 파촉(巴蜀)의 민속과 촉한(蜀漢)의 민속 풍정을 살펴볼 수 있다.

오량액

오량액(五糧液)은 사천성 의빈시(宜賓市, 이빈시)의 오량액집단공사(五糧液集團公司)가 생산하는 농향형(濃香型) 백주이다. 이 술이 생산되는 의빈시는 여러 가지 환경과 기후 조건이 백주를 발효시키는 미생물의 번식에 적합하여 예로부터 주도(酒都, 술의 도시)로 일컬어졌다. 오량액은 고량(수수), 쌀, 찹쌀, 밀, 옥수수의 다섯 가지 곡물을 원료로 만들어진다고 해서 붙은 이름인데 이렇게 여러 가지 곡식으로 술을 만드는 다량양조(多糧釀造)는 당나라 때 이곳에서 만들어진 중벽주(重碧酒)가 시초이다. 이 술은 782년 당나라 덕종(德宗)에 의해 궁중에 바치는 공주(貢酒)로 선정되었다.

북송 때는 의빈 출신의 요군옥(姚君玉)이 요씨주방(姚氏酒坊)을 개설하여 중벽주의 기초 위에 쌀, 고량, 찹쌀, 메밀, 좁쌀을 원료로 하고 당지의 안락천(安樂泉)의 물을 사용하여 새로운 술 요자설국(姚子雪麴)을 만들었다. 명나라 초 1368년에는 진씨(陳氏) 가족이 온덕풍주방(溫德豊酒坊)을 개설하고 요자설국을 기초로 하되 좁쌀을 옥수수로 대체하여 '진씨비방(陳氏祕方)'을 제조했다.

이 진씨비방은 진씨 집안에서 대대로 전해 내려와 6대인 진삼(陳三, 1802~1868)에게까지 전수되었는데 그가 아들이 없어 조명성(趙銘盛)에게 전수하고 조명성도 아들이 없어 등자균(鄧子均, 1876~1959)에게 전수했다.

오량액집단공사

등자균은 온덕풍주방을 이천영주방(利川永酒坊)으로 개명하고 진씨비방에 따라 술을 만들었는데 당시는 이를 잡량주(雜糧酒)라 불렀다. 그러다가 1909년에 양혜천(楊惠泉)의 건의를 받아들여 술 이름을 오량액이라 했으니 등자균이야말로 오늘날 오량액의 창시인이라 할 수 있다. 등자균은 이 술을 1915년 파나마 만국식품박람회에 출품하여 금상을 받았다.

신중국 성립 후 1954년에 등자균이 가전되어오던 '오량액 양조 비방'을 국가에 헌납한 것을 계기로 종래의 이천영주방을 비롯한 8개의 노주방(老酒坊)이 연합하여 1959년에 오량액주창(五糧液酒廠)을 건립했다. 여기서 생산된 오량액이 1963년의 제2회 전국 평주회부터 1989년의 제5회 평주회까지 4회 연속 국가 명주에 선정되었다. 1998년에 '오량액집단공사'로 개명한 이래 국내외의 수많은 상을 수상했고 현재는 중국 주류 기업으로는 모태주 다음가는 지위에 올라섰다. 현재 오량액에 사용되는 다섯 가지 곡물의 비율은 고량 36퍼센트, 쌀 22퍼센트, 찹쌀 28퍼센트, 밀 16퍼센트, 옥수수 8퍼센트이다.

오량액 역사에서 빼놓을 수 없는 것은 1972년에 오량액주창 총기사(總技師) 범옥평(范玉平, 1928~1992)이 개발한 '범씨구태기술(范氏句兌技術)'이다. '구태(句兌)'는 '블렌딩(blending)'을 말한다. 1950년대 초 오량액주창에서 생산한 술의 품질이 일정하지 않았다. 어떤 때는 우수한 술이 생산되다가 또 어떤 때는 품질이 낮은 술이 생산되기도 하여 그 맛이 일정하지 않았다. 즉 품질의 표준화가 이루어지지 않은 것이다. 이렇게 된 원인은 여러 가지이겠지만 가장 큰 원인은 병에 넣기 전 최종 단계인 블렌딩에 있었다. 여러 교(窖)에서 각기 다른 시기에 만들어진 원액을 적절히 섞어서 일정한 맛을 내는 블렌딩 기술이 발달하지 않은 것이다. 이 문제를 해결하기 위하여 범옥평이 중국 최초로 백주의 구태기술(句兌技術)을 개발했다.

이것은 백주 역사상 엄청난 업적이어서 1982년 이후에는 전국의 양조장에서 오량액주창에 인원을 파견하여 구태기술을 학습케 했다. 이를 계기로 범옥평은 구태 전문가를 양성하여 기술을 더욱 발전시켰다. 그 공로로 그는 제6회, 제7회 전국인민대표대회(전인대)의 대표로 선임되기도 했다. 또 그 기술을 전수받은 딸 범국경(范國瓊)도 제14회, 제16회 전인대 대표로 선임되었다. 오량액 회사는 그가 죽은 후 공장에 그의 동상을 세워 공로를 기렸다.

범옥평의 노력에도 불구하고 현재 중국의 블렌딩 수준은 서양의 위스키에 훨씬 미치지 못한 것 같다. 범옥평 이후 중국에서는 블렌딩을 백주 생산과정의 '화룡점정(畵龍點睛)'이라 하여 매우 중요시하고 있지만 아직은 아니다. 나는 1989년 홍콩에서 오량액을 처음 마셔봤는데 그때 맛이 황홀했다. 그래서 이후에도 기회 있을 때마다 오량액을 마셨지만 처음 마셨던 오량액 맛이 아니었다. 블렌딩을 통한 표준화가 이루어지지 않은 것이다. 이것은 범옥평이 '범씨구태기술'을 개발한 지 50여 년이 지난 지금도 마찬가지이다. 중국 백주의 품질 표준화는 오량액뿐만 아니라 백주 전체가 짊어진 과제이다.

현재 오량액은 그 종류가 100여 종이나 된다. 이렇게 다양한 품종 가운데 약 50퍼센트를 차지하는 것이 이른바 '보오(普五)'인데 보통오량액(普通五糧液)의 준말이다. 이 '보오'는 1909년 술의 명칭을 오량액으로 정한 이래 지금까지 여덟 단계의 발전 과정을 거쳤다. 각 단계별 주기는 일정하지 않다. 1909년부터 1935년까지를 제1대라 하는데 주기가 26년이고, 1989년부터 1998년까지의 제5대의 주기는 9년이다. 지금은 2018년부터 시작하는 제8기에 해당한다. '보오' 산품의 가격도 일정치 않다. 비싼 것은 '제8대 보오' 중에 2,289위안(한화 약 45만 원)을 호가하는 것이 있는 반면에 100위안 이하의 제품도 있다. '보오' 이외에 '501 오량액' 같은 제품은 명·청 시기의 노교(老窖)에서 발효시킨 제품으로 1년에 501병만 한정 생산하는데 가격이 10,000위안(한화 약 200만 원)에 이른다. 이밖에 천문학적 가격을 호가하는 20년, 30년 오량액 제품도 있다. 어느 해이던가, 사천성 성도의 쌍류공항(雙流機場) 매장에 32,000위안의 가격표가 적힌 오량액을 본 적이 있다.

두 임금의 사당
망총사

제위를 물려주고 두견새가 된 망제
망제와 총제의 사당 망총사
망제릉·총제릉과 자규원

사천성 기행 4일째, 오늘은 성도 도심에서 북서쪽으로 약 23킬로미터 떨어져 있는 비현(郫縣, 현재 성도시 비도구郫都區)의 망총사(望叢祠, 왕충츠)를 둘러보고 성도 시내로 들어와서 문수원, 청양궁, 두보초당을 답사할 예정이어서 역시 빡빡한 일정이다. 먼저 망총사로 갔다. 망총사는 고대 촉국(蜀國)의 제왕인 망제(望帝)와 총제(叢帝)의 사당이다. 고대 촉국은 하(夏)·상(商) 교체기에 등장하여 전국시대 말 진(秦)에 의하여 멸망하기까지 약 1300여 년간 존속한 5개의 고대 왕국을 말한다. 이 5개 고대 왕국의 건립자는 잠총(蠶叢), 백관(柏灌), 어부(魚鳧), 두우(杜宇), 개명씨(開明氏)이다. 이중 망제 두우와 총제 개명씨를 모신 사당이 망총사이다. 망제와 총제의 사적은 서한(西漢) 양웅(揚雄, BC 53~AD 18)의 『촉왕본기(蜀王本紀)』와 동진(東晉) 상거(常璩, 291?~361?)의 『화양국지(華陽國志)』등에 기술되어 있는데 이를 요약하면 이렇다.

제위를 물려주고 두견새가 된 망제

기원전 6세기경에 두우(杜宇)가 하늘에서 내려와 비(郫, 지금의 성도시 비도구)를 도읍으로 정하고 왕이 되어 백성들에게 농경(農耕)을 가르쳤다. 이것이 촉 땅 농경문화의 시초라고 하여 사람들은 그를 '농업의 신'으로 추앙했는데 이가 바로 망제(望帝)이다. 그가 100여 세가 되었을 때 별령(鱉靈)이란 자의 시체가 강을 거슬러 오다가 비(郫)에 이르러 도로 살아난 일이 있었다. 이를 신통한 일로 여긴 두우가 별령을 재상으로 삼고 치수(治水)를 맡겼다. 당시 그 지방에는 해마다 홍수로 큰 피해를 입고 있었는데 별령의 치수 사업으로 백성들이 큰 혜택을 받았다.

그 공을 치하하여 두우는 제위를 별령에게 물려주었는데 그가 바로 개명제(開明帝) 총제(叢帝)이다. 제위를 물려준 망제는 서산(西山)에 은거하다가 죽은 후 두견새가 되어 매년 청명, 곡우, 입하, 소만 때 마을에 날아와 울었다. 백성들은 이를 망제의 혼령이라 여기고 두견새 소리를 듣고는 파종하고 모내기하는 등 농사일을 부지런히 했다. 촉국(蜀國)이 진(秦)에 멸망된 후에는 망제의 혼이 이를 애통하게 여겨서 날아와 운다고 여겼다.

두우가 하늘에서 내려왔고 별령이 죽었다가 다시 살아났다는 이야기에서 볼 수 있듯이 여기에는 신화적인 요소가 다분히 들어 있다. 거기에다 민간의 전설이 보태어져서 여러 가지의 이야기가 만들어졌다. 말하자면 수많은 버전이 있는 것이다. 그중 하나는 이렇다. 본래 야심을 가진 별령이 치수 사업을 마치고 돌아온 후 그의 막료들이 부인과 모의하여

'별령이 치수하러 간 동안 두우가 별령의 아내와 사통했다'는 소문을 퍼뜨렸다. 이 소문으로 백성들의 손가락질을 받은 두우는, 별령의 협박과 군신들의 권유로 별령에게 제위를 물려주었다. 억울한 누명을 뒤집어쓴 두우는 서산으로 물러나 비통 속에서 죽어 두견새가 되었다. 그리고 춘삼월이 되면 민가에 내려와 슬피 울었다.

또, 망제가 서산에 은거하는 동안 별령이 망제의 아내를 차지했는데 망제가 어찌할 수 없어서 비통해하다가 죽을 때 두견새에게 "두견아 네가 울어서 나의 심정을 백성들에게 대신 전해달라"고 했다는 이야기도 있다. 이밖에도 별령이 딸을 망제에게 주고 환락에 빠진 틈을 타서 망제를 몰아내고 왕이 되었다는 이야기 등등 무수히 많다.

그러나 후대인에게 각인된 두우의 이미지는 '억울하게 제위를 물려주고 쫓겨나서 애통해하는 모습'이다. 그리고 억울하게 쫓겨났기 때문에 늘 옛 자리로 돌아가려는 모습도 함께 보인다. 이것은 두견새가 여러 이름으로 불리는 것과도 연관이 있다. 두견새의 다른 이름 '불여귀(不如歸)'는 '돌아가는 게 낫겠다'는 뜻이고, 또 다른 이름인 '귀촉도(歸蜀道)'는 '촉 땅으로 돌아간다'는 뜻이며, 또 다른 이름인 '최귀조(催歸鳥)'도 '돌아가기를 재촉하는 새'라는 뜻이다. 이밖에도 두견새는 '자규(子規)' '촉백(蜀魄)' 등의 별명도 가지고 있다. 우리말로는 '접동새'라고 한다. 그리고 두견새가 울 때 피를 토한다고 하는데 피를 토할 때마다 그 자리에 꽃 한 송이가 피어나 이를 '두견화'라 부른다. 우리말로는 '진달래'이다.

두견새와 관련해서 남송의 애국 시인 사방득(謝枋得, 1226~1289)의 시 「봄날 두견새 소리를 듣고(春日聞杜宇)」가 널리 애송되고 있다. 그는 남송

망총사 조벽 주홍색 조벽에 예서로 '망총사(望叢祠)'라 쓰여 있다. 조벽 왼쪽에 자규원으로 들어가는 홍예문이 있다.

말기에 의병을 조직하여 대원(對元) 투쟁을 벌이다가 중과부적으로 장기간 도피 생활을 했는데 이 시는 도피 생활 중에 고향을 그리며 쓴 작품이다. 그는 결국 원나라 군대에 체포되어 항복을 권유받지만 거절하고 단식 끝에 자결했다.

두견새는 날마다 돌아가라 권하지만
한 조각 가고픈 마음을 누가 알리오

망제의 신이 있어 물어볼 수 있다면
어느 날 돌아갈지 나에게 말해다오

杜鵑日日勸人歸　一片歸心誰得知
望帝有神如可問　謂予何日是歸期

　이렇게 두우와 두견새의 전설은 그 슬픈 사연으로 인해서 후세 문인
들의 시심(詩心)을 자극하여 수많은 작품이 창작되었는데 우리나라에서
도 수양대군에 의해 영월로 유배된 단종(端宗)이 이런 시를 썼다.

　촉백(蜀魄)은 울어대고 산달은 하얀데
　그리워 부질없이 누각에 기대었네

　네 울음 괴로우면 내 마음 수심하고
　네 소리 없으면 내 수심도 없어지네

　인간 세상 이별객에게 말해주노니
　자규(子規) 우는 명월루에 오르지 말게나

蜀魄啼山月白　相思空倚樓頭
爾啼苦我心愁　無爾聲無我憂
寄語人間離別客　愼莫登子規啼明月樓

　여기 나오는 '촉백'이나 '자규'는 두견새이다. 억울하게 영월로 유배

된 단종은 달밤에 두견새 울음소리를 듣고 억울하게 쫓겨난 두우와 동병상련의 감회에 젖는다. 두우가 다시 돌아가려 했듯이 두견새 소리를 들은 단종도 쫓겨난 궁중으로 돌아가고 싶다는 염원을 노래한 시이다. 이후 단종이 복권될 때까지 '자규'는 단종을 지칭하는 은어(隱語)가 되었다.

망제와 총제의 사당 망총사

망제의 사당은 원래 도강언(都江堰)이 있는 옥루산(玉壘山)에 있었는데 남조(南朝)의 제(齊)나라 명제(明帝) 때 자사 유계련(劉季連)이 이곳 비(郫)로 옮긴 후 총제의 사당과 합쳤다. 그래서 명칭이 '망총사', 즉 망제와 총제의 사당이 된 것이다. 그러므로 이곳은 하나의 사당에 두 임금을 모시는 유일한 사당이 되었다. 그리고 옥루산의 망제 사당이 있던 자리에는 후대에 이빙(李氷) 부자를 모시는 이왕묘(二王廟)를 건립했다. 망총사 처마 밑에 '망제총제기념관' 편액이 걸려 있다. 현재의 망총사는 1985년에 건립된 건물이다.

망총사에는 대문이 두 개 있다. 아마 두 임금을 제사 지내는 곳이기 때문이라 생각된다. 대문을 들어서면 주홍색 조벽(照壁)에 예서(隷書)로 쓴 '망총사(望叢祠)' 세 글자가 보인다. 신해혁명 때의 지사(志士) 단무신(但懋辛, 1886~1965)의 글씨다.

조벽 뒤 높은 곳에 사당이 있고 사당의 처마 밑에 다음과 같은 3개의

망총사 고대 촉국의 제왕인 망제와 총제를 모신 사당이다. 하나의 사당에 두 임금을 모시는 유일한 사당이다.

편액이 걸려 있다. 중앙에 '조복해방(造福海邦, 나라에 복을 가져다주다)', 왼쪽에 '지덕성도(至德盛道, 지극한 덕과 높은 도)', 오른쪽에 '택혜서촉(澤惠西蜀, 서촉에 혜택을 주다)' 편액이 나란히 걸려 있는데 모두 두 임금의 공덕을 찬양하는 것이다.

　사당 안으로 들어가면 정면에 두 임금의 동상이 있는데 왼쪽이 망제이고 오른쪽이 총제다. 그리고 동상 위에는 '음화식덕(飮龢食德)' 편액이 걸려 있다. '龢'는 '和'의 고자(古字)이다. '음화(飮龢)'는 『장자』「칙양(則

망총사 내부 왼쪽이 망제상, 오른쪽이 총제상이다. '음화식덕(飮龢食德)' 편액은 망제와 총제의 교화(教化)가 훌륭했음을 나타내는 말로, '사람들에게 화(和)를 마시게 하고 덕을 먹게 한다'는 뜻이다.

陽)」편의 "성인은 (…) 그러므로 혹 말을 하지 않아도 사람들에게 화(和)를 마시게 한다(聖人 … 故或不言 而飮人以龢)"라는 구절에서 따온 것인데 '和'의 뜻은 포괄적이고 추상적이다. '성인이 가진 덕의 조화'쯤으로 해석하면 될 것이다. '식덕(食德)'은 『주역』「송(訟)」괘에서 따온 것인데 『주역』의 뜻과 상관없이 '사람들에게 덕을 배불리 먹게 한다'는 뜻이다. 그러므로 '사람들에게 화(和)를 마시게 하고 덕을 먹게 한다'는 '음화식덕'은 망제와 총제의 교화(教化)가 훌륭했음을 나타내는 말이다. 망제에 동정적인 민간 설화와는 달리 후세인들의 총제에 대한 평가는 '망제를 이은 현명한 제왕'이라는 것이다. 특히 총제의 치수(治水)는 훗날 이빙이 도강언을 건설하는 데에 기초가 되었다는 평가다.

사당 벽에는 '광요촉사(光耀蜀史, 촉나라 역사를 빛내다)' '덕피만세(德被萬世, 만세에 덕을 입히다)'라 쓰인 편액이 걸려 있고, 두 임금의 위업과 망총사의 역사를 설명해주는 사진과 설명문, 도표 등이 전시되어 있다.

사당 바깥 외랑(外廊)에는 여러 개의 비석이 놓여 있는데 그중에서 나란히 있는 두 개의 비석 중 큰 비석에는 '서한대유양자운선생고리(西漢大儒揚子雲先生故里)'라 쓰여 있고, 작은 비석에는 양자운의 초상이 선각(線刻)되어 있고 그 밑에 '서한대유양자운선생상(西漢大儒揚子雲先生像)'이라 새겨져 있다. 양자운은 이 글 서두에서 언급한 적이 있는 서한(西漢)의 사부가(辭賦家) 양웅(揚雄)이다. 그가 이 지방 비현(郫縣) 출신이기 때문에 그의 유적을 전시하고 있는 것이다. 우리는 망총사 근처에 있는 양웅의 묘를 답사하기도 했다.

망제릉·총제릉과 자규원

사당 뒤편에 망제의 능이 있다. 높이 15미터, 둘레 200미터의 무덤 앞에 '고망제지릉(古望帝之陵)'이라 쓰인 비석이 서 있다. 망제의 능에서 왼쪽으로 한참을 돌아 나오면 총제의 능을 볼 수 있다. 높이 12미터, 둘레 100미터의 무덤 앞의 비석에 '고총제지릉(古叢帝之陵)'이라 쓰여 있다.

망제릉(왼쪽)과 총제릉(오른쪽)

이 두 비석은 1929년에 사천독군(四川督軍) 웅극무(熊克武)가 세웠고 단무신(但懋辛)이 글씨를 썼다.

　망제의 능 뒤쪽에 '망총박물관'이 있다. 이곳 사람들은 비현이 고촉문화(古蜀文化)의 발원지라 여기고 박물관을 건립하여 여기에 비현 지역의 고대 역사와 문화를 보여주는 도편(圖片)과 문물들을 전시하고 있다. 비현에서 출토된 도기, 석기, 석마(石馬), 석양(石羊) 등의 문물들이 전시되어 있다. 또 박물관 전시실 중앙에는 높은 받침대 위에 양웅의 흉상이 놓여 있어 이 지방에서 양웅을 매우 높인다는 것을 알 수 있다.

　망총사 대문을 들어가면 주홍색 조벽 왼쪽에 '자규원(子規園)'이라 쓰인 홍예문(虹霓門)이 있는데 안으로 들어가면 청견루(聽鵑樓)를 볼 수 있

자규원 망제가 죽어서 두견새가 되었다는 전설에 바탕해서 조성된 정원으로, 여기에는 '두견 새 소리를 듣는다'는 뜻을 가진 누각 청견루(聽鵑樓)와 촉혼(蜀魂)이라 쓴 작은 비석이 있다.

다. '청견'은 '두견새 소리를 듣는다'는 뜻이다. 망제가 죽어서 두견새가 되었다는 전설에 바탕해서 이런 건물을 지은 것이다. 청견루 외벽에는 두보의 유명한 시「두견행(杜鵑行)」전문이 새겨져 있다. 이 시는 두보가 안녹산의 난으로 촉에 피난 가 있는 동안, 아들 숙종(肅宗)에게 제위를 물 려준 당나라 현종(玄宗)을 쫓겨난 망제에 빗대어 쓴 작품이다. 자규원 안 에는 '촉혼(蜀魂)'이라 쓰인 작은 비석도 세워놓았는데 '촉혼' '촉백' '자 규'가 모두 두견새의 별칭이다.

　망총사에는 1985년에 조성한 별령호(鱉靈湖)라는 큰 호수가 있고 그

위에 음록헌(飮綠軒), 피풍우헌(避風雨軒), 회란각(廻瀾閣), 하풍정(荷風亭) 등의 정자를 지어 풍광이 아름답다.

유서 깊은
선종총림 문수원

　　성도 시내의 문수원(文殊院, 원슈위엔)은 앞서 보광사(寶光寺) 부분에서 언급한 바와 같이 장강 유역 4대 선종총림(禪宗叢林) 중의 하나이다. 수(隋)나라 대업(大業) 연간(605~618)에 창건되었는데 옛 이름은 신상사(信相寺)였다고 한다. 당나라 무종(武宗) 때 훼철되었다가 선종(宣宗) 때 복원되고 1644년 명말(明末)의 전란으로 파괴된 것을 1697년(강희 36년) 자독선사(慈篤禪師)에 의해 복원되었다. 사람들은 자독선사를 문수보살의 화신이라 믿어 신상사를 문수원으로 개칭했다. 1703년에 청나라 강희제가 '공림(空林)' 두 글자를 친필로 하사한 이후에는 공림당(空林堂)으로도 불렸다. 이후 계속 확장하여 1988년에 천불화평탑(千佛和平塔)을 세웠고 1991년 이후에는 조사전(祖師殿), 옥불전(玉佛殿), 문수각(文殊閣) 등의 건물을 새로 지었다.

위에서 내려다본 문수원 장강 유역 4대 선종총림 중의 하나이다. 천왕전, 삼대사전, 대웅보전, 설법당, 신경루, 문수각 등 여섯 채의 주 건물이 일직선상에 자리하고 있다.

문수원의 주요 건축물

'문수원(文殊院)'이라 새겨진 조벽(照壁)을 지나면 남북으로 200여 미터에 걸쳐 여섯 채의 주 건물이 일직선상에 자리하고 있다. 천왕전, 삼대사전, 대웅보전, 설법당, 신경루, 문수각 등의 순으로 나온다. 이들 건축물을 간략히 살펴본다.

천왕전(天王殿): 산문(山門) 즉 문수원의 대문이다. 중앙에 미륵보살, 양

신경루 앞 기념행사 모습 문수원에서는 매년 현장법사 입적일(음력 2월 5일)에 신경루 앞에서 기념행사가 열린다. 행사 당일에는 신경루 안에 있는 현장법사 사리탑(250면 사진 참조)도 개방해 각지에서 온 신도나 관광객들이 참배할 수 있도록 한다고 한다.

쪽에 사대천왕(四大天王)을 모시고 있으며 후면에는 위타보살(韋陀菩薩) 상이 있다. 1706년 자독선사가 세웠다.

삼대사전(三大士殿): 관음보살, 문수보살, 보현보살의 삼대사를 모시는 곳으로 관음전으로도 불린다. 전내 좌우에 문창제군(文昌帝君, 학문을 관장하는 신)과 관성제군(關聖帝君, 관우를 신격화해서 일컫는 칭호) 상도 보인다.

대웅보전: 자독선사가 건립했다. 중앙에 청동 석가모니상이 있고 좌우에 청동 가섭(迦葉)상과 아난존자(阿難尊者)상이 시립하고 있다.

설법당(說法堂): 중앙에 약사불(藥師佛)이 모셔져 있고 좌우에 약차대장(藥叉大將)과 12존자(尊者) 상이 있다. 내부 중앙 벽에 강희제가 하사한 어필 '공림(空林)' 두 자가 석각되어 있다. 이 설법당은 약사전(藥師殿)으로도 불린다. 설법당 자리에 옛 신상사(信相寺)가 있었다.

신경루(宸經樓): 각종 불경과 연구 문헌 등 1만여 권을 수장하고 있으며 강희제 어서인 '공림' 묵적, 파산(破山)·장설(丈雪)의 글씨, 벽안(碧眼)·죽선(竹禪)의 그림, 하소기(何紹基)·정판교(鄭板橋)·장대천(張大千)의 서화 작품을 소장하고 있다. 물론 이 서화 작품들이 항시 일반인들에게 공개되는 것은 아니다.

문수각(文殊閣): 최근에 지은 건물로 1층은 공림강당(空林講堂)이고 2층은 공림 불교 도서관, 3층은 만불전(萬佛殿)으로 구성되어 있다.

문수원의 보물들

공림 2성(空林二聖): 문수원이 보유하고 있는 두 가지 성스러운 물건으로, 부처님 진신사리 하나와 현장법사(玄奘法師) 정골사리(頂骨舍利)를 가리킨다. 현장법사(602~664)는 당나라의 저명한 고승으로 우리에게는『서유기』를 통해 삼장법사로 널리 알려진 스님이다.

현장법사 정골사리탑 1940년대 남경(南京) 대보은사(大報恩寺)에서 발견된 것을 문수원에 모신 것이다. 성도는 현장법사가 출가하여 계를 받은 곳이자 약 5년간 살았던 곳이라 이곳 문수원에 모셨다고 한다. 사리탑 뒤에 현장법사의 모습을 담은 그림이 걸려 있다.

공림 8관(空林八觀): 여덟 가지 볼만한 유물을 말하는데 그중 볼만한 것에는 이런 것이 있다. 강희제가 하사한 어필 '공림(空林)'과 미얀마에서 가져온 옥불(玉佛) 그리고 명나라 숭정제(崇禎帝)의 비(妃) 전씨(田氏)가 수놓은 248존의 불상이 있다. 또 혈서 불경 4부가 있는데 승려들이 혀를 찔러 그 피로 썼다고 한다. 소기화상(紹基和尙)이 쓴 화엄경, 선숭화상(先崇和尙)이 쓴 법화경, 개명화상(開明和尙)이 쓴 능엄경, 이름을 알 수 없는 스님이 쓴 또 한 부의 법화경이 그것이다. 이외에도 청나라 때 천섬총독(川陝總督) 양우춘(楊遇春)의 딸이 자기의 머리털을 뽑아서 수놓았다는

옥불(玉佛) 옥으로 만든 불상으로 미얀마에서 모셔온 것이다. 문수원의 볼거리 여덟 가지 중 하나이다.

수월관음상(水月觀音像) 등이 있다.

문수원 안에는 채식요리 전문 식당인 소찬청(素餐廳) 향원(香園)이 있다. 이 식당에서는 채소, 버섯, 콩 등 식물성 재료만으로 만든 소시지, 물고기, 새우, 삼겹살 등을 제공한다. 2010년에 왔을 때 처음 먹어봤는데 진짜 육류와 조금도 다르지 않았다. 그때는 사찰 안인데 술도 팔았다. 2014년에 왔을 때도 여기서 식사를 했는데 이번에는 들르지 못했다.

낭주

　낭주(郎酒)는 '사천낭주집단유한책임공사(四川郎酒集團有限責任公司)' 제품으로 공장은 사천성 고린현(古藺縣, 구린현) 이랑진(二郎鎭)에 있다. 이 술을 생산하는 이랑진은 사천성과 귀주성 경계를 흐르는 적수하(赤水河) 중류에 위치하여 좋은 술을 빚기에 알맞은 조건을 갖추고 있다.

　적수하는 '미주하(美酒河)'로 불릴 만큼 주변에 좋은 술이 많이 생산된다. 이랑진은 유명한 모태주를 생산하는 인회시(仁懷市)와 적수하를 사이에 두고 40킬로미터 떨어져 있다.

　낭주가 자랑하는 것은 물과 저장고이다. 물은 술의 피라 일컬어지거니와 낭주를 빚는 물은 깊은 산속 지하 1,000미터의 광천수로 이를 '낭천수(郎泉水)'라 한다. 또 근처 산속에 42만 평방미터에 달하는 두 개의 천연 저장고를 가지고 있는데 각각 천보동(天寶洞), 지보동(地寶洞)이라 불린다. 저장고는 일년 내내 20도 내외의 기온을 유지하고 있어서 술을 숙성시키고 순화시키는 역할을 한다. 이 저장고는 사천성 중점문물보호단위로 지정되어 있다.

　이곳의 양주 역사는 기원전으로 거슬러 올라간다. 기원전 135년에 한무제(漢武帝)가 이랑탄(二郎灘)에서 생산되는 구장주(枸醬酒)를 맛보고 궁중에 바치는 공주(貢酒)로 지정했다는 기록이 보이고, 북송 때에는 고린현에서 낭천수로 '봉국법주(鳳麴法酒)'를 만들었다고 한다. 이후 다양한 술이 제조되다가 1745년(건륭 10년) 적수하를 대대적으로 준설, 확대하여 상선의 왕래가 활발해짐에 따라 이곳이 상업의 중심지가 되어 좋은 술을 만드는 환경이 조성되었다.

따라서 적수하 주변에는 수많은 주방(酒坊)이 생겼는데 그중 대표적인 것이 1898년(광서 24년) 영창현(榮昌縣)의 상인 등혜천(鄧惠川) 부부가 이랑진에 설립한 서지주창(絮志酒廠)이다. 1907년에는 서지주창을 혜천조방(惠川糟房)으로 개칭하고 모태주의 전신인 영화주방(榮和酒坊)의 사부(師傅) 장자흥(張子興)을 초빙하여 봉국법주를 기초로 새로운 술을 만들어 이를 '회사낭주(回沙郎酒)'라 했으니 이것이 오늘날 낭주의 전신이다.

1933년(민국 22년)에는 뇌소청(雷紹淸) 등이 역시 이랑진에 집의신조방(集義新糟坊)을 설립하고 모태진 성의조방(成義糟坊)의 기술자 정은안(鄭銀安)을 고액 연봉으로 초빙하여 혜천조방의 막소성(莫紹成)과 함께 새로운 술을 생산했는데 이것이 오늘날의 낭주이다. 그후 어지러운 중국 현대사의 소용돌이 속에서 1950년에는 집의조방도 혜천조방도 없어지고 낭주의 생산도 맥이 끊어졌다. 그러다가 1956년 주은래 총리의 지시로 낭주 복원을 위해 '국영사천성고린낭주창(國營四川省古藺郎酒廠)'을 설립하고 두 차례나 모태주 주창에 가서 양조법을 배워 본격적인 낭주를 생산하기 시작했다.

1984년 제4회 전국 평주회와 1989년 제5회 전국 평주회에서 국가 명주에 선정되어 전성기를 누렸지만 2001년부터는 국영기업에서 발생할 수 있는 여러 폐단이 드러나 어려움에 처했다. 드디어 2002년에 노주(瀘州)의 보광집단(寶光集團)에 매각되어 민영화의 길을 걷게 되었다. 이후 낭주는 순조롭게 발전하여 국내외의 각종 상을 수상했으며 2004년에 전국 138위였던 기업이 2013년에는 49위로 올랐다.

홍운랑

청운랑

앞서 말했듯이 낭주의 전신인 회사낭주의 생산 때부터 이 술은 모태주의 양조 기술에 힘입은 바가 크다. 따라서 낭주의 향형(香型)도 모태주와 같은 장향형(醬香型)으로 출발했다. 그러나 지금은 장향형, 농향형, 겸향형 백주를 모두 생산하고 있다. 이렇게 한 회사에서 3종류의 백주를 생산한다고 해서 이를 '1수 3화(一樹三花)'라 한다. '한 나무의 세 송이 꽃'이란 뜻이다. 현재의 생산체제는 청화랑(靑花郎) 사업부에서 장향형을, 낭패특국(郎牌特麴) 사업부에서 농향형을, 소낭주(小郎酒) 사업부에서 겸향형을 생산하고 있는데 주력 산품은 장향형이다. 고급제품인 청화랑 20년, 홍화랑 15년 등은 1,000위안을 상회하고 최고급 제품인 홍운랑(紅運郎) 30년은 3,660위안, 청운랑(靑雲郎) 50년은 6,600위안을 호가한다. 이 고급제품들은 모두 장향향이다.

유명한 술에는 그 명성에 걸맞은 전설이 있게 마련인데 낭주에도 이런 전설이 있다. 적수하변에 잘생기고 총명한 양치기 청년 이이랑(李二郎)이 살았는데 이웃 마을의 처녀 적매자(赤妹子)를 사랑하고 있었다. 적매자는 어렸을 때 부모가 사망하여 외삼촌 밑에서 자랐다. 외삼촌은 재물을 탐하는 사람이라 적매자가 가난한 이이랑에게 시집가는 것을 허락하지 않고, 적매자를 데려가려면 예물로 좋은 술 100동이를 가져오라는 조건을 달았다.

그는 적매자에게 기다려달라 말하고 좋은 술을 빚을 샘물을 찾기 위해 양을 치던 채찍을 내려놓고 적수하 주변의 땅을 파기 시작했다. 그가

99개의 괭이와 99개의 호미를 부러뜨릴 만큼 갖은 고생을 하는 것에 감동한 용왕의 삼태자(三太子)는 그가 파놓은 어지러운 돌무더기 속에서 깨끗한 물을 솟아나게 했다. 이이랑이 이 물로 술을 빚었으나 술맛이 좋지 않았다. 이를 본 삼태자가 이이랑의 진심을 시험하기 위하여 늙고 허약한 노인으로 변장하여 이이랑의 술집에 가서 술을 요구했다. 이이랑이 말하기를 "내가 술을 빚는 것은 적매자와 혼인하기 위함인데 노인께서 이렇게 술을 요구하시니 어찌 드리지 않을 수 있겠습니까? 마음껏 드십시오"라 하고 술을 내왔다.

노인은 마신 술을 샘물에 토해내면서 취한 채 쓰러졌다. 이이랑이 노인을 부축하여 휴식을 취하게 하니 노인이 말하기를 "이제 이 샘물은 주천(酒泉)이 되어 샘에서 술이 솟아날 것이다. 더 깊이 파면 더욱 좋은 술을 얻을 것이다"라 했다. 이 말을 듣고 이이랑이 우물에 가니 아름다운 향기가 코를 찔렀다. 이이랑이 기뻐하며 노인에게 갔으나 그는 이미 사라지고 없었다.

이이랑은 샘에서 나온 술 100동이를 적매자의 외삼촌에게 바치고 그녀를 데려왔다. 결혼 후 적매자는 이이랑을 도와 열심히 술을 빚어 사방에 소문이 났다. 후세 사람들이 이를 기념하기 위해 이이랑이 땅을 판 곳을 이랑탄(二郎灘)이라 하고 샘을 낭천(郎泉)이라 했으며 여기서 생산되는 술을 낭주라 했다.

노자가 도를
전한 성지
청양궁

도교 사원 청양궁의 유래

성도 시내의 청양궁(靑羊宮, 청양궁)은 저명한 도관(道觀, 도교 사원)으로 중국 서남지역(티베트자치구, 윈난성, 쓰촨성, 구이저우성과 충칭시)에서 가장 오래되고 가장 규모가 큰 도교 사원이다. 여기에는 다음과 같은 이야기가 전한다.

노자(老子)가 주(周)나라에서 주하사(柱下史)의 직책을 맡고 있다가 주나라가 쇠퇴하는 걸 보고 벼슬을 버리고 서쪽으로 길을 떠났다. 그가 푸른 소(靑牛)를 타고 함곡관(函谷關)을 지날 때 그곳의 관령(關令) 윤희(尹喜)의 요청으로 도덕경을 강의해주었다. 반쯤 강의했을 때 갑자기 일이 있어 노자가 떠나게 되었다. 떠나면서 "그대가 도를 닦은 지 1000일 후에 성도의 청양사(靑羊肆)에서 나를 찾으라"고 말했다. 윤희는 1000일 후

청양궁 정문 성도 시내에 있는 저명한 도교 사원으로, 중국 서남지역에서 규모가 가장 크고 역사도 가장 오래되었다. 국가급 도교 궁관(宮觀)이다.

갖은 고생 끝에 성도의 청양사에 도착하니 과연 약속대로 노자가 청양사에 와서 도덕경의 나머지를 계속 강의하고 떠났다. 이후 윤희는 이곳에 도관을 지어 노자를 모셨고 이로부터 청양사는 노자가 도를 전한 성지가 되었다.

이 이야기를 근거로 하면 청양궁의 전신은 주(周)나라 때의 청양사이다. 881년 황소(黃巢)의 난 때 당나라 희종(僖宗)이 서촉으로 피난 가면서 이곳에 행궁을 짓고 머물렀는데 어느 날 붉은빛이 땅속으로 들어가는 것을 보고는 그곳을 파보니 전서(篆書)로 '태상평중화재(太上平中和災)'라 쓰인 옥돌이 있었다. '태상(太上)'은 태청(太淸) 도덕천존(道德天尊), 즉

태상노군(太上老君)을 가리키고, '중화(中和)'는 희종의 연호이니 옥돌의
글씨는 '태상노군이 중화 연간의 재앙 즉 황소의 난을 평정한다'는 뜻이
다. 여기서 '태상노군'은 신격화된 노자를 가리킨다. 황소의 난이 평정
된 후 장안으로 돌아간 희종은 청양사에 큰 상을 내리고 전각을 지어 청
양궁으로 개명했다고 한다.

이후 오대(五代) 때 청양관(靑羊觀)으로 개명했다가 송나라 때 다시 청
양궁으로 불렀다. 명나라 때 기존 건물이 병란으로 파괴된 것을 청나라
강희(康熙) 6년~10년(1667~1671)에 걸쳐 대대적으로 중수했는데 현존 건
축물은 대부분 이때의 것이다.

영조전, 팔괘정

영조전(靈祖殿)은 청양궁의 대문과 합체되어 있는 건물로 명나라 때 건
립되고 청나라 때 중수했다. 안에 도교의 호법주장(護法主將)인 선천수장
왕천군(先天首將王天君)상이 있고 좌측에 청룡상, 우측에 백호상이 놓여
있다. '청양궁(靑羊宮)' 편액은 청나라 건륭 연간에 성도 화양현령(華陽縣
令)을 지낸 안홍덕(安洪德)의 글씨다. 영조전에 태극도(太極圖)가 걸려 있는
데 여기에『도덕경』의 구절을 인용한 대련이 쓰여 있다.

道生一 一生二 二生三 三生萬物 (도생일 일생이 이생삼 삼생만물)
人法地 地法天 天法道 道法自然 (인법지 지법천 천법도 도법자연)

258

영조전의 '태극도' 태극도는 도교의 중요한 상징물 중 하나로, 우주 만물이 음양의 조화로 인해 생명을 얻고 변화, 발전한다는 대자연의 진리를 표현한 것이다. 음과 양을 상징하는 검은색과 흰색의 문양이 마치 물고기 두 마리가 조화를 이루고 있는 것처럼 보여 이러한 태극도를 '음양어(陰陽魚) 태극도(太極圖)'라고 한다. 도교 사원의 곳곳에서 흔히 볼 수 있다.

도가 하나를 낳고 하나가 둘을 낳고 둘이 셋을 낳고 셋이 만물을 낳는다

사람은 땅을 본받고 땅은 하늘을 본받고 하늘은 도를 본받고 도는 자연을 본받는다

상련의 "도생일(道生一)"과 하련의 "인법지(人法地)"를 생략한 대련은 앞에서 살펴본 청성산 천사동(天師洞)의 삼청대전에도 걸려 있다.

영조전 뒤의 혼원전(混元殿)은 태청(太淸) 도덕천존(道德天尊) 즉 태상노군(太上老君)을 모신 전각인데, 송나라 진종(眞宗)이 도교를 숭상하여

혼원전의 태청 도덕천존상 도교의 최고신 중의 하나로 태상노군이라는 별칭을 갖고 있다. 도교에서 노자를 신격화하여 부르는 칭호이다.

팔괘정 팔각형 모양을 띤 아름다운 정자로, 2층에 '자기동래(紫氣東來)' 편액이 걸려 있다. 아래 층 돌기둥에는 81세에 죽었다는 노자를 기념하여 81마리의 용이 새겨져 있고, 안에는 노자가 푸른 소를 탄 모습의 소상이 안치되어 있다.

태상노군을 혼원상제(混元上帝)로 높이고 전각을 지어 모신 것이다. 태상노군은 도교에서 노자를 신격화하여 부르는 칭호이다.

혼원전 뒤에 팔괘정(八卦亭)이 있다. 팔괘정은 청양궁에서 가장 화려하고 아름다운 건물로 높이가 20미터이다. 2층 처마 밑에는 '자기동래(紫氣東來)' 편액이 걸려 있는데, 함곡관에서 윤희가 '자줏빛 기운(紫氣)이 동쪽에서 오는(東來) 것'을 보고 성인이 올 것을 알아서 준비했다는 고사에서 유래된 말이다. 노자가 푸른 소를 탄 모습의 소상(塑像)이 안치되어 있다.

팔패정의 돌기둥에 새겨진 용이 81마리인데 노자가 81세에 죽은 것을 나타낸다고 한다. 아래층은 용이 새겨진 여덟 개의 돌기둥이 떠받치고 있다. 그중 북쪽으로 향한 한 기둥의 용에 주먹 자국이 있는데 이와 관련하여 이런 이야기가 전한다. 돌기둥을 완성한 후 어느 비바람 불고 천둥치는 밤에 기둥에 새겨진 용 한 마리가 부활하여 하늘로 올라가려고 했다. 마침 야간에 천상(天象)을 관찰하던 도장(道長)이 이를 보고 주먹으로 쳐서 다시 돌기둥에 집어넣었다고 하는데 그 주먹 자국이 지금도 남아있는 것이라 했다.

삼청전, 두모전

삼청전(三淸殿)은 청양궁의 주전(主殿)으로 당나라 때 건립되었고 청나라 강희 8년(1669년)에 중건되었다. 여기에는 도교의 최고 존신을 모시고 있는데, 중앙의 옥청(玉淸) 원시천존(元始天尊), 좌측의 상청(上淸) 영보천존(靈寶天尊), 우측의 태청(太淸) 도덕천존(道德天尊)이 그것이다. 대전 양쪽에는 광성자(廣成子), 태을진인(太乙眞人), 자항도인(慈航道人) 등 도교의 12 금선(金仙)의 소상이 안치되어 있다. 삼청전 내의 8개 나무 기둥은 도교의 8대 천왕을 나타내고 28개 돌기둥은 하늘의 28 성수(星宿, 모든 성좌의 별들)를 상징한다. 서울시에 삼청동이 있는데 그곳에 옛 도교 사원 삼청전이 있었기 때문에 붙은 명칭이다.

삼청전 앞에 한 쌍의 청동 양이 놓여 있다. 하나는 단각양(單角羊) 즉

삼청전의 옥청 원시천존상 도교의 최고신 중에서 제일 높은 위치에 있다. 왼쪽에 상청 영보천존, 오른쪽에 태청 도덕천존과 함께 '삼청'을 구성한다.

삼청전 앞의 청동양 한 쌍 왼쪽은 단각양, 오른쪽은 쌍각양이다. 사람이 자신의 병든 부위에 해당하는 청양의 부위를 만지면 병이 낫는다는 속설이 있다.

뿔이 하나인 양이고 또 하나는 뿔이 둘인 쌍각양(雙角羊)이다. 단각양은 쥐의 귀, 소의 몸, 호랑이 발톱, 토끼 등, 용의 뿔, 뱀의 꼬리, 말의 주둥이, 양의 턱밑살, 원숭이 머리, 닭의 눈, 개의 배, 돼지 궁둥이 모습을 한 기이한 형상이다. 사람이 자신의 병든 부위에 해당하는 청양의 부위를 만지면 병이 낫는다는 속설이 있어 이곳을 찾는 많은 관람객들이 만져 표면이 반들반들하다. 이 단각양은 1723년 청나라 학자 장붕핵(張鵬翮)이 기증한 것으로, 그가 북경의 어느 골동품점에서 매입한 것이라 한다. 쌍각양은 어느 신도가 공장(工匠)에게 의뢰하여 만들어 기증한 것이라 한다. 청양궁에는 원래 청동 양이 한 마리 있었는데 전란으로 없어진 것을 이렇게 다시 복원했다는 것이다.

삼청전 뒤편에 두모전(斗姥殿)이 있다. '두모'는 청성산 원명궁 부분에서 설명했듯이 인간의 생사화복(生死禍福)을 관장하는 도교의 여신으로 도가 서적에 나오는 자광부인(紫光夫人)인데 북두칠성의 어머니로 여기고 공경한다. 세 개의 눈과 네 개의 머리 그리고 몸 좌우에 팔이 네 개씩 모두 여덟 개의 팔을 가졌다고 한다. 서왕모(西王母)와 토황지지(土皇地祇) 두 여신을 거느리고 있다. 두모전은 청양궁의 현존 건물 중에서 유일한 명나라 때 건물이다.

두모전 인간의 생사화복을 관장하는 도교의 여신인 두모를 모시는 곳이다. 안에는 '중성지모(衆星之母, 뭇별의 어머니)' 편액이 걸려 있고 그 안쪽에 두모상이 놓여 있다.

후원삼대

후원삼대(後苑三臺)란 두모전 뒤편에 있는 강생대(降生臺), 설법대(說法臺), 자금대(紫金臺)를 일컫는다. 강생대는 노자의 2차 강생지(降生地)이다. 노자는 태상노군의 화신인데 두 번 시상에 내려왔다. 제1차 화신은 춘추시대 주나라에서 벼슬한 노자이고 제2차 화신은 함곡관에서 윤희와 헤어지고 나서 1000일 후 청양사에 강생한 노자이다. 이야기는 이렇다. 함곡관에서 윤희와 헤어진 노자는 진(秦)나라로 들어간 후 승천하여 태미궁(太微宮)에서 거주하다가 문득 촉(蜀)의 이태관(李太官) 집에서 백발의 영아(嬰兒)로 태어났다.

한편 노자와 헤어진 윤희는 온갖 어려움을 무릅쓰고 고생 끝에 성도에 도착하여 노자와 만나기로 약속한 청양사(靑羊肆)를 찾아 나섰다. 어느 날 길에서 푸른 양(靑羊)을 끌고 가는 동자를 보고 필시 청양사와 관계가 있을 것으로 여겨 동자를 따라 들어간 곳이 이태관의 집이었다. 집에 들어서자 아이의 울음소리가 들리기에 울음을 그치게 하려고 방에 들어가니 갑자기 주위가 변하면서 갓 태어난 백발의 아기가 높은 보위에 앉은 노자로 변했다. 노자는 윤희를 위로하고 그에게 문시진인(文始眞人)의 칭호를 내렸다. 그리고 함곡관에서 끝마치지 못한 도덕경을 강의해주었다.

그러니 지금의 강생대가 옛 윤태관의 집이었던 셈이다. 현재 강생대의 전각에는 '태상무극성모(太上無極聖母)' 편액이 걸려 있다. 태상무극성모는 2차 강생한 노자의 모친이다. 그리고 전각 안에는 두 여인이 갓 태어난 백발의 아기를 목욕시키는 벽화도 그려져 있다. 원래는 이곳에 백발의 아기상이 있었다고 한다.

설법대는 노자가 윤희에게 도법을 강해했던 곳을 기념하여 만든 장소이다. 자금대는 일명 당왕전(唐王殿)이라고도 하는데, 당나라 고조 이연(李淵) 부부와 그 아들 이세민(李世民)을 모시고 있다. 이연이 산서성의 태원유수(太原留守)로 있으면서 아들 이세민과 함께 수(隋)나라를 격파하고 당 왕조를 세웠는데 그 과정에서 노자가 수차례 화신(化身)하여 중요

강생대 노자의 2차 강생지에 지은 전각으로 '태상무극성모(太上無極聖母)' 편액이 걸려 있다. 태상무극성모는 2차 강생한 노자의 모친이다.

한 정보를 제공했다고 한다. 그래서 역대 당나라 왕조는 도교를 숭상하게 되었고 도교 사원인 청양궁에도 전각을 지어 이연 부자를 기념하고 있는 것이다.

이선암과 『도장집요』

청양궁 동쪽에 있는 이선암(二仙菴) 역시 여동빈(呂洞賓), 한상자(韓湘子) 두 신선을 모시는 저명한 도교 사원이다. 1695년 사천안찰사(四川按

이선암 도교의 신선인 여동빈과 한상자를 모시는 사원이다. 도교의 경전을 집대성한 『도장집요』 판각을 보존하고 있다. 이선암 경내의 주요 건축물로는 이선암의 정전인 여조전(呂組殿)을 비롯해 삼관전(三官殿), 이선전(二仙殿), 옥황전(玉皇殿), 두모전(斗姥殿), 삼황전(三皇殿), 백신전(百神殿), 장경루(藏經樓) 등이 있다.

察使) 조양벽(趙良璧)이 청양궁 옆 화원인 이곳에 도교 사원을 창건하고 용문파(龍門派)의 저명 도사 진청각(陳淸覺)에게 주지를 맡겼으니 이가 이선암의 시조이다. 이후 이선암은 도교 전진도(全眞道) 용문파 벽동종(碧洞宗)의 조정(祖庭)이 되었다.(전진도와 진청각에 대해서는 이 책 132면 이하 참조) 1955년에 청양궁과 합병되었다가 1980년에 다시 청양궁과 분리되었는데 2002년 이곳이 문화공원으로 조성됨으로써 이선암의 주체 건물은 다시 청양궁에 합병되었다.

도교 사원 이선암에는 『도장집요(道藏輯要)』의 판각(板刻)이 보존되어 있다. 도장(道藏)은 도교의 경전을 집대성한 것을 말한다.『도장집요』는 청나라 가경(嘉慶) 연간(1796~1820)에 장원정(蔣元庭)이 도교 경전을 편집, 판각한 것이다. 이선암에 있던 기존의『도장집요』각판(刻板)이 훼손되자 이선암 방장(方丈) 염영화(閻永和)가 주관하여 기존의『도장집요』외에 40여 종을 추가하여 1901년에『중간(重刊) 도장집요』를 편찬했다. 이렇게 편찬한 것을 1915년에는 1만 4천 개의 나무판에 새기는 일까지 마무리 지었다. 이 각판은 현재 청양궁 인경원(印經院)에 보관되어 있다. 도교의 중요한 경전이다.

전촉(前蜀) 황제
왕건의 무덤
영릉

전촉의 건국자 왕건

청양궁을 관람하고 우리는 성도 시내의 영릉(永陵, 융링)으로 향했다. 영릉은 당나라가 망하고 중국에 난립한 오대십국(五代十國) 중 전촉(前蜀, 907~925)의 황제 왕건(王建, 847~918)의 묘이다. 성도 시내에 있는 작은 언덕 모양의 이곳을 전에는 사마상여가 거문고를 타던 무금대(撫琴臺) 옛터로 여겼다. 그러다가 1942년 고고학자들의 발굴 결과 왕건의 무덤인 영릉임이 확인되었다. 1979년에야 대외에 개방되었는데 1990년에 '성도왕건묘박물관'이 되었다가 1998년에 '성도영릉박물관'으로 개칭되었다. 그리고 1999년에는 영릉 밖 도로명도 '무금동로(撫琴東路)'에서 '영릉로(永陵路)'로 바뀌었다.

무덤의 주인 왕건은 자(字)가 광도(光圖)로 하남성(河南省) 출신의 평

270

영릉 내부 전촉의 건국자 왕건의 무덤으로 중실에 왕건의 관이 있고 후실에 왕건의 좌상이 놓여 있다.

민이었다. 미천한 집안에서 태어나 무식한 그는 청소년 시절에 백정 노릇도 하고 사사로이 소금을 판매하기도 했다. 후에는 군대에 투신하여 881년 황소의 난 때 서촉으로 피난한 희종(僖宗)을 보호하여 공을 세움으로써 일개 졸병에서 이주자사(利州刺史)로 승진했다. 소종(昭宗) 때는 사천절도사가 되었다가 903년에는 소종에 의하여 촉왕(蜀王)에 봉해졌다. 907년에 당나라가 망하자 사천성에서 성도를 도읍으로 하여 대촉국(大蜀國)을 세우고 스스로 황제의 자리에 올랐다. 대촉을 사서(史書)에서는 전촉(前蜀)으로 부른다.

전촉은 907년부터 925년까지 18년간 존속했는데 왕건의 재위 기간은 918년까지 11년간이다. 그는 나라를 다스리면서 인재를 존중하고 직언을 용납했으며 검소한 생활로 사회를 안정시키고 경제를 발전시켰다.

24인 악기상(樂伎像)과 왕건상

영릉박물관은 문물구, 종합관, 원림구의 세 부분으로 구성되어 있다. 대문을 들어서서 양쪽에 8개의 석상(石像)이 있는 신도(神道)를 지나면 묘에 이른다. 영릉은 중국에서 유일한 지상 황릉인데 능은 전실, 중실, 후실로 이루어져 있다. 이중 중실에 왕건의 관이 있는데, 관을 받치고 있는 석상(石床) 3면에 새겨진 24인 악기(樂伎)의 부조(浮彫)상이 눈길을 끈다. '악기(樂伎)'는 '음악을 연주하는 기생 또는 여인'이란 뜻이다.

악기(樂伎)는 석상의 동서 양면에 각 10인, 남쪽 면에 4인으로 24인인

악기상(樂伎像) 영릉 중실의 석상(石床)에 새겨진 24인 악기상 중에서 관악기를 연주하는 악기상 (왼쪽), 타악기를 연주하는 악기상(오른쪽)이다.

데 모두 여성이다. 이중 2명은 춤추는 사람이고 22명은 악기(樂器) 연주자이다. 악기(樂器)는 비파·공후(箜篌) 등의 현악기와 적(笛)·지(篪)·생(笙) 등의 관악기 그리고 박판(拍板)·갈고(羯鼓) 등의 타악기가 고루 등장하는데 모두 20종 23건이다. 이들 악기는 인도, 이란, 아프카니스탄, 중국 서남부 소수민족이 사용하던 것이라 한다. 이 24 악기상(樂伎像)은 당시 궁정 연회 때의 악무(樂舞) 장면을 생동감 있게 조각한 것이어서 중국 고대 음악사 연구의 귀중한 자료가 될 뿐만 아니라 조각 자체의 조형미도 빼어나다. 또 석상 주위에는 왕건의 관을 호위하는 듯한 12 신장(神將)의 반신상(半身像)이 세워져 있다.

후실 석상에 높이 86센티미터의 왕건상이 놓여 있다. 이 왕건상은 매우 정교하게 만들어져서 사서(史書)에 기록된 모습과 흡사하다고 한다.

왕건 좌상 황제 능에서는 보기 드문 실제 인물의 조각상으로, 매우 정교하게 만들어져 사서에 기록된 모습과 흡사하다고 한다.

왕건 옥시보 황제의 시호를 새긴 옥새이다. 시보는 대부분 용의 형태로 만들어지는데 왕건의 시보는 토끼의 머리에 용의 몸을 하고 있다.

그리고 왕건상은 황제 능에서는 드물게 보는 실제 인물의 조각상이다.

여기까지가 문물구인데 묘를 나오면 종합관으로 이어진다. 종합관에는 발굴된 출토품을 전시하고 있는데 대부분이 복제품이고 진품은 사천성 박물원에 보관되어 있다. 영릉은 일찍이 도굴을 당해 많은 부장품이 없어졌으나 그중에서도 두 건의 귀중품이 남아 있다. 하나는 왕건 자신이 사용하던 옥대(玉帶)로 제왕이 사용하던 유일한 옥대이다. 또 하나는 옥시보(玉諡寶)로 황제의 시호를 새긴 옥새(玉璽)이다. 특이한 점은 대부분의 시보가 용의 형태로 만들어졌는데 이 시보는 토끼의 머리에 용의 몸을 하고 있다는 사실이다. 왕건이 토끼띠

이기 때문이란 설이 있다.

종합관을 나오면 원림구다. 여기에는 무덤 속의 24 악기상을 크게 만들어서 돌 받침대 위에 전시하고 있다. 이 24 악기상이 영릉에서 가장 정채를 발하는 유물이기 때문일 것이다. 매우 정교하게 잘 만들어진 조각품이다.

두보가 만년에
머물던 초당

중국술 6 라패주

두보의 일생

오늘의 마지막 행선지는 두보초당(杜甫草堂, 두푸차오탕)이다. 두보는 시성(詩聖)으로 추앙받는 중국의 위대한 시인이지만 그의 일생은 평탄하지 않았다.

다사다난했던 두보의 일생을 간단한 연보로 정리해본다.

• 712년 하남성(河南省) 공현(鞏縣)에서 출생하여 청소년 시절을 주로 낙양(洛陽, 여러 왕조의 수도였음)에서 보내다.

• 736년(25세): 낙양에서 진사시(進士試)에 낙방하다.

• 744년(33세): 4월 낙양에서 이백(李白)을 만나다.

• 745년(34세): 가을에 산동(山東)에서 이백을 다시 만나 이별한 후 다

시는 보지 못하다.

- 746년(35세): 「춘일억이백(春日憶李白)」 「음중팔선가(飮中八仙歌)」를 쓰다. 이 무렵에 거처를 장안(長安, 당나라의 수도로, 지금의 섬서성 서안西安)으로 옮기다.

- 747년(36세): 과거시험에 낙방하다.

- 755년(44세): 하서현위(河西縣尉)에 제수되었으나 나아가지 않다. 이어서 우위솔군부병조참군(右衛率軍府兵曹參軍)에 임명되다. 연말에 안사(安史)의 난 일어나다.

- 756년(45세): 6월에 가족을 장안에서 부주(鄜州, 지금의 섬서성 부현富縣)로 옮기고 숙종이 즉위한 영하(寧夏, 지금의 영하회족자치구)의 영무(靈武)로 가던 중 반군의 포로가 되어 장안으로 압송되다. 「월야(月夜)」를 쓰다.

- 757년(46세): 4월에 장안을 탈출하여 숙종을 알현하고 좌습유(左拾遺)에 임명되다. 장안을 탈출하기 전에 「애강두(哀江頭)」 「춘망(春望)」을 쓰다.

- 758년(47세): 화주(華州, 지금의 섬서성 화현華縣)의 사공참군(司功參軍)으로 좌천되다. 「곡강 2수(曲江二首)」를 쓰다.

- 759년(48세): 낙양(洛陽)에서 화주 임지로 가던 중에 이른바 '삼리(三吏)' '삼별(三別)'을 쓰다. 이해에 「몽이백 2수(夢李白二首)」 「천말억이백(天末憶李白)」을 쓰다. 12월에 가족과 함께 사천성 성도(成都)에 도착하다.

- 760년(49세): 봄에 검남서천절도사(劍南西川節度使) 배면(裴冕)의 도움으로 완화계(浣花溪) 옆에 초당을 짓다. 「촉상(蜀相)」을 쓰다.

두보초당 남문

• 761년(50세): 12월에 오랜 친구 엄무(嚴武)가 성도부윤(成都府尹, 지금의 성도시장) 겸 검남절도사로 성도에 부임하여 두보를 후원해주다.

• 762년(51세): 4월에 대종(代宗)이 즉위하자 7월에 엄무를 조정에 입조(入朝)시키다. 검남병마사 서지도(徐知道)의 반란으로 두보는 재주(梓州, 지금의 사천성 삼태현三台縣)로 피난하다.

• 764년(53세): 성도를 떠나려는데 1월에 엄무가 다시 검남절도사로 부임하여 초당에 계속 머물다. 6월에 엄무가 두보를 검교공부원외랑(檢校工部員外郎)에 임명하다.

• 765년(54세): 4월에 엄무가 사망하자 5월에 가족과 함께 성도를 떠나 여러 곳을 전전하다. 「여야서회(旅夜書懷)」를 쓰다.

• 766년(55세): 기주(夔州, 지금의 중경시 봉절현奉節縣)에 머물면서 「영회
고적 5수(咏懷古迹五首)」「추흥 8수(秋興八首)」 등을 쓰다. 이듬해에 「등고
(登高)」를 쓰다.

• 768년(57세): 1월에 기주를 떠나 장강을 따라 내려가며 선상 생활을
하다. 연말에 동정호의 악양루(岳陽樓) 아래에 정박하다. 이후 악양과 담
주(潭州, 지금의 호남성 장사)를 오가며 지내다.「등악양루(登岳陽樓)」를 쓰다.

• 770년(59세): 봄에 가객 이귀년(李龜年)을 담주에서 만나다.「강남봉
이귀년(江南逢李龜年)」을 쓰다. 담주의 강각(江閣)에 거처하다가 늦가을
에 악양으로 가던 도중 배 안에서 객사(客死)하다.

두보초당 변천사

두보는 48세 되던 759년 연말에 성도에 도착하여 교외의 절 초당사(草堂寺)에 임시 거처를 정했다. 당시 근처에 팽주(彭州)의 자사(刺史)로 있던 옛 친구 고적(高適)이 쌀과 일용품을 보내주었다. 이듬해에는 성도부윤 배면(裵冕)의 도움으로 금강(錦江) 지류의 완화계 옆에 초당을 지었다. 두보는 이곳에 연못을 파고 물길을 끌어 남새밭을 가꾸고 꽃과 나무를 심으며 공을 들였다. 그는 이곳에 약 4년간 머물면서 247수의 시를 썼다. 두보로서는 모처럼 가족과 함께 평온한 생활을 영위했던 곳이다.

765년(54세)에 그를 후원해주던 엄무(嚴武)가 사망한 후 두보는 성도를 떠났고, 초당은 당시 검남서천절도사(劍南西川節度使) 최영(崔寧)의 첩 임씨(任氏)가 건물을 확장하고 개조하여 자신의 별장으로 사용했다. 후에 불교 신자인 그녀는 초당을 범안사(梵安寺)로 개조했다.

범안사는 830년경까지 있었던 것으로 보이는데 그후 퇴락한 것을 당시 전촉(前蜀)의 재상으로 있던 시인 위장(韋莊)이 중수했다. 이후 파괴와 중건을 거듭하다가 1393년 명나라 태조 주원장의 열한 번째 아들 주춘(朱椿)이 촉왕(蜀王)으로 봉해져 성도에 왔을 때 크게 중수했다. 이후로도 파괴와 중수가 거듭되었는데 1500년에 사천순안어사(四川巡按御史) 요상(姚祥)이 초당을 대대적으로 확장 중수했다. 그러나 1734년에 강희제의 열일곱 번째 아들 과친왕(果親王) 윤례(允禮)가 달라이라마를 티베트(西藏)로 전송하면서 초당에 들렀을 때는 아무것도 없었다. 그래서 그는 초당 옛터에 '소릉초당(少陵草堂)' 네 글자를 남겼다. 이 글씨를 새긴 석

두보초당 서문   이곳이 정문이다.

비(石碑)가 지금도 남아 있다.

이후에도 중건과 파괴를 반복했는데, 1811년에 사천총독 상명(常明)
과 포정사(布政司) 방적(方積) 등이 발기하고 사천안찰사 성도지부(成都知
府) 조육흥(曹六興)이 실무를 담당하여 대대적으로 확장 중건했다. 현존
하는 두보초당 건물의 구도와 배치는 대부분 이때에 이루어진 것이다.
그리고 공부사(工部祠)에 육유(陸游)를 배향한 것도 이때였다. 1884년에
는 추가로 황정견(黃庭堅)을 배향했다.

민국(民國) 이래 군벌의 할거와 전란으로 다시 황폐화된 가운데
1929년과 1934년의 두 차례 중수가 있었으나 이후 초당에 군대가 주둔

하면서 철저히 파괴되었다. 초당에 걸려 있던 수십 개의 편액이 모두 땔감으로 불에 타버리고 지금 두 개만 남아 있을 정도로 황폐화되었다. 신중국 성립 후 1952년에 중수하여 1955년에는 '두보기념관'으로 바뀌었고 1958년에 '두보초당박물관'으로 개칭했다. 현존 두보초당 건물은 1997년에 다시 지은 것이다.

현재 성도 사람들은 매년 음력 정월 초이렛날(음력 1월 7일)에 두보초당을 찾아 참배하고 있는데, 초이렛날에 참배하는 데에는 까닭이 있다. 두보가 초당에 정착한 다음 해(761년)에, 촉주자사(蜀州刺史)로 있던 옛 친구 고적(高適)이 두보를 그리워하는 시 한 수를 보내왔다. 제목은 「인일에 두보에게 부치다(人日寄杜二拾遺)」이다. '인일(人日)'은 정월 초이렛날을 가리킨다. 중국에는 연초의 8일간을 초하루부터 초여드레까지 각각 계(鷄, 닭), 견(犬, 개), 시(豕, 돼지), 양(羊), 우(牛, 소), 마(馬, 말), 인(人), 곡(穀, 곡식)의 날로 정하는 풍속이 있다. 이렇게 고적이 정월 초이렛날에 두보에 대한 절절한 그리움을 담은 시를 썼기 때문에 이를 기념하기 위하여 오늘날 성도 사람들도 이날에 초당을 참배하는 것이다.

두보초당의 정문과 대해(大廨)

두보초당 정문은 완화계(浣花溪)를 마주 보고 있는 곳에 위치하는데 여기에는 '초당(草堂)' 편액이 걸려 있다. 이 편액의 글씨는 1734년에 과친왕 윤례가 쓴 '소릉초당(少陵草堂)'에서 취한 것이다. 양쪽 기둥의 영련

정문의 편액과 영련 '초당(草堂)' 편액은 과친왕의 글씨이고, 양쪽 기둥의 영련 '만리교서택(萬里橋西宅) 백화담북장(百花潭北莊)'은 두보의 시에서 따온 것이다.

은 두보 시「회금수거지(懷錦水居止)」제2수에서 따왔다.

    만리교 남쪽 집이요
    백화담 북쪽 집

높은 집 주위는 온통 물이요
늙은 나무는 서리 실컷 머금었었지

눈 덮인 봉우리는 하늘에 닿아 하얗고
금성은 저문 날에 어둑하구나

애석타, 그 아름다운 곳
고개 돌려 바라보니 아득하기만

萬里橋西宅　百花潭北莊
層軒皆面水　老樹飽經霜
雪嶺界天白　錦城曛日黃
惜哉形勝地　回首一茫茫

이 시 제1·2구의 "만리교서택 백화담북장(萬里橋西宅 百花潭北莊)"을 영
련으로 쓴 것이다. '백화담'은 완화계의 별칭이다. 이 시는 765년 5월 엄
무가 죽은 후 초당을 떠나서 여러 곳을 전전하다가 그해 9월 운안(雲安,
지금의 중경시 운양현雲陽縣)에서 지은 시이다. 시의 제목은 '금강 변의 살
던 곳을 그리며'인데 객지에 머물면서 약 4년간 거주하던 정든 초당을
그리워하는 심경이 나타나 있다. 제1·2구가 초당의 위치를 잘 묘사했기
때문에 후세 사람들이 이 구절을 초당 정문의 영련으로 삼은 것이다. 이
대련은 1811년에 성도지부 조육흥(曹六興)이 쓴 것인데 중간에 없어지고

대해의 두보 좌상 대해는 두보가 관청을 둘 정도로 높은 벼슬을 했으면 좋았겠다는 후세 사람들의 염원이 담긴 건물로, 여기에 놓인 두보 좌상은 나라를 걱정하는 우분에 찬 모습이다.

1964년에 서화가 마공우(馬公愚)가 다시 쓴 것이다.

정문을 지나 다리를 건너면 대해(大廨)가 나온다. '해(廨)'는 관청이란 뜻이다. 두보는 평생 변변한 벼슬을 하지 않았는데도 1811년의 대규모 중수 때 이 건물을 지어 '대해'라 이름한 데에는, 두보가 관청을 둘 정도로 높은 벼슬을 했으면 좋았겠다는 후세 사람들의 염원이 담긴 것이다. 그러므로 이 건물은 상징적인 의미만 갖기 때문에 건물 안에 탁자나 의자, 문방구 등의 사무용품이 없고 저명한 조각가 전소무(錢紹武)가 만든 두보 좌상만 놓여 있다. 이 동상은 한평생 가난과 병마에 시달려 몹시 야

원 외모인데도 나라를 걱정하는 우분에 찬 시인 두보의 모습을 잘 그려
낸 걸작이라 하겠다. 대해에는 청나라 고복초(顧復初, 1800~1893)의 유명
한 대련이 있다.

異代不同時 問如此江山 龍蜷虎臥幾詩客
(이대부동시 문여차강산 용권호와기시객)
先生亦流寓 有長留天地 月白風淸一草堂
(선생역유우 유장류천지 월백풍청일초당)

시대가 다르지만 이 강산에 용이 웅크리고 범이 누워 있는 듯한 시
인이 몇이나 되나
선생 역시 표박하여 천지간에 이 좋은 초당을 길이 남겼네

"용이 웅크리고 범이 누워 있는 듯한 시인"은 두보를 가리킨다. 두보
는 용과 범처럼 뛰어난 인물인데도 뜻을 펴지 못한 채 웅크리고 누워 있
었다. 지금은 두보의 시대와 다르지만 두보와 같은 시인이 없다는 것이
다. 하련은 초당의 풍광을 말하면서 초당에서 쓴 많은 시들이 지금까지
길이 남아 있다는 뜻을 나타낸다. 이 대련의 원각(原刻)은 없어졌고 지금
걸려 있는 것은 소장(邵章, 1872~1953)이 다시 쓴 것이다. 고복초의 이 대
련을 곽말약(郭沫若)의 부인 우립군(于立群)이 한예서체(漢隷書體)로 다
시 쓴 것이 두보초당의 남문(278면 사진 참조)에 걸려 있다. 대해에는 또 신
중국 성립 후 중앙위원회 부주석 등을 지낸 군사 전문가 섭검영(葉劍英,

1897~1986)이 1960년에 쓴 대련도 걸려 있다.

杜陵落筆傷豺虎 (두릉낙필상시호)
愛國孤悰薄斗牛 (애국고종박두우)

두보가 시를 지어 승냥이와 범을 상처 내고
나라 사랑하는 마음은 하늘에 닿는다

시로 쓴 역사, 시사당

대해를 지나 수십 보를 가면 시사당(詩史堂)이 나온다. 1811년의 중수 때 새로 지은 건물인데 현재의 '시사당' 편액은 소장(邵章)의 글씨다. '시사'는 '시로 쓴 역사'란 뜻으로 두보의 시가 당시의 역사적 현실을 생생하게 증언하고 있다고 해서 붙인 명칭이다. 시사당은 두보초당 내의 건축물 중에서 면적이 가장 큰 건물로 청나라 때에는 시인 묵객들이 이곳에 와서 두보를 조문하고 서로 시를 주고받는 장소가 되었다.

시사당 중앙에는 저명 조각가 유개거(劉開渠)가 만든 두보의 흉상이 놓여 있다. 대해의 동상과는 달리 조금은 평온을 되찾은 초당 시절의 모습으로 보이지만 세상을 쏘아보는 눈빛은 여전히 형형하다. 동상 양쪽 기둥에는 혁명 원로 주덕(朱德, 1886~1976)이 1957년에 초당을 참관하고 쓴 대련이 걸려 있다.

시사당 두보의 시가 당시의 역사적 현실을 생생하게 증언하고 있다고 해서 '시로 쓴 역사' 즉 '시사(詩史)'라는 이름을 붙인 것이다.

> 草堂留後世 (초당유후세)　　초당은 후세까지 남아 있고
>
> 詩聖著千秋 (시성저천추)　　시성은 천추에 우뚝하네

또 시사당 동서 양쪽에는 흙으로 빚은 두보와 이백의 입상(立像)이 있고 양쪽 벽에는 진의(陳毅)와 곽말약(郭沫若)의 대련이 있다. 이중 진의가 쓴 대련(新松恨不高千尺 惡竹應須斬萬竿, 어린 솔이 천 척 높이 안 자랄까 한恨이니/나쁜 대는 모조리 베어내야 마땅하리)은 두보의 시 「장부성도초당도중유작선기엄정공 5수(將赴成都草堂途中有作先寄嚴鄭公五首)」 중 제4수에서 따

온 것이다. 시 제목의 뜻은 '장차 성도 초당으로 가는 도중에 지은 것이 있어서 먼저 엄정공에게 부친다'이다. 762년에 서지도(徐知道)의 반란을 피해 재주(梓州)로 피난 간 후 낭주(閬州)로 이동하여 머물다가 764년 봄에 성도로 돌아오면서 오랫동안 비워둔 초당을 생각하며 쓴 시이다. 제목의 '엄정공(嚴鄭公)'은 엄무(嚴武)를 가리킨다. 엄무가 정국공(鄭國公)에 봉해졌기 때문에 이렇게 부른 것이다. 이 시 제4수는 이렇다.

모래 둑 무너져 약란을 덮치고
풍랑에 강함(江檻)이 휩쓸릴까 걱정이요

어린 솔이 천 척 높이 안 자랄까 한(恨)이니
나쁜 대는 모조리 베어내야 마땅하리

생계는 다만지 황각노(黃閣老)에 기대고
야윈 몸은 자금단(紫金丹)에 부탁하려오

떠돌이 삼 년에 피골이 상접하니
진실로 인생행로 어려움이 있다오

常苦沙崩損藥欄　也從江檻落風湍
新松恨不高千尺　惡竹應須斬萬竿
生理只憑黃閣老　衰顏欲付紫金丹

三年奔走空皮骨　信有人間行路難

　이 시에서 '강함(江檻)'은 시문(柴門) 서쪽 개울 위에 만든 간이 건조물이고, '황각(黃閣)'은 문하성(門下省)의 별칭인데 엄무가 당시 문하성의 황문시랑(黃門侍郎)으로 있었기 때문에 엄무를 황각노라 부른 것이다. '자금단(紫金丹)'은 도교에서 복용하는 단약(丹藥)이다. 진의가 쓴 대련은 이 시의 제3·4구인데 1959년에 썼다가 문화대혁명 기간 중에 이 대련을 다시 써서 성도 초당에 기증했다. '어린 솔(新松)'의 성장을 방해하는 '나쁜 대(惡竹)'의 이미지가 문화대혁명 당시의 사회 분위기를 묘하게 반영하고 있어 진의의 의중을 짐작할 수 있다.

시문과 화경

　시사당을 지나 작은 개울 위에 놓인 돌다리를 건너면 시문(柴門)이 나온다. 시문은 두보가 초당을 지을 때 만든 사립문인데 현재는 규모를 조금 크게 해놓았다. '시문(柴門)' 편액은 저명한 현대 화가 반천수(潘天壽, 판톈서우)가 쓴 것이고, 명나라 하우도(何宇度)가 지은 다음과 같은 영련이 걸려 있다.

　萬丈光芒 信有文章驚海內 (만장광망 신유문장경해내)
　千年艶慕 猶勞車馬駐江干 (천년염모 유로거마주강간)

시문 두보가 초당을 지을 때 만든 사립문이다.

만 길 높이 빛이 나니

진실로 세상 놀랠 문장이 있고

천년토록 흠모하여

아직도 강 언덕에 수레들 모여 있네

이 대련은 두보가 760년에 쓴 시 「손님이 오다(賓至)」의 제3·4구를 약간 변형시키고 8자를 추가한 것이다. 두보의 시는 이렇다.

외진 곳에 깊이 살아 지나는 사람 드물고

늙고 병들어 부축해도 절하기 어려운데

어찌 내게 세상 놀랠 문장 있다고
부질없이 수레 몰아 이 강 언덕에 왔는가?

귀한 손님 온종일 앉아서 머물러도
한평생 거친 밥이 시골 선비 식사라오

시골집의 푸대접을 탓하지 않는다면
흥이 나면 다시 와서 약란(藥欄) 구경하시구려

幽棲地僻經過少　　老病人扶再拜難
豈有文章驚海內　　**漫勞車馬駐江干**
竟日淹留佳客坐　　百年粗糲腐儒餐
不嫌野外無供給　　乘興還來看藥欄

　두보 시 제3구의 '豈'를 '信'으로, 제4구의 '漫'을 '猶'로 바꿈으로써
두보 시 본래의 뜻을 반대로 만들어놓았다. 이것이 대련을 짓는 묘미의
하나이기도 하다.
　시문에서 동쪽으로 가면 화경(花徑)이 나온다. 화경은 두보초당으로
들어가는 조그마한 오솔길로 두보가 길 양쪽에 꽃과 나무를 심어 가꾸
었을 것으로 생각된다. 두보가 시 「객지(客至, 손님이 오다)」에서

화경 서쪽 입구 화경은 두보초당(초옥고거)으로 들어가는 조그마한 오솔길이다. 현대 화가 풍건오가 전서로 쓴 편액이 걸려 있다.

꽃길은 손님 맞아 청소한 적 없었는데

사립문 그대 위해 처음으로 열었소

花徑不曾緣客掃　蓬門今始爲君開

라고 말한 '화경'을 복원한 것인데 현재의 화경은 길 양쪽에 붉은 담장
이 높이 들어서 있는 규모가 큰 길이 되어 있다. 화경의 서쪽 끝 입구에
현대 화가 풍건오(馮建吳, 펑젠우)가 전서(篆書)로 쓴 '화경' 편액이 걸려
있다. 동쪽 끝에는 1908년에 주선배(周善培)가 청화 도자기 조각을 모아

화경 동쪽 입구 1908년 주선배가 청화 도자기 조각으로 영벽에 '草堂' 두 글자를 만들어놓았는데 후에 없어지고 지금은 주선배의 동생 주축군이 다시 쓴 글자가 남아 있다.

영벽(影壁)에 써놓은 '草堂' 두 글자가 있는데 후에 없어지고 지금은 주선배의 동생 주축군(周竺君)이 다시 쓴 글자가 남아 있다. 이것을 '초당영벽(草堂影壁)'이라 부른다. 1958년에 모택동이 이 영벽을 한동안 응시하며 서 있었다고 해서 유명해졌다.

두보의 사당 공부사

시문에 들어서면 바로 보이는 뒷건물이 두보의 사당 공부사(工部祠)이다. 두보가 엄무의 막료로 있을 때의 관직이 검교공부원외랑(檢校工部員外郞)이고 이것이 두보가 역임한 최고의 관직이었기 때문에 후세에 두보를 '두공부(杜工部)'라 불렀다. 공부사 입구에는 두 개의 영련이 있는데 바깥 기둥의 영련은 청나라의 저명한 서예가 하소기(何紹基)가 썼다.

錦水春風公占却 (금수춘풍공점각)
草堂人日我歸來 (초당인일아귀래)

금강(錦江)의 봄바람을 공이 차지했는데
인일(人日)에 초당으로 내가 돌아왔도다

초당이 있는 완화계는 금강 상류의 일단이다. 상련의 뜻은, 두보가 풍광이 아름다운 완화계 옆에 살면서 좋은 시를 많이 썼다는 것이다. 하련의 '인일'은 앞서 말했듯이 정월 초이렛날의 별칭이다. 하소기는 당시 성도에서 사천학정(四川學政)이란 벼슬을 하고 있었는데 1854년에 과주(果州)로 출장 갔다가 인일에 돌아와서 두보초당에 참배하고 이 대련을 쓴 것이다. '인일'은 성도 사람들이 초당에 참배하는 특별한 날인데 사람들이 이날에 참배하는 것은 두보의 절친 고적(高適)의 「인일에 두보에게 부치다(人日寄杜二拾遺)」라는 시에서 유래되었다.

고적은 759년에 사천성의 팽주로 좌천되었는데 그해 12월 두보가 가족을 이끌고 성도에 도착하자 편지를 보내어 위로하고 양식 등 일용품을 보내주었다. 그러다가 761년 촉주자사(蜀州刺史)로 옮긴 고적이 인일에 두보를 그리워하는 내용을 담아 이 시를 써 보냈다. 이로부터 9년 후인 770년 서거하던 해에 두보는 옛 상자 속에서 이 시를 꺼내어 읽어보고는 눈물을 흘리며 이미 고인이 된 고적에게 화답하는 시를 썼다고 한다. 후세 사람들은 고적이 두보를 그리워하며 시를 썼던 이날을 기념해서 인일의 초당 참배가 습속이 되었다고 한다.

하소기 대련의 "인일(人日)에 초당으로 내가 돌아왔도다"라는 말은, 과주로 출장 갔다가 인일에 맞추어 초당으로 돌아왔다는 말이다. 하소기 자신이 두보를 존모하는 마음이 그만큼 크다는 뜻이다. 공부사의 안쪽 기둥에는 다음과 같은 영련이 걸려 있다.

自許詩成風雨驚 將平生硬語愁吟 開得宋賢兩派
(자허시성풍우경 장평생경어수음 개득송현양파)
莫言地僻經過少 看今日寒泉配食 遠同吳郡三高
(막언지벽경과소 간금일한천배식 원동오군삼고)

시 쓰면 비바람도 놀랜다 자부했고
한평생 웅건하고 수심에 찬 시를 지어서
송나라 두 시파(詩派)의 길을 열었네

외진 곳이라 찾는 사람 적다는 말 말라
보라, 죽은 후에 배향(配享)을 했으니
멀리 오군(吳郡)의 우뚝한 세 분과 같도다

공부사 두보의 사당이다. 두보가 역임한 최고의 관직이 검교공부원외랑(檢校工部員外郎)이었기 때문에 후세에 그를 '두공부(杜工部)'라 불렀다.

청나라 학자 왕개운(王闓運, 1833~1916)이 지은 대련인데 지금 보이는 글씨는 현대 소설가 노사(老舍, 라오서, 1899~1966)가 쓴 것이다. "송나라 두 시파"는 육유(陸游)가 형성한 검남시파(劍南詩派)와 황정견(黃庭堅)이 주도한 강서시파(江西詩派)를 가리킨다. 두 사람 모두 두보를 무척 존경했던 시인이고 두 시파 모두 두보의 시를 종지(宗旨)로 삼았다. 그래서 공부사에는 육유와 황정견을 배향하고 있다. "오군(吳郡)의 우뚝한 세 분"은 오군, 즉 옛 오나라 지방인 소주(蘇州) 일대에서 배출된 세 분을 말하는데 전국시대 월나라의 범여(范蠡)와 진(晉)나라의 장한(張翰) 그리고 당나라의 육구몽(陸龜蒙)을 가리킨다.

공부사에는 중앙의 주벽(主壁)인 두보 좌우에 육유와 황정견을 배향하고 있다. 육유는 1811년에, 황정견은 1884년에 각각 배향되었다. 두보를 존경했던 육유는 두보의 영향을 받아 애민우국(愛民憂國)의 시를 많이 썼으며, 중년의 상당 기간을 이곳 촉(蜀) 땅에서 보내기도 했다. 황정견 역시 두시(杜詩)를 종지(宗旨)로 하는 강서시파를 창시했고 다년간 촉에서 관리로 있으면서 두보를 위한 여러 사업을 수행했다. 이런 연유로 두 분을 배향한 것이다. 공부사의 두보의 위패(位牌) 양쪽에는 청나라 전보당(錢保塘, 1833~1897)의 대련이 걸려 있다.

荒江結屋公千古 (황강결옥공천고)
異代升堂宋兩賢 (이대승당송양현)

황폐한 강가에 초당을 지었지만 공은 천고에 이름을 남겼고
후대에 공의 업적을 계승한 송나라의 두 어진 이

"송나라의 두 어진 이"는 육유와 황정견을 가리킨다.

공부사 앞 양쪽에 있는 두 건물은 '수죽거(水竹居)'와 '흡수항헌(恰受航軒)'이다. 수죽거에는 현대의 사의(寫意) 조각가 오위산(吳爲山, 우웨이산)의 작품이 전시되어 있는데, 여러 형태의 두보상을 비롯해서 이백, 유우석, 한유 등의 소상(塑像)을 볼 수 있다. 그리고 흡수항헌에는 각 시대의 두시판본(杜詩板本)을 전시하고 있다. '흡수항헌'이라는 집 이름이 특이

한데 이 명칭은 두보의 시 「남린(南隣, 남쪽 이웃)」에서 따온 것이다.

금리 선생 오각건 쓰고
토란, 밤 거두니 그리 가난하진 않다네

늘 보는 손님들을 아이들이 기뻐하고
섬돌에서 먹이 쪼는 참새들 길들여졌네

가을 물은 깊이가 겨우 네댓 자
작은 배는 두세 사람 타기 알맞네

흰 모래 푸른 대, 강 마을이 저물고
사립문서 전송하니 달빛이 새롭네

錦里先生烏角巾　園收芋栗未全貧
慣看賓客兒童喜　得食階除鳥雀馴
秋水才深四五尺　野航恰受兩三人
白沙翠竹江村暮　相送柴門月色新

이 시 제5·6구의 "야항흡수양삼인(野航恰受兩三人)"에서 항(航), 흡(恰),
수(受) 세 글자를 따서 조합한 것이다. 이런 식으로 조합해서 당명(堂名)
을 짓는 것은 한자 문화권에서만 가능한 독특한 작명법이다.

초당에서 읽어보는 두보 대표작

공부사 동쪽에 비정(碑亭)이 있는데 앞에서 살펴본 바와 같이 과친왕(果親王)이 1734년에 초당에 들러서 쓴 '소릉초당(少陵草堂)' 네 글자를 새긴 비석을 보존하고 있는 곳이다. 비정에서 북쪽으로 가면 초당(초옥고거)이 나온다. 초당의 변천사에 관해서는 앞에서 언급했거니와 기존 초당은 1900년대 중반에 전란으로 없어졌고 현존 초당은 1997년에 다시 복원한 것이다. 초당의 복원은 두시(杜詩)에 나오는 여러 경물(景物)을 참고하여 철저하게 이루어졌다. 사립문을 들어서면 왼쪽에 보이는 네 그루의 소

나무, 오른쪽의 다섯 그루 복숭아나무, 초당 오른쪽 앞의 남목(楠木), 약초밭(藥圃)과 남새밭 등 두시에 나오는 경물들을 가능한 한 복원해놓았다. 두보는 이 초당에 약 4년간 거주하면서 247수의 시를 썼다. 이 초당을 주제로 한 두보의 시 「초가지붕이 가을바람에 부서지다(茅屋爲秋風所破歌)」를 읽어본다.

소릉초당 비정 과친왕 윤례가 1734년에 초당에 들러서 쓴 '소릉초당(少陵草堂)' 네 글자를 새긴 비석을 보존하고 있다.

가을 높은 팔월에 거센 바람 불어와
우리 지붕 세 겹 띠를 말아가버렸네

날아간 띠 강 건너 언덕에 흩어져
높게는 큰 나뭇가지 끝에 걸리고
낮게는 굴러가 웅덩이에 가라앉네

남촌의 아이놈들 늙고 힘없는 날 얕보고
뻔뻔스럽게 면전에서 도적이 되었구나

공공연히 띠를 안고 대밭으로 드는데
입술 타고 입이 말라 소리칠 수 없어서
돌아와 작대 짚고 스스로 탄식했네

잠시 후 바람 자고 먹구름 끼더니
가을날 뉘엿뉘엿 저물어가네

베 이불 여러 해 덮어 쇠처럼 차가운데
잠버릇 나쁜 어린놈 발길질에 속이 찢어졌도다

비가 새어 침상 머리 마른 곳 없는데
삼대 같은 빗줄기 그치지 않네

난리를 겪은 후 잠이 적은데
젖은 채 이 긴 밤을 어이 새울꼬

어떡하면 고대광실 천만 간 집을 지어
천하의 궁한 선비들 환한 얼굴로
비바람에도 산처럼 끄떡없이 할 건가

아아! 언제나 눈앞에 우뚝 솟은 이런 집 나타나려나
내 집은 부서져 얼어 죽어도 족하리

八月秋高風怒號　卷我屋上三重茅
茅飛渡江灑江郊　高者掛罥長林梢　下者飄轉沈塘坳
南村群童欺我老無力　忍能對面爲盜賊
公然抱茅入竹去　脣焦口燥呼不得　歸来倚杖自嘆息
俄頃風定雲墨色　秋天漠漠向昏黑
布衾多年冷似鐵　嬌兒惡臥踏裡裂
床頭屋漏無乾處　雨脚如痲未斷絶
自經喪亂少睡眠　長夜沾濕何由徹
安得廣厦千萬間　大庇天下寒士俱歡顔　風雨不動安如山
嗚呼　何時眼前突兀見此屋　吾廬獨破受凍死亦足

두보초당(초옥고거) 사립문

이 시는 두보가 완화계 옆에 초당을 지은 다음 해인 761년에 쓴 작품이다. 그해 8월에 광풍이 불어 초당의 지붕이 날아가버렸는데 이를 안타깝게 여겨 이 시를 쓴 것이다. 후세 사람들에게 가장 사랑을 받는 두보의 대표작 중 하나이다.

제1구에서 제5구까지는 바람이 몰아쳐 지붕이 날아가는 장면을 묘사한 것인데, "날아가다(飛)" "흩어지다(灑)" "걸리다(掛罥)" "구르다(飄轉)" "가라앉다(沈)"와 같은 동사를 연속적으로 사용하여 띠가 바람에 날리는 모습을 바람처럼 속도감 있게 묘사하고 있다. 이어서 남촌의 아이놈들이 띠를 안고 대밭으로 도망가고 주인이 돌려달라고 소리치는 장면이 묘사된다. 아이들이 가난해서 땔감으로 쓰기 위하여 가져간 것이 아니라 늙고 힘없는 자신을 깔보고 놀린다고 여겨 더욱 괘씸한 생각이 든 것

두보초당(초옥고거) 두보가 약 4년간 거주하던 초가집으로 여기에서 247수의 시를 썼다.

이다. 그래서 자신의 처지가 더욱 초라하게 느껴진다.

설상가상으로 밤이 되니 삼대 같은 비까지 내린다. 솜을 넣은 비단 이불이 아닌 무명 홑이불은 오래 사용하여 보온이 되지 않아 쇠처럼 차갑다. 이마저도 아들놈의 잠버릇 때문에 찢어져 너덜너덜하다. 게다가 지붕이 날아가 비가 새는 통에 침상은 축축하게 젖어 있다. 그러니 이 한밤 지새울 일이 아득하기만 하다. 그렇지 않아도 안녹산의 난 이후 여러 가지 근심 걱정에 잠 못 이루는 날이 많았는데 이런 일을 당하니 밤이 더욱 길게 느껴진다.

이런 최악의 상황에서도 두보는 자신의 신세 한탄에 머물지 않고 자신과 비슷한 처지에 있을 "천하의 궁한 선비들"을 걱정한다. 이들이 "고

대광실 천만 간 집"에서 "환한 얼굴로" 살 수 있게 된다면 자신은 "얼어
죽어도" 좋다고 했다. 자신이 얼어 죽는 대가로 천하의 궁한 사람들이 고
대광실에 살게 할 수 있으면 좋겠다는 것은 좀 과장된 표현이긴 하지만
이것은 두보 시에 나타나는 일관된 인도주의적 이상의 표출이다.

곽말약의 비판

이 작품이 인구에 회자되는 걸작임에도 불구하고 현대 중국 최고
의 지식인이라 할 곽말약(郭沫若)은 이 시를 강도 높게 비판했다. 그는
1971년에 출판된 그의 저서 『이백과 두보』에서 이백을 높이고 두보를
깎아내렸다. 즉 두보는 지배계급의 입장에 섰으며 시에서는 빈곤을 호
소하지만 실제로는 호화로운 지주 생활을 했다는 것이다. 지금까지의
두보에 대해 내려진 일반적 평가와는 전혀 상반된다. 두보의 현실주의
적 작품 경향을 보여주는 걸작이라 평가되는 이 작품의 몇몇 부분에 대
해서 그는 이렇게 말했다. "세 겹 띠(三重茅)"는 지붕을 세 겹으로 엮어 약
1척(尺)의 두께가 되기 때문에 여름에는 시원하고 겨울에는 따뜻하여 기
와집보다 낫다고 했다. 그러므로 두보는 호화로운 주택에 살았지 결코
가난하지 않았다는 것이다. 또 "남촌의 아이들"을 "도적"이라 하면서도
자기 자식은 "개구쟁이(嬌兒)"라 표현한 점도 비판했다. "어떡하면 고대
광실 집을 지어 (…)" 이하의 구절에 대한 그의 해석도 매우 비판적이다.
"한사(寒士)"는 '가난한 선비'란 뜻인데 이들은 헐벗고 굶주리는 일반 백

성이 아닌 지식계급이라는 것이다. 또 두보의 바람대로 고대광실을 지으면 그도 고대광실에 들어가 살면 되는 것인데 얼어 죽는다는 말은 이치에 맞지 않다고 말했다.

곽말약은 시인이자 극작가이고 저명한 역사학자이며 정치가이기도 했다. 특히 역사학에서 기념비적인 업적을 남긴 당대 최고의 지식인이었다. 일본 규슈(九州)제국대학을 졸업한 맑스주의자인 그는 초대 중국 과학원 원장, 전국문학예술회 주석, 중국공산당 9·10·11기 중앙위원, 제2·3·5기 중국 정협 부주석을 역임했다.

이러한 그가 '시성(詩聖)'으로 추앙받는 두보를 강도 높게 비판한 배경을 두고 논란이 분분하다. 우선 이 책의 출판 시점이 미묘하다. 책이 출판된 1971년은 문화대혁명이 한창일 때였다. 그리고 그의 아들 세영(世英)이 1968년 홍위병에게 핍박받다가 숙소 건물에서 추락해 26세의 나이로 사망했다. 자살인지 타살인지는 밝혀지지 않았다. 그 전해인 1967년에는 아들 민영(民英)이 24세에 돌연 자살한 사건도 있었다.

이 일련의 사건으로 미루어 볼 때 그는 '구린내 나는 지식인을 타도하자'는 홍위병들의 압박이 자신에게도 다가오자 이를 피하기 위해서 이 책을 저술했을 것이라 추정하기도 한다. 그 자신이 지식인이었기 때문이다. 그래서 두보를 위선적인 지식인으로 규정하고 비판했을 것이라는 추정이다. 또 다른 추정은 문화대혁명의 와중에서 그가 모택동에게 아첨하기 위해서 이백을 높이고 두보를 비판했다는 것이다. 모택동이 평소 '삼리(三李)', 즉 이백, 이하(李賀), 이상은(李商隱)을 좋아한다는 사실을 그가 알고 있었기 때문이다. 그러나 이 모든 것은 어디까지나 추정일 뿐이다. 이백과 두보는 중국 문학을 대표하는 두 시인으로 작품 경향이 다를 뿐이지 그 우열을 따질 수 없는데도 그가 굳이 두 시인을 비교하여 우열을 논한 진정한 의도가 무엇인지 알 수 없는 일이다.

임씨 부인의 사당 완화사

화경(花徑)의 서쪽 끝으로 들어가다가 보면 오른쪽에 완화사(浣花祠)가 나온다. 여기에는 이런 이야기가 전한다. 완화계 옆에 임씨(任氏) 성을 가진 소녀가 살았다. 어느 날, 전신에 부스럼이 난 한 승려가 고름과 피로 얼룩진 가사(袈裟)를 벗어 빨아달라고 하니 사람들이 모두 피하여 도망갔는데 임씨 소녀가 시냇물에 빨아주었다. 그러자 갑자기 시내에 연꽃이 피기 시작하여 삽시간에 완화계를 가득 채웠고 승려는 사라지고 없었다.

이 소녀가 자라서 서천절도사 최영(崔寧)의 첩이 되었다. 768년에 최영은 개인적인 일로 장안으로 떠나면서 아우 최관(崔寬)으로 하여금 성도를 지키도록 했는데 최영이 없는 사이에 노주자사(瀘州刺史) 양자림(楊子琳)이 반란을 일으켜 성도를 공격했다. 최관이 이를 막을 수 없게 되자 임씨 부인이 사재를 털어 병사 1,000명을 모집한 후 자신이 직접 지휘하여 반란군을 물리쳤다고 한다.

후인들이 그녀의 공덕을 기려 그녀가 살던 완화계 옆에 사당을 세우고 '완화부인사(浣花夫人祠)'라 했는데 줄여서 '완화사'라 불렀다. 또 황제가 그녀를 '기국부인(冀國夫人)'으로 봉했기 때문에 완화사를 '기국부

완화사 서천절도사 최영의 첩 임씨 부인의 사당이다. 반란군을 진압한 그녀의 공덕을 기려 그녀가 살던 완화계 옆에 사당을 세운 것이다.

인사'라 부르기도 한다. 완화사는 명나라 말에 전란으로 훼손된 것을 청나라 광서(光緖) 연간(1875~1908)에 중건했고 1980년에 전면적으로 중수하고 1982년에는 사당에 완화부인 소상(塑像)을 안치했다.

완화사가 건립된 당나라 때부터 송나라, 원나라, 명나라 때까지 임씨의 생일인 음력 4월 19일을 '완화일(浣花日)'로 정하고 이날 성도의 사람들이 크게 잔치를 벌였다. 이 잔치에는 태수가 직접 참가하여 행사를 주관했기 때문에 이를 '오두대회(遨頭大會)'라 불렀다. '오두'는 놀이를 앞장서 지휘한 사람이란 뜻으로 태수를 가리킨다. 완화사 대문 양쪽에 청나라 전보당(錢保塘)의 대련이 걸려 있다.

褰裙逐馬有如此 (건군축마유여차)
翠羽明璫尙儼然 (취우명당상엄연)

치마 걷고 말을 몰기 이같이 했고
취우 꽂고 명당 걸고 아직도 단정하네

취우(翠羽)는 여자의 머리 장신구이고 명당(明璫)은 여자의 귀고리이다. 상련은 임씨 부인이 성도를 보위하기 위해 치마를 걷고 말을 몰아 전공을 세웠음을 말했고, 하련은 완화사에 있는 임씨 부인의 소상을 보고 부인의 옛 모습을 그린 것이다. 완화사 안의 소상 옆에는 청나라 학자 유월(兪樾, 1821~1907)의 대련이 걸려 있다.

新舊書不詳冀國崇封 (신구서불상기국숭봉)
但傳奮臂一呼 (단전분비일호)
爲夫子守城 代小郞破賊 (위부자수성 대소랑파적)

三四月歷數成都盛事 (삼사월역수성도성사)
且先遨頭大會 (차선오두대회)
以流觴佳節 作設帨良辰 (이유상가절 작설세양신)

『신당서』『구당서』엔 기국부인 봉한 일 상세하지 않고

다만 전하기는, 팔 휘두르고 한번 소리쳐

지아비를 위해 성을 지켰고, 시동생을 대신해 적을 격파했네

삼사월 성도의 큰 행사 일일이 헤어보니

오두대회(遨頭大會)가 그 첫 번째인데

유상곡수(流觴曲水) 벌이는 좋은 날로 부인 생일 삼았도다

마지막의 "유상곡수 벌이는 좋은 날"은 동진(東晉)의 왕희지(王羲之)가
난정(蘭亭)에서 유상곡수 하던 3월 3일을 가리킨다. 당, 송, 원 삼대에는
임씨 부인의 생일인 음력 4월 19일에 오두대회를 벌였으나 명나라 때에
는 생일을 3월 3일로 바꾸어 대회를 벌였기 때문에 이렇게 말한 것이다.

대아당의 마칠(磨漆) 벽화

대아당(大雅堂)은 화경(花徑)의 동쪽 끝 부근에 있다. 이곳은 원래 초당
사(草堂寺)의 대웅전 자리였는데 새롭게 개조해서 2002년에 대외 개방한
건물이다. '대아당(大雅堂)' 편액은 당나라 때의 서예가 안진경(顏眞卿)의
글씨를 집자한 것이다. 건물 앞에는 조각가 섭육산(葉毓山)이 만든 두보
의 좌상이 있는데 두보초당 안의 다른 소상들보다 표정이 심각하다. 무
언가 불만스러운 듯 잔뜩 찌푸린 표정이다. 전하는 말로는 두보가 초당
을 떠나 주변의 여러 곳을 전전하던 때의 모습을 염두에 두고 제작했다

대아당 앞의 두보 좌상　무언가 불만스러워 얼굴을 잔뜩 찌푸린 표정이다. 두보가 초당을 떠나 주변의 여러 곳을 전전하던 때의 모습을 드러내려 했다고 한다.

고 한다.

　대아당의 주 전시물은 대형 마칠화(磨漆畫)이다. 마칠화의 사전적 설명은 "칠(漆)에 송지유(松脂油)로 금은 주사(朱砂) 따위를 섞어 화판에 그림을 그리고, 마른 후 목탄이나 숫돌을 써서 물을 끼얹어가며 갈아서 평평하고 윤이 나게 만든 그림"인데 비전문가로서는 이해하기 쉽지 않다. 나로서는 그저 화판에 채색 그림을 그리고 옻칠을 입힌 것으로 보일 뿐이다. 마칠화는 중국 전통 공예미술로 당대 10대 민간 공예미술가의 한 명인 사도화(司徒華)가 제작한 것이다.

대아당의 마칠화 가로 16미터, 세로 4미터. 초당 시절 두보의 대표작 「초가지붕이 가을바람에 부서지다(茅屋爲秋風所破歌)」의 제목과 함께 시 구절이 그려진 대형 마칠화이다.

64개의 조각판을 붙여서 만든 가로 16미터, 세로 4미터의 대형 마칠 벽화에는 두보의 일생을 각 단계별로 그림으로 그리고 이에 호응하는 시 제목 또는 시 구절을 삽입해놓았다. 벽화의 중앙에는 앞서 살펴본 두보의 시 「초가지붕이 가을바람에 부서지다(茅屋爲秋風所破歌)」의 제목과 함께 시 구절(安得廣廈千萬間 大庇天下寒士俱歡顔)이 그려져 있어서 이 작품이 초당 시절 두보의 대표작임을 나타내고 있다.

대아당에는 두보 외에도 역대 12명 시인의 소상이 있다. 즉 굴원(屈原), 도연명(陶淵明), 진자앙(陳子昂), 왕유(王維), 이백(李白), 백거이(白居易), 이상은(李商隱), 소식(蘇軾), 황정견(黃庭堅), 육유(陸游), 이청조(李清照), 신기질(辛棄疾)이 그들인데, 한백옥(漢白玉), 오목(烏木), 동(銅) 등 다양한 재질로 제작했다. 여기에는 사실적인 조각도 있고 사의적(寫意的)인 조각도 있는데 시인 개개인의 특징을 잘 드러내도록 조각된 걸작들이다. 각 조각 하단에는 시인 이름, 조각 제작자, 조각의 재질 등이 중국어, 영어, 한국어로 표기된 안내판이 붙어 있다. 또 이와는 별도로 벽에는 각 시인들에 대한 자세한 소개문이 걸려 있다.

만불루(萬佛樓)는 원래 초당 동쪽의 초당사 경내에 있던 건물로 '동쪽에 망강루(望江樓), 서쪽에 만불루'라는 말이 있을 만큼 성도의 유명 건축물이었는데 문화대혁명 때 파괴된 것을 2005년에 원래의 자리에 다시 세웠다. 높이 30.7미터의 정팔각형 누각이다.

시성은 천추에 우뚝하네

시성저천추진열실(詩聖著千秋陳列室)은 초당의 시사당(詩史堂)에 걸려 있는 주덕(朱德)의 대련 "초당유후세 시성저천추(草堂留後世 詩聖著千秋, 초당은 후세까지 남아 있고/시성은 천추에 우뚝하네)"의 하련(下聯)을 진열실의 명칭으로 삼았다. 두 개의 진열실이 있는데 제1진열실에는 '시성저천추(詩聖著千秋)'를, 제2진열실에는 '초당유후세(草堂留後世)'를 드러내는 내용으로 구성되어 있다. 제1진열실은 소년 시기부터 서남 지방으로 전전하기까지의 두보의 일생을 보여주고 있으며, 제2전시실에는 초당 시절의 두보가 그려져 있다. 이 진열실은 두보 탄생 1290주년인 2002년에 만들어졌다.

두시서법목각랑 모필로 쓴 두시 100여 건의 목각이 전시되어 있다. 저명한 근현대 서예가와 인민해방군 원로들의 독특한 개성을 보여주는 서법을 충실히 재현한 목각 솜씨가 탁월하다.

두시서법목각랑(杜詩書法木刻廊)에는 모필(毛筆)로 쓴 두시 100여 건의
목각이 전시되어 있다. 이 목각을 '사절(四絶)'이라 칭하는데 네 가지 특
징을 지니고 있다는 뜻이다. 첫째는 중국 고전 시가의 최고봉을 접하는
두시라는 점이고 둘째는 글씨의 뛰어난 예술성이다. 여기서 볼 수 있는
서예가는 축윤명(祝允明), 동기창(董其昌), 정섭(鄭燮)을 비롯하여 강유위,
곽말약, 우우임 등의 근현대 서예가 그리고 주덕, 동필무, 진의 등 인민해
방군 원로들로 각각 독특한 개성을 지닌 서법을 보여주고 있다. 셋째는
목각의 재료가 남목(楠木)이라는 점이다. 남목은 목질이 단단하고 치밀

하여 원작 글씨의 예술성을 살리는 데에 가장 적합한 재료라고 한다. 넷째는 원작 고유의 필획을 충실히 재현한 목각 솜씨이다.

두보초당에는 볼거리도 많고 초목이 우거져서 가다가 쉬다가 하면서 여유롭게 구경할 만한데 언제나 그렇듯 시간에 쫓겨 대충 돌아보고 나오니 진한 아쉬움이 남는다. 나오면서 나는 어설픈 시 한 수를 지었다. 제목은 「두보초당에 노닐다(遊杜甫草堂)」이다.

杜甫耆年此地遊　紛紛庶事日縈愁
草堂新築如原貌　花徑尙存歲月流

늘그막에 두보가 이곳에 노닐었는데
어지러운 세상일에 날마다 수심 가득

초당은 새로 지어 옛 모습과 닮았고
아직 남은 화경엔 세월이 흘렀도다

타패주

　타패주(沱牌酒)는 사천타패사득고분유한공사(四川沱牌舍
得股份有限公司) 제품으로 이 공사는 사천성 사홍현(射洪縣, 서
홍현) 타패진(沱牌鎭)에 있다. 이곳은 부강(涪江) 중류에 위치
하여 사계절이 분명하고 습윤한 기후와 아름다운 환경을 갖
추어 술을 빚는 데에 적합하다. 또 이곳이 위치한 북위 39도
일대는 세계적으로 공인된 양주 중심지이기도 하다.

　이 술은 고량, 쌀, 찹쌀, 밀, 옥수수를 원료로 만들어지는
농향형(濃香型) 백주이다. 사천성에는 이름난 백주가 많이 생산되고 그중
에서 대표적인 백주 6종을 '육타금화(六朶金花)'라 하는데 '여섯 송이 금
화'란 뜻이다. 타패주는 오량액(五糧液), 노주노교특국(瀘州老窖特麴), 검
남춘(劍南春), 전흥대국(全興大麴), 낭주(郎酒)와 함께 '육타금화'의 반열에
드는 명주이다.

　사홍현은 예부터 좋은 술을 빚어왔는데 이곳의 술은 특히 당나라 때
두보(杜甫)의 시로 인하여 더욱 유명해졌다. 당시 성도의 초당에 머물고
있던 두보는 762년 7월 자기를 돌봐주던 엄무(嚴武)가 조정에 불려가자
면주(綿州)까지 가서 그를 전송했다. 그런데 그때 검남병마사 서지도(徐
知道)가 반란을 일으켜서 성도로 돌아가지 못하고 재주(梓州)에서 머물다
가 가을에 성도로 가서 가족을 데리고 다시 재주로 갔다. 이해 11월에는
근처의 사홍으로 가서 시인 진자앙(陳子昻, 661~702)의 유적을 찾는다. 그

는 금화산(金華山)에 있는 진자앙 독서대(陳子昻讀書臺, 진자앙이 청년 시절 책을 읽던 곳) 유지를 둘러보고 「야망(野望)」이란 시를 남겼다.

금화산 북쪽이요 부강(涪江)의 서쪽에
한겨울이 되어서야 날씨가 서늘하네

산은 월수(越嶲)로 이어져 촉 땅에 서려 있고
물은 파주(巴州), 유주(渝州)로 나뉘어 오계(五溪)로 내려간다

학 한 마리 무슨 일로 춤을 추고 있는가
주린 까마귀는 사람 향해 울려는 듯하네

사홍의 봄술은 추위도 푸르나니
맘 상하는 일이 눈앞에 가득한데
그 누가 나를 위해 이 술을 권하려나

金華山北涪水西　仲冬風日始凄凄
山連越嶲蟠三蜀　水散巴渝下五溪
獨鶴不知何事舞　飢鳥似欲向人啼
射洪春酒寒仍綠　目極傷神誰爲携

두보가 진자앙의 고향인 사홍을 찾은 것은 평소 존경하던 진자앙을 추모하기 위해서이다. 진자앙은 시가 혁신(詩歌革新)의 기치를 내걸고 종전의 형식주의 시풍을 타파하는 데 앞장선 초당(初唐)의 뛰어난 시인이었

다. 그러나 그는 자신의 포부를 펼쳐보지 못한 채 41세의 젊은 나이에 억울한 죽음을 당했다.

두보는 평생 국가의 안위를 근심한 시인이었다. 그가 사홍을 찾은 때는 아직도 안사(安史)의 난이 끝나지 않아 자신은 객지를 유랑하고 있는 처지였다. 그는 불우했던 진자앙을 떠올리며 자신의 처지를 슬퍼하고 있었다. '춤을 추고 있는 학한 마리'나 '굶주린 까마귀'는 그 자신의 내면 풍경인 것처럼 보인다. 그러한 때에 슬픔을 달래줄 술 한잔이 필요했을 것이고, 이곳 '사홍의 봄술(射洪春酒)'을 떠올렸을 것이다.

두보가 이 시를 쓴 후에 '사홍춘주'는 널리 알려졌다. 이 술은 송나라 때에도 계속 발전했으며, 명나라 때는 역시 이곳 사람 사동산(謝東山)이 전통 양조 방법에 역주법(易酒法)을 도입하여 새로운 술 '사주(謝酒)'를 만들어 사람들의 사랑을 받았다.

청나라 때는 광서(光緖) 연간(1875~1908)에 이명방(李明方)이 이곳 유수타진(柳樹沱鎭)에 '김태상주방(金泰祥酒坊)'을 개설했는데 그의 아들 이길안(李吉安)이 이를 계승하여 1911년에 청룡산 기슭의 타천수(沱泉水)로 술을 빚어 이를 '김태상대국주(金泰祥大麴酒)'라 했다. 이 술이 인기가 있어 술을 사려는 사람들이 줄을 서서 몇 시간을 기다리다가도 술을 사지 못하고 돌아가는 일이 벌어졌다. 이튿날 다시 술을 사기 위해 와도 마찬가지였다. 이에 주인은 '타(沱)'자를 쓴 목패(木牌)를 나누어주고 다음 날 이 목패를 가지고 온 사람에게 우선적으로 술을 팔았다. 그래서 사람들은 이 술을 '타패국주(沱牌麴酒)'라 불렀다. 후에 마천구(馬天衢)의 건의로 정식 명칭이 되어 지금까지 내려오고 있다.

이 술은 신중국 성립 후에도 계속 발전하여 1989년 중국의 마지막 전국 평주회(評酒會)에서 중국 명주로 선정되었다. 이때 중국 명주로 선정된 17종의 백주를 중국 '17대 명주'라 한다. 그러나 같은 사천성에서 생산되는 농향형 백주인 오량액, 노주노교특국, 검남춘, 전홍대국 등에 밀려 판매가 부진하자 여러 가지 자구책을 강구한다. 1996년 증권시장에 상장한 이래 1997년에는 공사 명칭을 '타패실업유한공사'에서 '타패집단유한공사'로 바꾸었고, 2011년에 고급 백주 '사득주(舍得酒)'를 출시하면서 '타패사득집단유한공사'로 개칭했으며 2017년에는 다시 '사득주업고분유한공사'로 개칭했다. 2019년에는 상표를 '타패(沱牌)'와 '사득(舍得)'으로 분리하고 사천타패사득고분유한공사(四川沱牌舍得股份有限公司)로 개칭하여 현재에 이르렀다.

나는 아직 이 술을 마셔보진 못했지만 그 많은 중국 백주 중에서 '17대 명주'에 선정된 것으로 보아 좋은 술임이 틀림없다고 생각한다.

불교의 성지
아미산

중국 4대 불교 명산의 하나

아미산(峨眉山, 어메이산)은 성도에서 남쪽으로 150킬로미터 떨어진 곳에 위치해 있다. 아미산은 대아산(大峨山), 이아산(二峨山), 삼아산(三峨山), 사아산(四峨山)을 합해서 부르는 총칭인데 이중 중요 경구(景區)는 대아산이다. 주봉(主峯)인 만불정(萬佛頂)은 해발 3,099미터, 제2봉인 금정(金頂)도 해발 3,077미터에 달하여 오악(五岳)보다 높고 경치가 빼어나다고 해서 '높기는 오악을 벗어났고 빼어나기는 중국에 으뜸이다(高出五岳秀甲九州)'라는 말이 있다. 아미산은 높이에 따라 아열대, 온대, 아한대(亞寒帶), 한대(寒帶)가 공존할 만큼 기후가 다양해서 2,300여 종의 동물과 3,000여 종의 식물이 자라고 있다. 그리고 1996년에 유네스코 세계자연유산과 세계문화유산으로 지정되었다.

아미산의 명칭에 대해서는 다양한 견해가 있어서 어느 한 가지로 단정하기는 어렵다. 그중에서 이런 이야기가 재미있다. 어느 화가가 이곳의 한 사찰에 와서 한동안 주지 스님과 지내다가 헤어질 때 4폭 그림을 그려 주지 스님에게 주었다. 각 화폭에는 아름다운 아가씨가 그려져 있었다. 옛날에는 미인을 '아미(娥眉)'라 했으므로 화가는 이 그림에 '아미사녀도(娥眉四女圖)'란 제목을 붙였다. 후에 그림 속의 미인들은 고독을 견디지 못하여 사찰 밖으로 뛰쳐나와 4개의 산봉우리가 되었다. 사람들은 '娥' 자를 '峨' 자로 고쳐 첫째 아가씨를 대아산, 둘째를 이아산, 셋째를 삼아산, 넷째를 사아산으로 불러 지금의 아미산이 되었다는 전설이다.

같은 사천성 내에 있는 청성산이 도교의 성지라면 아미산은 불교의 성지이다. 한(漢)나라 시대 이전에는 도교 사원이 많았으나 위진남북조 시대에 불교가 전래된 이래 수·당·송을 거치면서 이 산에 불교 사원이 증가해서 명·청 시대에는 100여 개의 사찰이 있었다고 한다. 현존하는 사찰은 30여 개인데 보국사(報國寺), 만년사(萬年寺), 화장사(華藏寺), 세상지(洗象池), 홍춘평(洪椿坪)은 전국 중점 사찰로 지정되어 있다. 참고로 중국의 4대 불교 성지는 다음과 같다.

- 산서성 오대산(五臺山): 문수보살(文殊菩薩)의 도량
- 절강성 보타산(普陀山): 관음보살(觀音菩薩)의 도량
- 사천성 아미산(峨眉山): 보현보살(普賢菩薩)의 도량
- 안휘성 구화산(九華山): 지장보살(地藏菩薩)의 도량

아미산 풍경 최고봉인 만불정과 그 아래 금정이 구름바다에 떠 있는 모습이다. 아미산은 불교의 성지인데다 자연경관이 빼어나 유네스코 자연유산과 문화유산으로 지정되었다.

이상 4곳의 불교 명산을 각각 금오대(金五臺), 은보타(銀普陀), 동아미 (銅峨眉), 철구화(鐵九華)로 부르기도 한다.

뇌동평에서 떠오른 이백의 시

아미산 주차장에 도착한 우리는 10시 55분에 셔틀버스를 타고 곧장 뇌동평(雷洞坪)으로 향했다. 아미산은 경구(景區)가 넓고 볼 것이 많기 때문에 하루에 다 본다는 것은 불가능하다. 적어도 이틀, 아니면 사흘은 둘러봐야 하지만 우리와 같은 외국 관광객에게는 무리한 일이어서 단기 코스를 택한 것이다.

굽이굽이 산길을 돌면서 셔틀버스 차창 밖으로 보이는 아미산의 풍광은 참으로 아름다웠다. 고도가 점차 높아지면서 산세가 험하다는 것도 느낄 수 있었다. 아미산과 인연이 많은 이백의 시 「아미산에 올라(登峨眉山)」가 생각난다.

촉 땅에 신선 사는 산이 많지만
아득히 아미산을 필적하기 어려워라

두루 돌아 올라서 한번 바라보노라니
기괴한 절경을 어찌 다 찾아가리

짙푸른 봉우리는 하늘 높이 펼쳐 있고
알록달록 색깔은 그림으로 그려낸 듯

상쾌히 자줏빛 노을을 감상하니
과연 비단 주머니 비결을 얻겠네

구름 사이에서 옥피리 불고
바위 위에서 보배로운 슬(瑟)을 타니

평소에 조그마한 바람이 있었는데
웃고 즐기는 일 이제부터 끝이라네

내 얼굴에 신선 모습 있는 것 같아
세속의 번뇌가 홀연히 사라져

혹시라도 양을 탄 자 만나면
손잡고 밝은 태양 넘어가리라

蜀國多仙山　　峨眉邈難匹
周流試登覽　　絶怪安可悉
青冥倚天開　　彩錯疑畫出
泠然紫霞賞　　果得錦囊術
雲間吟瓊簫　　石上弄寶瑟
平生有微尚　　歡笑自此畢
烟容如在顔　　塵累忽相失
儻逢騎羊子　　携手凌白日

"비단 주머니 비결(錦囊術)"은 비단 주머니에 넣어놓은 신선이 되는
비결을 말한다. 한 무제가 여신 서왕모(西王母)로부터 신선이 되는 경전
을 얻어 이를 자줏빛 비단 주머니에 넣어 장안의 백량대(柏梁臺) 위에 올

려놓았다고 한다. "평소에 조그마한 바람"은 아미산에 올라 신선이 되고자 하는 바람을 말하고, "웃고 즐기는 일 이제부터 끝이라네"란 말은 세속의 즐거움을 지금부터 끝낸다는 뜻으로 세속의 즐거움을 초월한 신선이 된다는 말이다. "양을 탄 자"는 갈유(葛由)를 가리키는데, 그는 주나라 성왕(成王) 때 나무를 깎아 양을 만들어 팔았다. 어느 날 그 양을 타고 촉 땅으로 들어가니 그곳의 왕후장상(王侯將相)들이 그를 따라 아미산 남쪽의 수산(綏山)으로 올라갔는데 그를 따라간 사람들은 모두 돌아오지 않고 신선이 되었다고 한다.

이 시는 이백이 중원으로 진출하기 전 20대 초반의 작품으로, 웅장하고 기이하기 짝이 없는 아미산의 청정한 모습을 그려낸 것이다. 선계(仙界)에 대한 이백의 동경이 잘 나타나 있다.

뇌동평은 해발 2,430미터에 있는 건물로 당나라 말에 건설되어 여러 차례 중수를 거듭하다가 현존 건물은 1992년에 지은 것이다. 옛 명칭은 뇌신전(雷神殿)이다. 사람들이 큰 소리로 떠들거나 웃으면 뇌신이 노해서 비바람을 불러일으킨다고 해서 옛날에는 이를 경계하는 '금성철비(禁聲鐵碑)'가 있었다고 한다. '소리를 금하는 쇠로 만든 비'라는 뜻이다. 지금의 뇌동평은 금정(金頂)으로 가는 중간 기착지가 되어서 각종 식당이 영업하는 떠들썩한 장소인데도 뇌신은 노하지 않는다.

우리는 12시 30분에 뇌동평에 도착해서 유향각반점(留香閣飯店)에서 점심을 먹고 도보로 접인전(接引殿)으로 향했다. 나는 함께 가지 않고 식당에 남아 일행이 금정을 관람하고 내려오기를 기다리기로 했다. 2014년 금정에 올랐을 때, 7월인데도 몹시 추워서 오들오들 떨었고 약간

접인전 및 케이블카 정류장 송나라 때 처음 지어진 사찰인 접인전 좌측에 금정까지 운행하는 케이블카 정류장이 있다.

의 고산증까지 겹쳐 고생한 기억이 있었기 때문에 이번에는 가지 않기로 한 것이다. 나중에 금정에 갔다 온 사람들 말을 들으니 날씨가 조금도 춥지 않았다고 했다. 날씨를 예측할 수 없는 것이 높은 산인가 보다. 내가 아미산을 처음 오른 것은 1993년 4월 9일이었는데 그때는 온 산에 눈이 가득해서 발목까지 빠졌다.

접인전(接引殿)은 해발 2,540미터 지점의 사찰로 송나라 때 처음 건설되어 신점(新店)으로 불리다가 명나라 초에 접인전 또는 조양각(朝陽閣)으로 불렸다. 명나라 말에 이 일대가 무너져 사원이 파괴되고 불상들이 흙더미 속에 묻혀 있었는데 1660년에 어느 노인이 이를 안타깝게 여겨 7일간의 단식을 결심하고 눈 속에 앉아서 모금을 했다. 단식 6일째 되던 날 마침 조익황(趙翊皇)이란 사람이 이를 동정해서 성도의 총독에게 권하여 사원을 다시 지었다. 이후로도 여러 차례 화재로 불타고 다시 짓기를 반복한 끝에 현존 건물은 1997년에 중건한 것이다. 1986년에는 이곳 접인전에서 금정까지 운행하는 전장 1,168미터의 케이블카가 개설되었다.

이미산의 상징, 금정

금정(金頂)은 해발 3,077미터로 아미산의 상징과도 같은 곳이다. 금정에 오르면 제일 먼저 눈에 들어오는 것이 '시방 보현보살 동상(十方普賢菩薩銅像)'이다. 시방(十方)은 동서남북과 동북·동남·서남·서북과 상·하의 10개의 방향, 즉 모든 방향을 뜻한다. 보현보살은 실천을 상징하는 보살로 보통 흰 코끼리를 탄 모습으로 모든 불국토에 나타나 교화(敎化)를 맡는다고 알려져 있다. 이곳의 시방 보현보살 동상은 2004년에 착공하여 2006년에 완성한 높이 48미터, 무게 660톤의 거대한 사면불(四面佛)이다. 4마리의 코끼리 위에 연화대를 놓고 그 위에 앉은 시방 보현보살 동상은 3층으로 되어 있는데 머리가 10개이다. 1층은 보현보살의 좌우 반신과 4개의 머리로 이루어져 있고, 2층은 보현보살의 4개의 머리 그리고 3층은 보현보살의 2개의 머리로 이루어져 있다. 높이 48미터는 사십팔대원(四十八大願)을 나타내고 10개의 머리는 십대행원(十大行願)을 나타

금정 해발 3,077미터. 아미산의 상징과도 같은 곳으로, '시방 보현보살 동상'과 화장사, 와운선원 등이 있다. 금정은 일출, 운해, 불광, 성등의 이른바 '금정 4기(四奇)'로 유명하다.

낸다고 한다. 사십팔대원은 아미타불(阿彌陀佛)이 성불하기 전에 중생을 제도하겠다고 세운 48가지 서원(誓願)을 말하고, 십대행원은 보현보살이 세운 10가지 실천의 서원을 말한다. 서원이란 자신이 세운 구체적인 원(願)을 이루겠다고 부처 앞에 맹세하는 것이다.

이 동상은 대만 화련(花蓮)의 불상 석조장 첨문괴(詹文魁)가 제작한 것으로 처음엔 금칠을 했으나 점차 칠이 벗겨져서 2016년에 23만 개의 금박을 붙여 현재의 상태로 만들었다. 이곳이 보현보살의 도량(道場)임을 알려주는 거대한 불상이다.

시방 보현보살 동상 높이 48미터의 3층 사면불이며, 4마리의 코끼리를 타고 앉은 보현보살은 머리(얼굴)가 10개이다. 높이 48미터는 사십팔대원, 10개의 머리는 십대행원을 나타낸다고 한다. 아미산이 보현보살의 도량임을 알려주는 거대한 불상이다.

화장사의 대웅보전과 보현전　대웅보전 뒤에 있는 전각이 보현전이다. '금정'이라 쓴 편액이 달린
보현전은 보통 금전(金殿) 또는 금정(金頂)으로 불린다.

　　금정의 시방 보현보살 동상 뒤에는 화장사(華藏寺)가 있다. 화장사는
3개의 전각으로 이루어져 있는데 미륵전, 대웅보전, 보현전(普賢殿)이 그
것이다. 미륵전에는 미륵보살이 모셔져 있고 조박초(趙樸初)가 쓴 '화장
사(華藏寺)' 편액이 걸려 있다. 대웅전에는 삼신불(三身佛)이 안치되어 있
다. 삼신불은 비로자나불(毗盧遮那佛)인 법신불(法身佛), 노사나불(盧舍那
佛)인 보신불(報身佛) 그리고 석가모니불인 응신불(應身佛)을 일컫는 말
이다. 보현전에는 코끼리를 타고 있는 보현보살상이 있는데 이 보현전
을 금전(金殿) 또는 금정(金頂)이라 부른다. 편액인 '금정(金頂)'은 당나라
유공권(柳公權)의 글씨를 집자한 것이다.

금정은 일출, 운해(雲海), 불광(佛光), 성등(聖燈)의 이른바 '금정 4기(金頂四奇)'로 유명하다. 이중 불광은 특수한 자연조건 아래서 태양이 수증기를 투과하면서 생기는 현상인데 이를 신등(神燈), 불등(佛燈)이라 하여 신성시했다. 성등은 아미산에 풍부한 인회석(燐灰石)이 발산하는 인화수소(燐化水素)가 적당한 기온의 공기 중에서 연소하면서 나타나는 녹색의 불빛인데 이 또한 보광(寶光), 상광(祥光)이라 하여 신성시했다.

만년사 무량전전

　우리는 금정을 관람하고 내려와 뇌동평에서 4시 10분에 셔틀버스를 타고 약 1시간쯤 내려가서 다시 케이블카에 올라 만년사(萬年寺)로 향했다. 케이블카에서 내려 만년사에 도착한 것이 5시 40분인데 6시에 문을 닫는다고 해서 급히 경내를 둘러보았다. 성도 시내에서 출발하여 당일로 아미산을 관람하기 위해서는 우리가 왔던 대로 금정을 보고 하산하는 길밖에 없었다. 뇌동평에서 곧장 하산했어야 하지만 그러기에는 너무 서운해서 내가 만년사를 꼭 보도록 했던 것인데 이렇게 늦어버렸다.

　해발 1,020미터에 위치한 만년사는 아미산 8대 사원 중 가장 오래된 것으로 진(晉)나라 융안(隆安) 연간(397~401)에 혜지대사(慧持大師)가 창건했으며 처음 명칭은 보현사(普賢寺)였다가 876년에 백수사(白水寺)로 개칭했고 북송 때 다시 백수보현사로 개칭했다. 이후 명나라 만력(萬曆) 황제 신종(神宗)이 1600년 모친의 칠십 수를 축하하기 위해 무량전전(無

만년사 무량전전 '대들보가 없는(無梁) 벽돌 전각(磚殿)'으로 만년사에서 가장 이채로운 건축물이다. 400여 년간 수십 차례의 지진에도 한 번도 붕괴된 적이 없다고 한다. 전국중점문물보호단위로 지정되어 있다.

梁磚殿)을 신축한 후 성수만년사(聖壽萬年寺)로 개칭했다. 이후 만년사는 잦은 화재로 소실되고 다시 건축되기를 반복했는데 현존 건물은 1946년 화재로 무량전전 이외의 건물이 모두 소실된 것을 다시 지은 것이다.

만년사에서 가장 이채로운 건물은 무량전전(無梁磚殿)이다. 이 건물은 명칭이 가리키듯 '대들보가 없는(無梁) 벽돌 전각(磚殿)'이다. 대들보도 없고 기둥도 없이 나무를 하나도 사용하지 않고 순전히 벽돌로만 지은 건축물이다. 건물 전체의 모습은 위는 둥글고 아래는 사각형으로 되어 있어 천원지방(天圓地方, 하늘은 둥글고 땅은 네모지다)을 상징한다고 한

무량전전의 보현보살 동상 중앙에 흰 코끼리를 타고 앉은 거대한 보현보살 동상이 있고, 벽에는 1,080위의 각종 불상이 안치되어 있다.

다. 그리고 정문과 뒷문의 윗부분을 무지개 모양으로 반쯤 둥글게 만들어 형태가 같은 두 문이 마주보고 있는 구조이다. 무량전전 정문 위에는 신종 황제가 쓴 '성수만년사(聖壽萬年寺)' 편액이 달려 있다. 이 건물은 400여 년간 18번의 지진에도 붕괴되지 않았다고 한다. 전국중점문물보호단위로 지정되어 있다.

건물 내부 사면 벽에는 1,080위의 각종 불상이 안치되어 있고 중앙에 코끼리를 타고 앉은 거대한 보현보살 동상이 놓여 있다. 동상 전체의 높이는 7.38미터, 무게는 62톤에 달한다. 이 동상은 980년에 송나라 태종이 불교 진흥을 위해서 당시 백수사의 무진화상(茂眞和尙)을 불러 황금 3,000냥을 하사하고 이 돈으로 만들도록 한 것이다. 동상의 제작 연대를 1012년으로 보기도 한다. 보현보살이 앉아 있는 코끼리는 특이하게도 상아가 6개인 흰 코끼리로 높이가 3.13미터이다. 이 코끼리 등 위에 높이 1.3미터의 연화좌(蓮花座)가 있고 그 위에 3.64미터의 보현보살상이 앉아 있다. 전체적으로 규모가 크면서도 정교하게 만들어져 코끼리의 눈이나 목 주위의 주름까지 섬세하게 표현되어 있다.

이 거대한 동상의 제작에 대하여 여러 가지 견해가 있다. 동상을 성도 시내에서 제작하여 이곳으로 옮겼을 것이란 견해가 있는데, 어떻게 높은 산 속으로 운반할 수 있었는가에 대한 의문이 따른다. 또 동상을 108조각으로 나누어 만든 후 만년사로 가지고 와서 붙여 조립했다는 견해가 있다. 이 경우는 당시의 용접 기술에 대한 자세한 연구가 있어야 한다. 이밖에 보살 머리 부분의 섬세한 장식은 성도에서 제작하고 나머지는 만년사 현지에서 만들었을 것이란 견해도 있다. 이들 견해 중에서 어느 것이 옳은지 아직까지 결론은 나지 않았다. 이 보현보살 동상도 국가 중점문물보호단위로 지정되어 있다. 말하자면 국가급 문화재인 셈이다.

만년사의 세 가지 보물

무량전전 뒤편의 행원루(行愿樓)에는 '만년사 삼보(三寶)'라 일컬어지는 불아(佛牙), 패엽경(貝葉經), 어인(御印)이 보관되어 있다. 불아는 송나

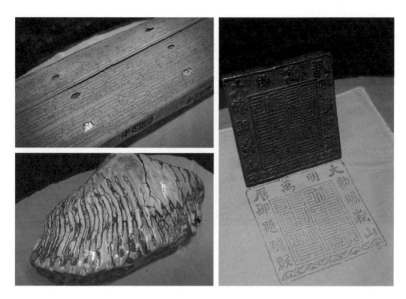

불아, 패엽경, 어인 만년사 삼보(三寶)이다. 불아는 부처님 이로 여기는 상아를 말하고, 패엽경은 패다라수 잎에 쓴 불경, 어인은 신종 황제의 인장이다.

라 때 한 승려가 스리랑카에서 가져온 것으로 길이가 42.66센티미터, 무게가 6.5킬로그램인 상아(象牙)이다. 전문가들의 감정 결과 이것은 20만년 전의 상아임이 밝혀졌는데 진귀한 물건이기 때문에 '부처님 이빨'이란 뜻의 '불아'로 부르고 만년사의 보물로 여겼다.

패엽경은 패다라수(貝多羅樹)의 잎에 쓴 불경을 말한다. 만년사가 소장하고 있는 패엽경은 모두 246매인데 여기에는 고대 인도어인 범어(梵語)로『화엄경』전문이 쓰여 있다. 이것은 인도의 한 승려가 황실에 바친 것인데 명나라 신종 황제의 모후인 자성태후(慈聖太后)가 만년사에 하사한 것이다.

어인(御印)은 신종 황제의 인장이다. 자성태후가 백수보현사(지금의 만년사)에 불공을 드려서 낳은 아들이 신종인데 그가 어머니의 칠십 수를 축하하기 위하여 백수보현사에 무량전전을 신축하고 하사한 어인이다. 사방 13센티미터의 동인(銅印)인데 가운데 '보현원왕지보(普賢愿王之寶)'라 새겨져 있고, 위에 '대명만력(大明萬曆)', 왼쪽에 '어제전전(御題磚殿, 황제가 벽돌 전각에 이름을 붙이다)', 오른쪽에 '칙사아산(勅賜峨山, 황제가 아미산에 하사하다)'이란 문자가 새겨져 있다. 재질이 동(銅)이지만 이를 금인(金印)이라 불러 귀한 보물로 여기고 있다.

거문고 타는 승려와 시를 주고받은 이백

만년사의 연못 백수지(白水池)에는 다음과 같은 이야기가 전한다. 만년사의 광준(廣浚) 스님은 거문고를 잘 탔는데 그는 매일 염불을 마치면 향을 피우고 거문고를 탔다. 스님이 거문고를 타면 산새도 와서 듣고 백수지의 청개구리도 울음을 그치고 경청했다. 어느 날 황혼 무렵에 염불을 마친 스님이 비로전(毗盧殿) 뒤에서 거문고를 타는데 녹색 치마를 입은 처녀가 듣고 있었다. 스님이 어디에 사느냐고 물으니 근처에 사는데 거문고를 좋아한다며 매일 와서 스님의 거문고 소리를 들었고 또 거문고를 가지고 와서 스님으로부터 거문고 타는 법을 배우기도 했다.

스님이 입적(入寂)한 후에는 처녀가 오지 않았지만 매일 황혼 무렵이 되면 비로전 뒤에서 스님의 거문고 소리가 들렸다. 백년사 스님들이 괴

이하게 여겨 소리 나는 곳으로 가보니 청개구리들이 백수지 안에서 거문고 소리를 내고 있었는데 스님의 거문고 소리와 비슷했다. 이에 스님들은 매일 와서 거문고 소리를 듣던 처녀가 청개구리(靑蛙)의 화신임을 알았다. 사람들은 이 개구리를 '탄금와(彈琴蛙, 거문고 타는 개구리)'라 불렀다. 이후 사람들이 백수지 앞에서 손뼉을 치면 개구리 한 마리가 거문고 소리를 내고 이어서 여러 개구리가 함께 거문고 소리를 냈다. 말하자면 이 개구리가 광준 스님의 수제자인 셈이다.

만년사에는 광준 스님과 이백에 관한 이야기도 전해지고 있다. 이백이 24세에 부친과 이별한 후 중원으로 진출하기 전 만년사에 한동안 머문 적이 있는데 이때 30세가량의 광준 스님과 시를 주고받으며 친교를 다졌다. 이백은 매일 비로전 뒤의 백수지에서 스님의 거문고 소리를 듣고 음악과 시와 세상사에 대해서 대화를 나누었다. 이백이 만년사를 떠나면서 스님에게 다음과 같은 시를 써주었다고 한다.

촉 땅의 승려가 녹기금 안고서
서쪽 아미산 봉우리에 내려왔다네

나를 위해 손 한번 휘두르니
일만 골짜기 솔바람 소리 듣는 듯하네

나그네 마음, 흐르는 물에 씻겨나가고
여음(餘音)은 상종(霜鍾)으로 들어가누나

어느덧 푸른 산은 저물어가고
어두운 가을 구름 몇 겹이런가

蜀僧抱綠綺　西下峨眉峰
爲我一揮手　如聽萬壑松
客心洗流水　餘響入霜鍾
不覺碧山暮　秋雲暗幾重

「촉 땅 승려 준의 거문고 소리를 듣고(聽蜀僧濬彈琴)」라는 제목의 시이
다. 그런데 시 제목의 '濬'이 '濬'으로 다르게 표기된 판본이 있다. 그리
고 연구자들은 이백의 또 다른 시 「선주 영원사 중준공에게 드리다(贈宣
州靈源寺仲濬公)」의 '중준(仲濬)'이 '濬' 또는 '濬'과 같은 인물로 보고 있
다. 「선주 영원사 중준공에게 드리다」는 이백이 53세 때(753년) 안휘성
선성(宣城)의 경정산(敬亭山)에 있는 영원사를 방문하고 쓴 시이다. 이백
이 아미산을 떠난 지 30년 후에 경정산 영원사에서 광준 스님을 다시 만
난 것이다. 「촉 땅 승려 준의 거문고 소리를 듣고」도 같은 시기에 쓴 것으
로 보고 있다.

　만일 「촉 땅 승려 … 」를 753년 경정산 영원사에서 스님을 만나서 쓴
것이라면 이 시의 제2구 "서하아미봉(西下峨眉峰)"을 다시 해석해야 한
다. 즉 "서쪽 아미산 봉우리에 내려왔다네"를 "서쪽 아미산 봉우리에서
내려왔다네"로 고쳐야 한다. 그러나 만년사 측에서는 광준(廣濬) 스님을

백수지와 녹기정 '거문고 타는 개구리(彈琴蛙)'가 살았었다는 연못 백수지와 그 앞의 '녹기정' 편액이 걸린 회랑. 이 회랑은 이백이 거문고 소리를 듣던 곳이라 한다.

'浚' 또는 '濬'과 동일 인물로 보고 이백이 아미산에서 스님에게 시를 써 준 것이라 여겼다. 이 글에서는 일차적으로 이백이 아미산을 떠날 때 쓴 것으로 보고 해석했다.

「촉 땅 승려 … 」에서 '녹기금(綠綺琴)'은 한(漢)나라 사마상여(司馬相 如)가 양 효왕(梁孝王)으로부터 받은 거문고의 이름인데 후대에는 널리 거문고의 대명사로 쓰였다. '손을 한번 휘두른다'는 것은 거문고를 탄다 는 뜻이다. "나그네 마음, 흐르는 물에 씻겨나가고"에서의 '흐르는 물'은 거문고 소리를 가리킨다. 제6구의 뜻은 이렇다. 『산해경(山海經)』에 "풍 산(豐山)에 아홉 개의 종이 있어서 서리가 내리면 종이 울린다"는 기록이 있는데, 이 시에서는 서리[霜]를 거문고 소리에 비유하고 이백 자신을 종(鐘)에 비유하여 종이 서리에 감응하여 울리듯이 이백 자신도 승려의 거문고 소리에 감응한다는 것이다. 즉 거문고 타는 승려와 거문고 소리를 듣는 이백과의 교감을 나타낸 표현이다. 이 시는 청나라 건륭 29년(1764년)에 편찬된 『당시 삼백수』에도 수록된 이백의 대표작 중의 하나이다.

지금 만년사에는 백수지가 보존되어 있다. 우리가 갔을 때는 날이 저물었고 또 대문을 닫는 시간이 임박해서 나는 이리저리 뛰어다니면서 백수지를 찾았다. 드디어 사각형으로 된 연못을 발견하고 지나가는 스님에게 서툰 중국어로 "이곳이 백수지입니까?"라 물으니 그렇다고 답했다. 그런데 연못 사방에 시멘트 담장이 둘러쳐 있어서 광준 스님이 그 옆에 앉아 거문고를 타며 이백과 대화를 나누는 그런 분위가 아니었다. 시멘트 담장 안쪽으로는 잡초가 무성하게 자라고 있었으며 연못 속엔 금붕어들이 헤엄치고 있었다.

원래 이 자리는 아미산 10경 중의 하나인 '백수추풍(白水秋風)'의 현장이다. 만년사 주위는 가을이 되면 온 산이 단풍으로 붉게 물들고 가을바람이 숲에 물결을 이루는데다 백수지의 거문고 타는 개구리(彈琴蛙)가 가을바람 소리에 반주라도 하는 듯해서, 가을날 백수지에서 바라보는 풍경을 '백수추풍'이라 하여 아미산 10경의 하나로 삼은 것이다. 이 연못가에 '이백청금처(李白聽琴處, 이백이 거문고 소리를 듣던 곳)'란 긴 회랑이 있고 '녹기정(綠綺亭)'이라 쓴 편액도 달려 있다.

우리는 쫓기듯 급히 만년사를 둘러보고 서둘러 6시 30분에 마지막 케

만년사 주변 풍광 만년사 주위는 가을에 온 산이 단풍으로 붉게 물들어 참으로 아름답다. '가을 날 백수지(동그라미 표시된 곳)에서 바라보는 풍경(白水秋風)'을 아미산 10경의 하나로 꼽는다.

이블카를 타고 하산했다. 산속이라 날은 벌써 어두웠다. 케이블카에서 내리니 아미산 주차장으로 가는 셔틀버스가 끊어졌다. 이곳에서 우리가 아침에 타고 온 전용 버스가 있는 아미산 주차장까지는 상당히 멀어서 도보로는 도저히 갈 수 없는 거리였다. 30여 분을 기다린 끝에 가이드가 이리저리 주선을 해서 7인용 개인 영업차 5대를 불러와 주차장까지 갈 수 있었다. 우리는 전용 버스를 타고 아미산 시내의 세기양광주점(世紀陽光酒店, Century Sunshine Hotel)에 투숙했다. 2011년에 문을 연 5성급 호텔인데 비교적 시설이 좋았다.

이렇게 해서 당일치기 아미산 관람을 끝냈다. 우리는 비록 금정에 오르고 아미산 최대의 사원인 만년사도 둘러보았지만 가보지 못한 곳이 너무 많았다. 그래서 만년사와 더불어 아미산의 2대 사찰로 불리는 보국사(報國寺)를 잠시 소개하기로 한다. 보국사는 아미산 기슭에 있다. 내가 예전에 다녀온 기억을 되살리고 관련 문헌의 도움을 받아 살펴본다.

아미산 유람의 기점 보국사

보국사는 아미산 봉황평(鳳凰坪) 아래 위치한 사원으로 아미산 유람의 기점이라 할 수 있다. 이 사찰은 아미산 불교협회의 소재지이며 아미산 불교 활동의 중심지이다. 명나라 만력(萬曆) 43년(1615년) 명광도인(明光道人)이 건립한 이 사찰의 원래 이름은 회종당(會宗堂)이었다. '회종당'이란 유, 불, 도 3교를 통합한다는 뜻으로 여기에서는 원래 불교의 보현보살, 도교의 광성자(廣成子, 노자의 화신으로 아미산에서 득도했다고 함), 유교의 광접여(狂接與, 춘추시대 초나라의 은사로 아미산에 은거했다고 함)를 함께 모셨다고 한다. 복호사(伏虎寺) 맞은편에 있던 회종당은 청나라 초에 이곳으로 이전했고 1703년에 강희 황제가 '보국사(報國寺)' 어필을 하사하여 지금의 명칭으로 삼았다.

산문(山門)에는 강희 황제가 쓴 '보국사(報國寺)' 편액이 걸려 있고 편액 좌측에 '보방광명(普放光明)', 우측에 '학주운귀(鶴駐雲歸)'라 쓴 편액

보국사 만년사와 더불어 아미산의 2대 사찰로 불리며 아미산 사찰 중에서 규모가 가장 크다. 아미산 유람의 기점이다.

이 걸려 있다. '보방광명'은 '밝은 빛을 두루 펼치다'라는 뜻인데, 아미산에서는 낮에는 불광(佛光)이 밤에는 성등(聖燈)이 산을 두루 비춘다고 해서 불교에서 아미산을 대광명산(大光明山)이라 부른 데에 근거하여 만든 문구이다. '학주운귀'는 '학이 머물고 구름이 돌아온다'는 뜻으로 보국사는 학이 머물 만큼 신성하고 아미산은 구름이 돌아올 만큼 높다는 말이다. 산문 바깥 기둥의 대련은 이렇다.

鳳凰展翅朝金闕 (봉황전시조금궐)

鐘磬頻聞落玉階 (종경빈문락옥계)

봉황이 날개를 펴서 금궐에 조회하고
옥 섬돌에 떨어지는 종소리 자주 들리네

보국사 앞에는 봉황보(鳳凰堡)가 있고 뒤에는 봉황평(鳳凰坪)이 있으며, 좌측엔 봉황호(鳳凰湖)가 우측엔 내봉정(來鳳亭)이 있어서 마치 사방에서 봉황이 금궐, 즉 보국사에 조회하는 듯하다는 것이 상련의 뜻이다. 하련은 보국사의 종소리로 청정한 분위기를 나타내었다.

'보국사' 편액 안쪽에 '보조선림(普照禪林)'이라 쓰인 편액이 있다. '선림'은 선종(禪宗) 사원이고 '보조'는 '두루 비춘다'는 뜻으로 앞에서 본 '보방광명'과 같은 뜻이다. 이 '보조선림' 편액의 양쪽 기둥에 또 이런 대련이 걸려 있다.

獨思喩道 (독사유도)
敷坐說經 (부좌설경)

혼자서 생각하여 도를 깨우치고
자리를 펴고 앉아 불경을 강론하다

산문에는 사천왕상이 버티고 있다. 사천왕은 동방 지국천왕(持國天王), 남방 증장천왕(增長天王), 서방 광목천왕(廣目天王), 북방 다문천왕(多聞天王)으로, 동서남북 사방에서 불법을 지키고 보호하는 수호신이다.

보국사 성적만종 1564년에 주조된 거대한 동종(銅鐘)으로 높이가 2.8미터, 무게가 12.5톤에 달한다. 30리 밖에까지 종소리가 들린다고 한다.

산문 맞은편의 성적만종정(聖積晚鐘亭) 안에 성적사 동종(聖積寺銅鐘)이 있다. 이 종은 원래 아미산의 성적사에 있던 것인데 1959년 성적사가 문을 닫으며 방치되었다가 1978년에 이곳으로 옮겨졌다. 종은 1564년에 주조된 것으로 높이가 2.8미터, 무게가 12.5톤에 달하는 거대한 종이어서 30리 밖에까지 종소리가 들린다고 한다. 또 이 종에는 진·당(晉唐) 이후의 역대 제왕, 아미산과 관련 있는 문무관원, 고승, 종 제조에 성금을 낸 사람들의 이름과 함께 아함경(阿含經) 전문과 홍종소(洪鐘疏) 명문(銘文) 등 모두 6만여 글자가 새겨져 있다. 전하는 말로는 민국 초에 사천도

보국사 미륵전 미륵불상 배를 드러내놓고 파안대소하는 특이한 모습의 중국적 미륵불이다.

독(四川都督) 윤창형(尹昌衡)이 이 종을 녹여서 동전(銅錢)을 만들려고 하다가 승려들의 거센 반발로 뜻을 이루지 못했다고 한다.

산문을 들어서면 미륵전(彌勒殿)이 보인다. 미륵보살은 석가모니 입적 후 56억 7천만 년 만에 인간 세상에 내려와 중생을 구제한다는 미래불이다. 여기에 모셔져 있는 미륵불은 배를 드러내놓고 파안대소하는 특이한 모습의 중국적 미륵불이다.(중국적 미륵불에 대해서는 졸저『중국 인문 기행』제2권 209면 이하 참조) 이 기이한 모습의 미륵불을 두고 쓴 미륵전의 주련이 재미있다.

　　　開口便笑 笑古笑今 凡事付之一笑 (개구편소 소고소금 범사부지일소)
　　　大肚能容 容天容地 于人無所不容 (대두능용 용천용지 우인무소불용)

　　　입 벌리면 문득 웃는데
　　　예(古)를 웃고 지금을 웃어
　　　모든 일을 한 웃음에 부치네

커다란 배는 (모든 것을) 담을 수 있어

하늘을 담고 땅도 담는데

담을 수 없는 사람이 없도다

미륵전 후면에는 여느 사원에서와 마찬가지로 갑옷을 걸친 위타보살 (韋陀菩薩)이 대웅전을 바라보며 부처님을 지키고 있다.

미륵전 뒤의 대웅전에는 중앙에 석가모니상이 있고 왼쪽에 문수보살상, 오른쪽에 지장보살상이 있다. 석가모니상 좌우에 "보상장엄(寶相莊嚴) 공덕원묘(功德圓妙)"란 대련이 걸려 있다. '보상'은 부처님의 장엄한 모습이고, '공덕원묘'는 부처님의 공덕이 원만하고 오묘하다는 뜻이다. 대웅전 좌우에는 십팔나한상이 있고 석가모니상 뒤에는 중생을 서방 극락세계로 이끈다는 아미타불상(阿彌陀佛像)이 있다.

칠불전(七佛殿)에는 석가모니와 그 이전에 세상에 출현했다고 하는 6명의 불타(佛陀)를 모시고 있다. 불교에서는 누구나 부처가 될 수 있으므로 석가모니 이전에도 깨달음을 얻어 성불(成佛)할 수 있다. 이 석가모니 이전에 성불한 6명의 부처를 과거불이라 하는데 여기에 석가모니를 합하여 칠불이라 한다. 칠불은 비바시불(毘婆尸佛), 시기불(尸棄佛), 비사부불(毘舍浮佛), 구류손불(拘留孫佛), 구나함모니불(拘那含牟尼佛), 가섭불(迦葉佛) 그리고 석가모니불이다.

칠불은 연화대(蓮花臺) 위에 가부좌를 하고 앉아 있다. 연화대 아래에는 여러 개의 작은 조각상이 붙어 있는데 이것이 금강역사(金剛力士)라는 견해와, 석가모니가 수행 시절에 구출해준 아귀(餓鬼)가 부처의 은혜에 보답하기 위하여 연대 밑에서 불경을 들으며 부처님을 보호하고 있다는 견해가 있다. 칠불전 건물에는 다음과 같은 주련이 걸려 있다.

功德逾恒河 七寶莊嚴大千世界 (공덕유항하 칠보장엄대천세계)
層峰摩霄漢 三峨雄秀伯仲崑崙 (층봉마소한 삼아웅수백중곤륜)

(부처님) 공덕이 갠지스강을 넘어서
칠보 장엄한 대천세계 이루었네

겹겹 봉우리가 하늘에 높이 솟아
아미산 빼어나 곤륜산에 버금가네

인도에서 발생한 불교가 갠지스강을 넘어 중국으로 전래되어 보국사와 같은 장엄한 사찰을 탄생시켰다는 것이 상련의 뜻이다. '칠보장엄'은 불교의 건축물이 웅장하고 화려함을 말한다. 하련은 보국사가 있는 아미산이 높고도 수려하여 곤륜산과 우열을 다툴 만하다는 뜻이다.

칠불전 뒤의 건물이 보현전(普賢殿)이다. 아미산이 보현보살의 도량인 만큼 당연히 있어야 할 전각이다. 안에는 육아백상(六牙白象), 즉 여섯 개의 상아를 가진 흰 코끼리 위에 앉은 보현보살상이 있다. 보현전 위층이 장경루(藏經樓)인데 여기에는 조맹부(趙孟頫)의 「왕우군 난정서(王右軍蘭亭序)」를 비롯해서 정판교(鄭板橋), 강유위(康有爲), 장대천(張大千), 서비홍(徐悲鴻) 등의 서화 작품이 소장되어 있다.

보국사 보현전 보현보살상 여섯 개의 상아를 가진 흰 코끼리 위에 보현보살이 앉아 있다. 아미산이 보현보살의 도량인 만큼 보국사에 보현전을 따로 세운 것이다.

아미산에서 이백을 추억하다

이밖에 보국사에는 국가 1급 보호식물인 '사라(桫欏)'가 있다. 사라는 고사리과 식물로 1억 8천만 년 전 중생대의 쥐라기 시대에 공룡과 함께 살던 식물이다.

또한 아미산에는 복호사(伏虎寺), 청음각(淸音閣), 홍춘평(洪椿坪), 선봉사(仙峰寺), 세상지(洗象池) 등의 볼거리가 있지만 이번 여행에서는 가볼

수가 없었다. 아미산을 떠나면서 나는 이런 시를 지어보았다. 제목을 「아미산에서 이백을 추억하다(峨眉山憶李白)」라 했다.

당년에 이백이 이 산을 떠나
평생토록 나그네로 돌아오지 못했네

적선이 남긴 시는 아직 남아 있는데
흰 구름만 홀로이 한가롭게 가버리네

李白當年出此山　平生作客未歸還
謫仙遺韻今猶在　唯有白雲獨去閑

곽말약의
고향 옛집

문학가, 역사학자, 정치가
곽말약이 나고 자란 옛집
곽말약기념관과 곽말약문화원

문학가, 역사학자, 정치가

기행 6일째, 마지막 날인 오늘 일정은 곽말약고거(郭沫若故居)와 낙산대불(樂山大佛) 그리고 삼소사(三蘇祠)를 둘러보는 일이다. 먼저 곽말약고거를 찾았다.

곽말약(1892~1978)은 현대 중국의 고고학자이며 역사학자이고 시인이며 극작가이기도 했다. 또한 그는 정치가이자 혁명가로서도 뚜렷한 족적을 남긴 대표적인 지식인이다. 그의 본명은 곽개정(郭開貞)이고 말약은 필명이다. '沫'은 그의 집 앞을 흐르는 민강(岷江)의 지류인 말수(沫水)로 현재의 명칭은 대도하(大渡河)이며, '若'은 옛 강 이름인 약수(若水)로 역시 그의 집 근처를 흐르는 아롱강(雅礱江)이다. 그는 이 두 강의 첫 글자를 따서 필명으로 삼은 것이다.

곽말약의 고향 옛집 • 351

곽말약고거 곽말약이 태어나서 소년 시절을 보낸 곳으로 정문에는 '정수지문(貞壽之門)'이라 쓰인 편액이 걸려 있다.

어려서 고전을 공부한 그는 1913년 중학을 졸업한 이듬해 일본으로 건너가 도쿄제일고등학교 예과를 다닌 후 1918년에 규슈(九州)제국대학 의학부에 입학했다. 1921년에는 상해에서 욱달부(郁達夫), 성방오(成仿吾) 등과 함께 5·4 신문화운동 초기의 문학단체인 창조사(創造社)를 결성했으며 이해에 낭만주의 시집 『여신(女神)』을 출간했다. 1922년에 규슈제국대학을 졸업하고 귀국한 그는 1924년 다시 일본으로 건너가 일본의 유명한 맑스주의 경제학자 가와카미 하지메(河上肇)가 쓴『사회조직과 사회혁명』을 번역하면서 그 영향을 받아 맑스주의자로 변신했다.

1927년에 주은래, 주덕, 하룡(賀龍) 등과 같이 8·1남창봉기에 참여하고 중국공산당에 가입했다. 국민당의 탄압이 심해지자 1928년에 주은래의 권유로 다시 일본으로 가서 약 10년간 중국 고대사 연구에 몰두하여『중국고대사회 연구』『갑골문자 연구』『은주 청동기 명문 연구(殷周靑銅器銘文研究)』등을 저술했다. 1937년 청일전쟁이 벌어지자 귀국하여 항일 군사위원회 정치부 제3청 청장직을 맡아 항전 문예 작업을 지휘했다.

신중국 성립 후에는 정무원 부총리 겸 문화교육위원회 주임, 중국과학원 원장, 중국과학기술대학교 교장, 중국문학예술계연합회(문련) 제2·3대 주석을 연임했다. 또한 중국공산당 제 9·10·11차 대표대회에서 중앙위원에 피선되었다. 그후로도 정치계와 문화계에서 정열적으로 활동하다가 1978년 86세를 일기로 서거했다.

곽말약이 나고 자란 옛집

사천성 낙산시(樂山市, 러산시)에 있는 '곽말약고거 경구(景區)'는 곽말약고거, 곽말약기념관, 곽말약문화원으로 이루어져 있다. 이 경구는 앞으로 말수(沫水)인 대도하가 흐르고 뒤에는 아미산의 제2봉(이아산)인 수산(綏山)이 굽어보고 있다. 여기서 아미산까지는 20킬로미터에 불과하다.

고거 안쪽의 곽말약상과 '분양세제(汾陽世第)' 편액 안사의 난을 평정한 공로로 분양왕(汾陽王)에 봉해진 당나라 명장 곽자의(郭子儀)의 후예임을 자처했기 때문에 이런 편액이 붙은 것이다.

고거(故居)는 청나라 가경(嘉慶) 연간(1796~1820)에 지은 것으로 1980년에 수리한 후에 정식으로 대외에 개방되었다. 2006년에는 '전국 중점문물보호단위'로 지정되었다. 고거의 정문에는 '정수지문(貞壽之門)'이라 쓰인 편액이 가로로 걸려 있고 그 밑에 세로로 '곽말약고거(郭沫若故居)' 편액이 걸려 있는데 원래는 주은래의 부인 등영초(鄧穎超)가 썼다고 하나 지금 보고 있는 것은 서예가 계공(啓功)의 글씨다.

이 집은 곽말약이 태어나서 소년 시절을 보낸 곳으로 여기에는 그가 유년 시절에 읽었던 서적과 학습자료 등이 보존되어 있다. 고거 안쪽에 '분양세제(汾陽世第)'란 편액이 보이는데, 이는 곽말약 집안이 안사(安史)의 난을 평정한 당나라 명장 곽자의(郭子儀)의 후예임을 자처하고 곽자의가 후에 분양왕(汾陽王)에 봉해졌기 때문에 이런 명칭을 붙인 것이다. 이 편액 밑에는 곽말약의 반신상이 놓여 있다.

36개의 방이 있는 이 집엔 곽말약 부모의 거실도 보존되어 있고 그 맞은편에는 곽말약의 첫 부인 장경화(張瓊華)의 거실도 있다. 곽말약은 첫 부인과 결혼한 지 5일 만에 집을 떠났고 장경화는 이후 68년간 수절했다고 한다. 그가 결혼한 지 5일 만에 집을 떠난 것은, 결혼한 지 3일 만에 집을 떠난 노신(魯迅, 루쉰, 1881~1936)과 꼭 닮았다. 노신의 아내 주안(朱安)이 평생 수절한 것도 곽말약의 아내 장경화와 닮았다. 중국인들이 존경했고 거의 같은 시대를 살았던 중국 최고의 지식인 노신과 곽말약이 다같이 첫 결혼에 실패한 것은 봉건적 결혼 풍속의 결과일 것이다.(노신에 관해서는 졸저 『중국 인문 기행』 제2권 65면 이하에 자세하다.)

곽말약은 그후 일본인 사토 토미코(佐藤富子)와의 사이에서 4남 1녀를 두었고 재혼한 우립군(于立群)과의 사이에서 4남 2녀를 두었다. 집 뒤편에는 '수산관(綏山館)'이란 편액이 달린 가숙(家塾), 즉 곽말약이 어렸을 때 글을 읽던 서당이 있고 여기에 어린 곽말약과 스승 심환장(沈煥章)의 소상이 있다.

곽말약기념관 앞의 곽말약 동상

곽말약기념관과 곽말약문화원

곽말약 탄생 100주년이 되는 1992년에 고거 후원 밖에 곽말약고거 박물관을 건립했는데 탄생 120주년이 되던 2012년에 이 박물관을 곽말약기념관과 곽말약문화원으로 개조했다. 기념관은 매우 단순하게 추상적으로 지은 건물로 그 앞에 의자에 앉은 곽말약 동상이 있다. 내부에는 '군자말수래(君自沫水來, 그대는 말수로부터 왔다)' '국지동량주(國之棟梁柱,

나라의 대들보), '문예신창조(文藝新創造, 문예의 새로운 창조)' '사학개굉(史學開宏, 사학을 넓히다)'의 4개 부분으로 나누어 그의 문학예술, 역사학, 고고학, 사상문화, 과학교육, 사회활동의 성취 등을 여러 가지 자료와 도표로 전시하고 있다. 후원에는 10여 개의 '곽말약 서법비랑(書法碑廊)'이 있어 그의 필체를 엿볼 수 있다. 그는 서예에도 상당한 조예가 있었는데 특히 행서(行書)와 초서(草書)에 능했다고 한다. 지금 중국 전역의 명승고적 편액은 곽말약과 조박초(趙樸初)의 글씨가 가장 많다. 그만큼 곽말약의 글씨가 유명하다.

　곽말약문화원에는 곽말약 소년 시기의 환경을 나타내는 조각품들이 전시되어 있다. 문화원은 각종 수목이 가꾸어져 있는 등 일종의 공공 공원처럼 조성되어 있다. 여기에는 곽말약 사후에 세운 5층으로 된 문표탑(文豹塔)이 있다. 문표(文豹)는 곽말약의 유명(乳名, 아이 때의 이름)인데 그의 어머니가 임신 중에 표범이 자기 왼손을 물어뜯는 꿈을 꾸고 곽말약을 낳았다고 해서 붙여준 이름이다. 문화원 앞의 거리 이름도 문표가(文豹街)이다.

세계 최대의
석조불상
낙산대불

해통선사의 모금으로 90년 만에 완공

낙산시 서남부에 위치한 낙산대불(樂山大佛, 러산다포)은 민강(岷江), 청의강(靑衣江), 대도하(大渡河)의 3강이 합치는 절벽에 조성된 높이 71미터의 거대한 미륵 좌불(彌勒坐佛)이다. 자고로 이곳은 물길이 험해서 특히 홍수가 나면 오고 가는 배들이 전복되거나 파괴되어 인명 피해가 심한 곳이다. 이를 안타깝게 여긴 당나라 해통선사(海通禪師)가 희생당하는 중생을 구제하기로 결심한다. 그는 강물 밑에 괴물이 있다고 생각하여 미륵불을 만들어 부처의 힘으로 괴물을 물리치려고 했다.

그는 건설 비용을 마련하기 위해 20년간 천하를 돌며 모금을 하여 당나라 현종 1년(713년)에 공사를 시작했다. 산의 바위를 깎아서 대불의 머리부터 만들기 시작하여 밑으로 깎아 내려갔다. 그러나 대불(大佛)의 어

위에서 내려다본 낙산대불 경구 민강, 청의강, 대도하의 3강이 합치는 지점인 능운산 절벽에 거대한 미륵 불상이 조성되어 있다. 낙산대불은 유네스코 세계 자연유산 및 문화유산으로 지정되었다.

깨 부분이 완성되었을 때 해통선사가 사망하여 공사가 일시 중단되었다. 얼마 후 검남서천절도사(劍南西川節度使) 장구겸경(章仇兼瓊)이 공사를 재개했고 조정에서도 경비를 보조했는데 대불의 무릎 부분을 만들 때 장구겸경이 조정의 호부상서(戶部尙書)로 불려가 공사가 다시 중단되었다. 그로부터 40년 후에 검남서천절도사로 부임한 위고(韋皐)가 공사를 속개하여 803년에 완공했으니 전후 90년이 걸린 셈이다.

신기하게도 대불 공사를 시작하면서 난파선이 조금씩 줄어들었고 공사가 끝났을 때에는 현저히 줄었다고 한다. 당시 사람들은 이를 부처님의 원력(願力) 덕분이라 믿었다. 해통선사에 대해서는 다음과 같은 이야기가 전한다. 해통선사가 20여 년 동안 천하를 돌며 모금을 하여 공사를 착공하려는 즈음에 가주(嘉州, 낙산의 옛 이름)의 태수가 해통선사에게 금품을 요구했다.

"당신은 이렇게 큰 공사를 하려는데도 관청에 미리 보고도 하지 않았소. 그러니 벌금으로 은 1만 냥을 내시오."

대답이 없자 태수가 위협했다.

"만일 벌금을 내지 않으면 당신의 눈알을 빼어버리겠소."

이 말을 듣자 선사는 "내 눈알을 내 손으로 빼어버릴지언정 부처님을 위한 재산은 내어놓지 못하겠소"라 말하고 스스로 자기 눈알을 빼어 소반 위에 얹어놓고 태수에게 건넸다. 이를 본 태수는 대경실색하고 물러났다고 한다. 해통선사의 이러한 집념이 세계에서 가장 높은 석불(石佛)을 만들 수 있는 원동력이 되었을 것이다.

높이 71미터의 세계 최대 석불

대불(大佛)은 높이가 71미터나 되는 거대한 석불이다. 머리 높이만 14.7미터이고 머리둘레가 10미터, 어깨 길이 5.6미터, 어깨너비 24미터, 목 길이가 3미터이다. 눈은 3.3미터, 코는 5.6미터, 귀는 7미터이고 손가락 길이는 8.3미터, 무릎에서 발등까지가 28미터, 발등 너비가 8.5미터나 되어 양쪽 발등에 100명의 사람이 앉을 수 있다고 한다. 또 머리에 소라

낙산대불 높이 71미터의 거대한 석조 미륵 좌상이다. 발등 너비가 8.5미터나 되어 양쪽 발등에 100명의 사람이 앉을 수 있다고 한다. 대불 좌우의 절벽에는 16미터의 호법천왕이 새겨져 있다.

낙산대불 상반신　머리에 소라 껍데기 모양의 머리털인 나발(螺髮)이 1,021개 있다. 머리 높이 14.7미터, 눈은 3.3미터, 코는 5.6미터, 귀는 7미터나 된다.

껍데기 모양의 머리털인 나발(螺髮)이 1,021개 있다.

대불은 능운산(凌雲山)의 바위를 깎아서 만들었는데 이 바위는 홍사암(紅砂巖)이어서 깎기는 쉽지만 쉽게 풍화되는 단점이 있다. 그럼에도 불구하고 지금까지 1200여 년을 버텨온 것은 눈에 보이지 않는 배수(排水) 장치 덕분이다. 대불에는 곳곳에 감추어진 배수구가 있는데, 머리 나발의 제4·9·18층에 있는 배수구, 가슴 좌측과 오른손 우측에 연결된 배수구, 옷의 주름진 무늬 등이 그것이다. 이러한 배수 장치로 인해서 침식성 풍화작용을 막을 수 있었던 것이다. 또 대불을 조성한 후 풍화를 막기 위해서 대불 주위에 7층의 누각을 만들어 보호했다고 하는데 당시에 이를 대불각(大佛閣) 또는 대상각(大像閣)이라 불렀다. 물론 이후에 허물어지고 다시 짓기를 반복하다가 지금은 없어졌다.

대불 좌우의 절벽에는 16미터의 호법천왕(護法天王)이 새겨져 있다. 일반 사찰에 사천왕(四天王)이 있는 것에 비해 여기에는 좌우의 이천왕(二天王)이 대불을 호위하고 있다. 대불 우측에 공사 당시에 조성된 구곡잔도(九曲棧道)가 있는데, 당시에 시공을 하기 위해서 왕래하던 길이다. '잔도'는 절벽에 다리처럼 놓은 길을 말한다. 그리고 대불 왼쪽에는 1984년 완성된 능운잔도(凌雲棧道)가 있는데 유람객이 다니는 길이다. 이 낙산대불은 1996년에 아미산과 함께 유네스코 세계 자연유산 및 문화유산으로 지정되었다.

눈물 흘리는 대불

대불의 규모가 엄청나다 보니 그에 얽혀 전해 내려오는 이야기도 많다. 대불이 눈을 감거나 눈물을 흘리면 나라에 큰 재난이 닥친다는 이야기가 그 하나이다. 실제로 1958년부터 3년간 계속된 '대약진운동'으로 2천만 명의 아사자가 발생했을 때 대불은 눈을 감았고, 1976년 25만 명이 사망한 당산(唐山) 대지진 때에는 눈물을 흘렸다고 한다. 이것은 산성비의 화학작용으로 인한 착시현상으로 설명되었지만, 대중들은 여전히 대불의 영험함을 믿고 있었던 것이다.

우리나라에도 이와 비슷한 현상이 있다. 밀양 표충사의 사명대사비(四溟大師碑)가 나라에 큰 변고가 있을 때 땀을 흘린다는 이야기다. 특히 6·25전쟁 때는 전쟁이 일어나기 25일 전부터 3말 8되의 땀을 흘렸다고 한다. 물론 과학적으로 설명되어야 하는 현상이지만 임진왜란 때 큰 공을 세운 사명대사의 신통력에 대한 믿음 때문에 생긴 일이다.

최근에는 대불이 임대물(賃貸物)로 나왔다는 보도가 있었다. 중국은 2019년부터 약 3년간 코로나19를 겪으면서 강력한 봉쇄 정책을 펼친 결과 경제성장이 둔화된 여파로 여러 지방 정부들이 심각한 부채에 시달린다고 한다. 이에 지방 정부들은 갖가지 자구책을 마련했는데 일례로 낙산시가 대불을 임대하겠다고 나선 것이다. 보도에 의하면 낙산시는 대불의 30년 운영권을 17억 위안(한화 약 3,213억 원)에 내놓았다고 한다. 그뒤 어떻게 되었는지 알 수는 없지만 유네스코 세계문화유산인 낙산대불의 신세가 처량하게 되었다.

낙산대불로 가는 코스는 크게 두 가지 있다. 하나는 낙산 부두에서 유람선을 타고 대불 앞으로 가서 구경하는 것이고 또 하나는 능운산에 올라 능운잔도를 따라 내려와서 곧장 대불 발밑으로 가는 것이다. 내가 낙산대불을 구경한 것은 이번이 세 번째인데 1993년의 첫 번째는 능운잔도로 내려가서 보았고, 2014년 두 번째 갔을 때는 유람선 위에서 구경했다. 그래서 이번에는 가이드에게 능운잔도 쪽으로 가자고 부탁했다. 그런데 사람이 너무 많았다. 능운산 산문 앞에 유람객들이 인산인해를 이루고 있었다. 아마 많은 사람이 좁고 가파른 능운잔도를 내려가는 데에 상당한 시간이 소요되기 때문일 것이다. 우리는 한참을 기다리다가 결국 포기하고 돌아섰다. 우리 차례가 오려면 두세 시간을 더 기다려야 하겠기에 되돌아 나와서 유람선을 타기로 했다. 내가 능운잔도 쪽으로 가려고 했던 것은 산 위에 있는 여러 유적지를 둘러보기 위함이었다. 여기서 능운산 유적지 몇 곳을 소개한다.

능운사 혹은 대불사

낙산대불 뒤에 있는 능운사(凌雲寺)는 당나라 때 창건된 사원으로 일명 대불사(大佛寺)라고도 한다. 그후 허물어지고 다시 짓기를 반복하다가 명나라 말 전란으로 파괴된 것을 1667년에 중수하여 지금에 이르고 있다. 능운사 대문 양쪽에 다음과 같은 대련이 있다.

大江東去 (대강동거)
佛法西來 (불법서래)

큰 강은 동쪽으로 흘러가고
불법은 서쪽에서 왔도다

능운사는 천왕전(天王殿), 대웅보전, 장경루(藏經樓)로 구성되어 있다.

능운사 천왕전 낙산대불 뒤에 있는 능운사의 천왕전에는 미륵불이 안치되어 있다. 같은 미륵불인 낙산대불의 모습과 전혀 다르게 배를 드러내놓고 파안대소하는 모습이다.

천왕전에는 미륵불이 안치되어 있고 좌우에 사대천왕이 호위하고 있다. 그런데 이곳의 미륵불은 같은 미륵불인 낙산대불의 모습과 전혀 다르다. 이곳의 미륵불은 배를 드러내놓고 파안대소하는 포대화상(布袋和尙)이다. 포대화상에 대해서는 앞서 '보국사 미륵전'(이 책 「불교의 성지 아미산」)에서 간단히 언급했거니와, 917년 계차(契此) 스님이 입적하면서 남긴 게송(偈頌)에서 자신을 미륵불의 화신이라 말한 이후 중국에서는 모든 사찰에서 배를 드러내놓고 파안대소하는 계차 스님을 미륵불로 모시고 있다. 낙산대불은 917년 이전에 조성되었기 때문에 종래의 미륵불 모습을 하고 있고, 능운사가 창건된 것은 917년 이전이지만 917년 이후 중수하는 과정에서 포대화상을 미륵불로 안치한 것으로 보인다. 이 천왕전에는 두 개의 대련이 있는데 하나는 아미산 '보국사 미륵전'의 대련과 같은 것이고 다른 하나는 이렇다.

笑古笑今 笑東笑西 笑南笑北 笑來笑去

(소고소금 소동소서 소남소북 소래소거)

笑自己原來無知無識 (소자기원래무지무식)

觀事觀物 觀天觀地 觀日觀月 觀來觀去

(관사관물 관천관지 관일관월 관래관거)

觀他人總有高有低 (관타인총유고유저)

예(古)와 지금을 웃고, 동서남북을 웃고, 오고 가는 것을 웃으며
자기가 원래 무지 무식함을 웃는다

사물을 관찰하고, 하늘과 땅을 관찰하고, 해와 달을 관찰하고, 오고 가는 것을 관찰하며
다른 사람들이 모두 높낮이가 있다는 걸 관찰한다

미륵불은 석가모니 사후 56억 7천만 년이 되면 이 세상에 내려와 중생을 구제한다는 미래불인 만큼 기이한 모습의 포대화상에 미륵불의 정신

도솔궁 미륵불 배를 드러내놓고 파안대소하는 모습이다. 미륵보살은 지상에서 삼십이만 유순(由旬) 위에 있는 도솔천에 산다고 한다.

을 투영하기 위하여 수많은 대련이 쓰여졌다. 능운사 천왕전에서 멀지 않은 곳에 도솔궁(兜率宮)이라 이름한 동굴이 있는데 이곳에도 포대화상의 소상이 있다. 미륵보살은 지상에서 삼십이만 유순(三十二萬由旬) 위에 있는 도솔천에 산다고 한다. 그래서 이곳에 도솔궁을 짓고 미륵보살의 화신인 포대화상을 모신 것이다. 이곳의 대련은 이렇다.

大肚能容萬物 (대두능용만물)

微笑看破群生 (미소간파군생)

커다란 배는 만물을 담을 수 있고
웃으며 뭇 생명의 속내를 간파하네

대웅보전에는 법신(法身), 응신(應身), 보신(報身)의 석가모니 삼신상(三身像)이 모셔져 있고 장경루에는 불경이 보관되어 있으며 장경루 아래 해사당(海師堂)에는 대불을 건조한 해통법사, 장구겸경, 위고의 소상이 있다.

재주정과 동파루

능운산에는 소동파와 관련 있는 흔적이 많은데 재주정(載酒亭)도 그 중의 하나이다. 재주정이 건립된 연유는 이렇다. 동파는 항주지주(杭州知州)로 재임하던 1090년에 그의 고향인 가주(嘉州, 지금의 낙산)로 부임해가는 장백온(張伯溫)을 전송하면서 「송장가주(送張嘉州)」란 시를 써주었는데 이 시의 첫 4구가 널리 알려져 있다.

소년 때는 만호후(萬戶侯) 되길 원하지 않았고
한형주(韓荊州)께 인정받기 원하지도 않았네

자못 원하기는, 가주(嘉州)의 태수 되어
때때로 술 싣고 능운산에 노니는 것

少年不願萬戶侯 亦不願識韓荊州
頗願身爲漢嘉守 **載酒**時作凌雲游

'만호후'는 일만 호가 사는 영지(領地)를 가진 제후로 높은 벼슬을 가리킨다. "한형주께 인정받기 원하지도 않았네"는 이백의 「여한형주서(與韓荊州書)」의 첫 구절을 뒤집은 것이다. 「여한형주서」는 이백이 형주의 장사(長史)로 있는 한조종(韓朝宗)에게 자신을 천거해달라는 청탁의 뜻을 담아 보낸 편지이다. 당시 한조종은 후배를 잘 알아서 천거해주는

재주정 소동파를 기념하기 위해 지은 정자로 '재주(載酒)'는 그의 시에서 따온 것이다. 소동파는 때때로 '술을 싣고(載酒)' 고향 근처의 능운산에서 노닐고 싶어 했다.

덕망 높은 군자였기에 이백은 약간 아첨하는 어조로 "저 이백이 들으니 천하의 담사(談士)가 서로 모여 말하기를 '태어나서 만호후로 봉해짐은 그만두고라도 다만 한번 한형주(韓荊州)에게 인정받기가 소원일 뿐이다'라 합니다"라는 말로 이 글을 시작한다.

이백도 자기를 천거해달라는 편지를 보냈을 만큼 한형주에게 천거를 받으면 벼슬길에 나아가 출세할 수 있는데 앞의 시 「송장가주」에서 소동파는 "한형주께 인정받기 원하지도 않았네"라고 했다. 당시 소동파는 55세로 적지 않은 정치적 부침을 겪은 후라, 고향 근처 가주의 태수로 부임해가는 장백온을 전송하며 고향에 대한 그리움과 은거(隱居)의 뜻을 담아 이 시를 써준 것이다. 자신은 소년 시절부터 높은 벼슬을 싫어했고 다만 술을 짊어지고 고향 근처의 능운산에서 노닐고 싶어 했다는 것이다.

후인들은 이 시 제4구의 "재주(載酒)" 두 글자를 따서 이곳 능운산에 '재주정(載酒亭)'을 건립한 것이다. 그리고 재주정 맞은편 바위에 명나라 숭정(崇禎) 연간에 가주태수 곽위신(郭衛宸)이 '소동파재주시유처(蘇東坡 載酒時游處, 소동파가 술을 싣고 때때로 노닐던 곳)' 여덟 글자를 새겨놓은 것이 지금도 남아 있다.

능운산 유적에서 빼놓을 수 없는 것이 동파루(東坡樓)다. 동파루는 일명 동파 독서루라고도 하는데 근처 미산(眉山)에 살았던 소동파가 소년 시절에 이곳에서 글을 읽었다고 해서 붙은 이름이다. 이곳은 원래 명나라 말에 권력을 휘두르던 환관 위충현(魏忠賢)의 생사당(生祠堂, 생존해 있는 사람을 모시는 사당)이었는데 후인이 동파루로 개조했다. 2층으로 된 본채의 아래층에 소동파의 제자 황정견(黃庭堅)의 글씨를 집자한 '동파루(東坡樓)' 편액이 걸려 있다. 중앙에 소동파의 좌상이 있고 뒤에 구양수(歐陽脩)가 짓고 동파가 쓴 「풍락정기(豐樂亭記)」가 걸려 있다. 그리고 소상 오른쪽에 소동파의 시비(詩碑)가, 왼쪽에 역시 구양수가 짓고 동파가 쓴 「취옹정기(醉翁亭記)」가 있다. 동파 좌상 주위의 기둥에는 청나라의 유명한 서예가 하소기(何紹基)가 짓고 쓴 영련이 걸려 있다.

江上此臺高 問坡潁而還 千載讀書人幾個
(강상차대고 문파영이환 천재독서인기개)

동파루 소동파가 소년 시절에 능운산에서 글을 읽었다고 해서 지어진 건물이다. 아래층에 소동파의 제자 황정견의 글씨를 집자한 '동파루(東坡樓)' 편액이 걸려 있다.

蜀中游迹遍 看嘉峨特秀 扁舟載酒我重來

(촉중유적편 간가아특수 편주재주아중래)

강 위 이 높은 대(臺)에서

묻노라 소식, 소철 이후에

독서한 자 천년에 몇이나 되나?

촉 땅을 두루두루 유람했는데

가주(嘉州)와 아미산이 특히 빼어나

조각배에 술을 싣고 다시 또 내가 왔네

상련 제2구의 '파영(坡穎)'은 소동파와 소철(蘇轍)을 가리킨다. 소식의 호가 '동파(東坡)'이고 아우 소철의 만년의 호가 '영빈유로(穎濱遺老)'이 기 때문에 형제를 '파영'이라 부른 것이다. 하련 마지막 구에서 "조각배 에 술을 싣고(載酒) 다시 또 내가 왔네"라고 말한 것은 소동파가 앞서 소 개한 「송장가주」에서 "때때로 술 싣고(載酒) 능운산에 노니는 것"이 소 원이라고 했던 말을 받아서 동파의 지취(志趣)를 계승하겠다는 의지를 나타낸 것이다.

건물 앞에는 동파가 붓과 벼루를 씻었다는 세묵지(洗墨池)가 있는데 연못 속 물고기의 등이 검다고 한다. 물고기들이 붓과 벼루 씻은 물속에 살기 때문이라는 이야기가 전해 내려온다. 사람들은 이 물고기를 '동파 묵어(東坡墨魚)'라 부른다.

말약당과 영보탑

말약당(沫若堂)은 이 근처가 고향인 곽말약 탄생 100주년 기념으로 세운 건물이다. 건물 앞에 높이 3미터의 곽말약 동상이 서 있고 그 옆에 는 화강암으로 만든 높이 6.5미터의 거대한 붓 조각이 서 있는데 여기엔 '여신(女神)' '굴원(屈原)' '봉황' 등의 글자가 새겨져 있다. 그리고 건물

영보탑 38미터의 13층 탑으로 능운탑이라고도 한다. 능운산에 우뚝 솟아 있어 강을 지나다니는 뱃사람들의 길잡이 역할을 했다고 한다.

정면에 이런 대련이 걸려 있다.

千古風流人物 (천고풍류인물)

當世文章豪傑 (당세문장호걸)

　더이상의 설명이 필요 없는 구절이다. 말약당에는 그의 서예 작품, 시, 관련 자료 등이 사진과 그림과 도표로 전시되어 있고, 그의 평생 사적과 후대의 곽말약 연구 성과가 잘 정리되어 있다. 그리고 그의 아내 우립군

(于立群)의 필적도 볼 수 있다.

영보탑(靈寶塔)은 높이 38미터의 13층 탑으로 일명 능운탑이라고도 한다. 이 탑은 능운산에 우뚝 솟아 있어서 강을 지나다니는 뱃사람들의 길잡이 역할을 했다고 한다. 섬서성 서안(西安)에 있는 소안탑(小雁塔)과 비슷한 형태를 하고 있는데 낙산대불 조성 공사를 시작한 해통법사의 사리가 안장되어 있다고 한다.

이밖에도 능운산에는 해통법사가 거주했다는 해사동(海師洞)이 있고, 또 능운산 비림(碑林)이 있는데 여기에는 황정견, 정판교, 강유위, 조희(趙熙), 곽말약, 장애평(張愛萍) 등의 글씨를 비롯한 120여 개의 비석이 있다. 우리는 낙산대불을 뒤로하고 미산(眉山)의 삼소사로 향했다.

소씨 삼부자와
삼소사박물관

당송팔대가 소순, 소식, 소철

미산시(眉山市, 메이산시)에 들어서 상점의 간판들을 보고는 여기가 소동파(蘇東坡)의 고향임을 실감했다. 동파반점, 동파서원, 동파여행사, 동파독서실, 동파주루, 동파사료, 삼소로 소학(三蘇路小學) 등의 간판이 눈에 들어왔다. 여기가 소동파의 고향이니 그럴 만하다는 생각이 들었다. 그러나 '동파사료(東坡飼料)' 간판은 좀 거슬렸다. 오래전 우리나라 전라남도의 강진읍에서 본 '다산다방'이 떠올랐다. 강진에서 18년간 유배 생활을 한 다산(茶山) 정약용(丁若鏞)의 호를 따서 '다산다방'이라 붙였을 것이다. 그때 같이 간 이우성(李佑成) 선생께서 다방 이름이 불경하다고 했던 기억이 난다. '동파사료'도 불경하다는 느낌이 든다. 이런 간판들을 보면서 우리는 삼소사(三蘇祠, 싼쑤츠)에 도착했다.

삼소사는 북송의 문인 학자인 소순(蘇洵), 소식(蘇軾), 소철(蘇轍) 삼부자를 모신 사당이다. 소순(1009~1066)은 자(字)가 명윤(明允), 호가 노천(老泉)으로 소식과 소철의 아버지이다. 그는 젊은 시절에 친구와 교제하기를 좋아해서 공부를 하지 않다가 27세 무렵부터 독실히 공부하여 과거에 응시했으나 여러 번 실패한 후 그때까지 써두었던 글들을 모두 불태우고 집에서 독서에만 전념했다. 그러다가 50세가 넘어서 당시의 재상 한기(韓琦)의 추천으로 비서성 교서(秘書省校書)란 조그마한 벼슬을 얻었고 이후 여러 관직을 거쳤다. 향년 58세.

소식(1037~1101)은 소순의 아들로 자가 자첨(子瞻), 호가 동파거사(東坡居士)이다. 그는 「적벽부(赤壁賦)」의 작가로 유명하거니와 중국 수천 년 역사상에서 문학예술 분야의 가장 걸출한 인물로 평가된다. 소철(1039~1112)은 소식의 아우로 자가 자유(子由), 호가 영빈유로(潁濱遺老)이다. 20세에 형 소식과 함께 진사시(進士試)에 급제한 후 여러 관직을 역임했지만 벼슬길이 순탄하지 않았다. 1104년에 허주(許州, 지금의 하남성 허창시)의 영천(潁川)에 은거하며 독서와 저술에 몰두하다가 세상을 떠났다.

이들 삼부자는 문장이 뛰어나 모두 '당송팔대가(唐宋八大家)'에 선입(選入)되는 진기록을 보유하고 있다. 참고로 당송팔대가는 당나라의 한유(韓愈)·유종원(柳宗元), 송나라의 구양수(歐陽修)·증공(曾鞏)·왕안석(王安石)·소순·소식·소철을 일컫는다. 당송팔대가란 명칭은 명나라 초의 주우(朱右)가 이 여덟 명의 글을 모아 『팔선생문집』을 편찬한 데에서 유래되었다. 명나라 중엽에 당순지(唐順之)가 『문편(文編)』을 편찬하면서 이 여덟 명의 글만을 수록했고 명나라 말기에 모곤(茅坤)이 주우와 당순

소철(좌), 소순(중앙) 소식(우) 소상 관복(官服)을 입은 소씨 삼부자의 소상으로 삼소사 정전인 향전에 놓여 있다. 북송의 문인 학자인 이들은 문장이 뛰어나 모두 '당송팔대가'에 선입되었다.

지를 이어 이 여덟 명의 글을 모아 『당송팔대가문초(唐宋八大家文鈔)』를 편찬한 이래로 이 여덟 명을 당송팔대가로 부르게 되었다. 한집안의 삼부자가 당송팔대가에 선입되었다는 것은 대단한 영광이 아닐 수 없다.

이들 삼부자는 문풍(文風)이 각각 달라 응련노천(凝煉老泉), 호방동파(豪放東坡), 충아영빈(冲雅潁濱)으로 불리기도 한다. 즉 노천(소순)의 문장은 간결하고 세련되었으며, 동파(소식)의 문장은 호방하고, 영빈(소철)의 문장은 담박하고 우아하다는 말이다. 소순의 「명이자설(名二子說)」, 즉 두 아들의 이름을 지은 까닭을 밝힌 글이 재미있다.

수레바퀴, 수레바퀴 살, 수레 덮개, 수레 뒤의 가로나무는 모두 수레에서 맡은 역할이 있으나, 수레 앞의 가로나무(軾)만은 유독 아무런 역할이 없는 듯하다. 그렇지만 수레 앞의 가로나무를 없애버리고 나서도 완전한 수레가 되는 것을 나는 아직 보지 못했다. 식(軾)아, 나는 네가 겉치레를 하지 않을까 염려스럽다.

천하의 수레가 바큇자국(轍)을 따라가지 않는 경우가 없으나, 수레의 공을 말할 때 바큇자국은 여기에 끼지 못한다. 그렇지만 수레가 넘어지고 말이 죽더라도 재난이 바큇자국에는 미치지 않으니, 바큇자국은 화와 복의 중간에 잘 처해 있는 것이다. 철(轍)아, 나는 네가 화를 면할 것임을 알겠노라.

輪輻蓋軫 皆有職乎車 而軾獨若無所爲者 雖然去軾 則吾未見其爲完車也 軾乎 吾懼汝之不外飾也 天下之車 莫不由轍 而言車之功 轍不與焉 雖然車仆馬斃 而患不及轍 是轍者善處乎禍福之間也 轍乎 吾知免矣

식(軾)은 수레 앞에 있는 횡목(橫木)으로, 수레를 타고 가다가 예(禮)를 표할 사람을 만나면 한 손을 짚는 막대기이다. 이것은 수레가 굴러가는 데에는 아무런 역할을 하지 않지만 이것이 없으면 완전한 수레라 할 수 없다. 그러므로 식(軾)은 수레를 굴리는 데에는 필요 없을 듯하지만 온전한 수레가 되기 위해서는 반드시 있어야 할 부품이다. 마찬가지로, 이 나라에 없어서는 안 될 꼭 필요한 인재가 되라는 염원을 담아 식(軾)이라 이름한 것이다. 다만 겉치레를 하지 않아 세속에 적응하지 못할까 걱정

삼소사 정문 양쪽 기둥에 "일대의 문장이 된 삼부자로다 (…) 큰 덕은 천추토록 영원히 제사를 받네"라는 뜻의 영련이 걸려 있다. 편액은 청나라의 서예가 하소기의 글씨이다.

이다. 과연 소식은 나라에 꼭 필요한 인재로 성장했지만 겉치레를 하지 않아 평생을 순탄치 않게 보냈다. 반면에 소철은 그런대로 벼슬길에 나아가서 바큇자국처럼 큰 화를 면했다.

우리나라에도 이들 형제의 이름을 본받은 경우가 있다. 고려의 김부식(金富軾)·김부철(金富轍) 형제이다. 김부철은 자(字)도 소철의 자 자유(子由)를 그대로 사용했다. 김부식·김부철 형제는 그 이름에 힘입었는지 훌륭한 인물이 되어 국가에 이바지했다.

삼소사는 원래 이 소씨 삼부자가 거처하던 집이었는데 원나라 때인 1316년에 이 집을 사당으로 개조했다. 이후 여러 차례 허물어지고 중건되기를 거듭하다가 명나라 말에는 병란으로 비석 5개와 종 하나만 남고 완전히 파괴되었다. 청나라 강희 4년(1665년)에 현재의 주체 건물인 향전(饗殿), 계현당(啓賢堂), 서련정(瑞蓮亭) 등을 지어 사당을 복원하고 이어 내봉헌(來鳳軒), 쾌우정(快雨亭), 전청(前廳) 등 건물을 건립했다.

이후에도 부분적인 개수(改修)를 거치다가 2008년의 문천(汶川) 대지진과 2013년의 노산(蘆山) 지진으로 사당의 상당 부분이 피해를 입어 2013년 8월에 문을 닫고 삼소사 역사 이래 최대 규모의 중수를 거쳐 2016년 4월에 다시 개방했다. 나는 2014년에 사천성 여행을 하던 중 삼소사 수리 소식을 듣지 못하고 들렀다가 허탕을 친 일이 있었다. 그때는 가이드도 이 사실을 모르고 우리를 안내했었다.

삼소사의 명칭은 삼소공원, 삼소기념관, 인민공원 등으로 불리다가 2007년에 삼소사와는 별도로 삼소기념관을 짓고 삼소사는 '삼소사박물관'으로 개칭했다. 여기에는 역대 간행된 삼부자의 문집, 기타 고전적(古典籍), 서화, 도자기, 비석 등 5,188건의 유물을 보관하고 있다.

삼소사 정문과 전청

정문에는 청나라 하소기(何紹基)가 쓴 '삼소사(三蘇祠)' 편액이 걸려 있고 바깥 기둥에 다음과 같은 영련이 걸려 있다.

克紹箕裘 一代文章三父子 (극소기구 일대문장삼부자)

堪稱模楷 千秋景德永馨香 (감칭모해 천추경덕영형향)

능히 의발(衣鉢)을 이어받았으니

일대의 문장이 된 삼부자로다

후세의 모범이라 일컬을 만하니

큰 덕은 천추토록 영원히 제사를 받네

"능히 의발을 이어받았다"는 것은 소식·소철 형제가 부친의 가학(家學)을 이어받았다는 말이다. 이 대련은 요동성 출신의 학자 강서각(姜書閣, 1907~2000)이 짓고 쓴 것이다. 안쪽 기둥의 대련은 이렇다.

北宋高文名父子 (북송고문명부자)

南州勝跡古祠堂 (남주승적고사당)

북송의 높은 문장, 이름난 부자요

남쪽의 이름난 유적, 옛 사당이로다

사천대학 교수를 지낸 상초(向楚, 1877~1961)가 1959년에 짓고 유맹항(劉孟伉, 1894~1969)이 썼다. 정문을 지나면 1871년에 건립된 전청(前廳)이

전청 붉은색으로 쓴 '문헌일가(文獻一家)' 편액이 있고, 양쪽 기둥에 "한집안의 삼부자 문인/천고의 문장 사대가"라는 뜻의 영련이 걸려 있다.

나온다. 문 위에는 1834년에 홍운개(洪運開)가 짓고 쓴 '문헌일가(文獻一家)' 편액이 가로로 걸려 있고 그 밑에 장붕핵(張鵬翮, 1649~1725)이 짓고 조번(趙藩, 1851~1927)이 쓴 영련이 걸려 있다.

一門父子三詞客 (일문부자삼사객)
千古文章四大家 (천고문장사대가)

한집안의 삼부자 문인
천고의 문장 사대가

'삼부자'는 소순, 소식, 소철 삼부자를 말하고, '문장 사대가'는 당나라의 한유·유종원, 송나라의 구양수·소식을 가리킨다. 전청 앞에는 300여 년이 된 은행나무 두 그루가 서 있다.

제사 지내는 향전과 계현당

정전(正殿)으로도 불리는 향전(饗殿)은 소씨 삼부자를 제사 지내는 곳이다. 건물에는 3개의 편액이 나란히 걸려 있는데 중앙이 '시부시자(是父是子, 그 아버지에 그 아들)', 오른쪽이 '문장기절(文章氣節)', 왼쪽이 '문봉정치(文峰鼎峙, 문단에 우뚝 솟은 세 봉우리)'이다.

향전 안에는 관복(官服)을 입은 소씨 삼부자의 소상(塑像)이 놓여 있다.(378면 사진 참조) 이 소상은 1316년 사당을 처음 건립할 때 만든 것인데 명나라 말에 파괴되었고 1665년 사당을 복원할 때 다시 만들어졌으나 1966년 문화대혁명 때 파괴된 것을 1982년 사천 미술학원에서 유복(儒服)을 입은 소상을 만들었는데 2007년에 유복 소상을 철거하고 현재와 같은 관복 소상으로 조각했다. 향전 정면 중앙에 미주지주(眉州知州)를 지낸 장태화(張兌和)가 1756년에 쓴 '양기(養氣)' 편액이 걸려 있다.

계현당(啓賢堂)은 소씨 선조들의 위패를 모시고 제사를 지내는 곳으

향전 소씨 삼부자를 제사 지내는 삼소사 정전이다. 중앙에 '시부시자(是父是子)', 오른쪽에 '문장기절(文章氣節)', 왼쪽에 '문봉정치(文峰鼎峙)' 편액이 걸려 있다.

로 1665년에 건립되어 1919년과 1984년의 중수를 거쳐 오늘에 이르고 있다. '계현당(啓賢堂)' 편액은 사천성 팽주(彭州) 출신의 이일맹(李一氓, 1903~1990)이 1979년에 다시 쓴 것이다. 문전 바깥 기둥에는 이런 영련이 걸려 있다.

是父生是子 家學一門 自昔聲名彌宇宙
(시부생시자 가학일문 자석성명미우주)
難兄更難弟 象賢兩世 至今俎豆重鄕邦
(난형갱난제 상현양세 지금조두중향방)

그 아버지가 그 아들을 낳아
한 문중의 가학(家學)이
예부터 그 명성 우주에 가득 찼네

두 아들이 난형난제(難兄難弟)라
양대의 현덕함을 본받아
지금까지 고을에서 성대히 제사하네

안쪽 기둥의 대련은 이렇다.

門前萬竿竹 (문전만간죽)
堂上四庫書 (당상사고서)

문앞에는 일만 그루의 대나무
집안에는 경사자집(經史子集) 서적들

　이 대련은 소식의 시「답임사중 가한공(答任師中家漢公)」중의 한 구절
이다. '경사자집(經史子集)'은 중국의 옛 서적 가운데 경서(經書), 사서(史
書), 제자류(諸子類), 시문집(詩文集)의 네 부류를 아울러 이르는 말이다.
글씨는 사천성 미산(眉山) 출신으로 중국미술가협회 회원인 두중획(杜重
劃, 1920~1990)이 1983년에 쓴 것이다. 계현당 안에도 소식의 시를 집구(集

句)한 영련이 있다.

天下幾人學杜甫 (천하기인학두보)
詩中定合愛陶潛 (시중정합애도잠)

천하에 두보를 배운 자 몇이나 되나
시에서도 응당 도연명을 사랑하리

　상련은 소식의 시「차운공의보집고인구견증(次韻孔毅父集古人句見贈)」
5수 중 제3수의 첫 구절이다. 제목의 뜻은 '공의보가 고인의 시구를 집
자한 시를 받고 그에 차운하다'이다. 소식의 시에서는 공의보가 두보를
제대로 배운 시인이라는 뜻으로 썼는데 위의 대련에서는 소식이 두보를
제대로 배운 시인이라는 의미로 사용했다. 하련은 역시 소식의 시「청무
도사탄하야(聽武道士彈賀若)」의 마지막 구절을 따온 것이다. 제목의 뜻은
'무도사(武道士)가 하야곡(賀若曲) 타는 것을 듣고'이다. 시의 마지막 구
절은 이렇다.

온종일 맑은 바람, 주렴 절로 열리고
오늘 밤 가을 달은 즐겨 처마에 걸려 있네

거문고에서 하야(賀若)를 이해할 수 있다면
시에서도 응당 도연명을 사랑하리

清風終日自開簾　凉月今宵肯挂檐
琴裏若能知賀若　**詩中定合愛陶潛**

　'무도사'는 소식이 알고 지내던 도사일 터이고, '하야곡'은 하야라는 사람이 만든 거문고 곡명이다. 무도사가 거문고를 타니 맑은 바람도 주렴 안으로 들어와 거문고 소리를 듣고, 가을 달도 처마 끝에 걸려 거문고 소리를 감상한다. 무도사의 거문고 타는 솜씨가 뛰어나다는 것을 암시하고 있다. 무도사가 하야를 깊이 이해하면서 거문고를 탔다면 그가 거문고를 타는 솜씨로 도연명의 시를 읽어도 도연명 시의 정수를 터득할 것이라 하여 거문고와 시의 정신이 다르지 않음을 말하고 있다. 계현당의 대련은 소동파의 시가 도연명의 정신을 잘 계승했다는 뜻이다.

　계현당 안에는 '혁세영창(奕世榮昌, 여러 세대에 걸쳐 번영하고 창성하다)'이라 쓰인 편액이 걸려 있고 그 밑에 미산소씨(眉山蘇氏)의 시조 소미도(蘇味道, 648~705)의 소상이 있다. 또 소씨 세계도(世系圖)와 소씨 가보(家譜) 등이 전시되어 있다.

목가산당과 소순의 명문「목가산기」

　계현당 북쪽에 목가산당(木假山堂)이 있다. '목가산'은 '나무로 만든 가짜 산'이란 뜻이다. 옛날 사대부들의 정원 연못에 돌을 쌓아서 조그마하게 만든 산을 '석가산(石假山)'이라 했는데 진짜 산이 아니기 때문에 가산(假山)이라 한 것처럼 나무로 만든 산이기 때문에 목가산이라 한 것이다.

소동파의 아버지 소순이, 세 개의 산봉우리 모양을 한 나무둥치가 강물에 떠다니는 것을 보고 집으로 가져와 간직하고 무척 귀하게 여겼다. 이것이 목가산이다. 그가 이 나무둥치를 애지중지한 것은 그가 지은 「목가산기(木假山記)」에 잘 나타나 있다. 유명한 글이므로 이 글의 후반부만 읽어보기로 한다.

내 집에는 (나무로 된) 세 개의 산봉우리가 있는데, 내가 그것에 대하여 생각할 때마다 아마 거기에는 어떤 운수(運數)가 있는 것이 아닌가 여겨진다. 움이 트다가 죽지도 아니하고, 두 손으로 마주 잡을 만큼 자라다가 일찍 죽지도 아니하고, 기둥이나 들보 감이 될 만큼 자라다가 벌목 당하지도 아니하고, 바람에 뽑혀 물에 떠내려가다가 부서지거나 꺾이지도 아니하고, 부서지거나 꺾이지 않고 썩지도 않으면서 사람들에게 재목으로 여겨져 도끼에 찍히지도 않고, 여울과 모래 사이에 드러나도 나무꾼이나 촌사람들의 땔감이 되지 않아서 여기까지 이를 수 있었으니 그 이치가 우연은 아닌 것 같다.

그러나 내가 그것을 사랑하는 것이 비단 산을 닮았기 때문은 아니고 또한 공경할 바가 있기 때문이다. 내가 보건대 가운데 봉우리는 우뚝하게 솟아 뜻과 기운이 단정하고 엄중하여 마치 그 옆의 두 봉우리를 복종시킴이 있는 듯하고, 그 두 봉우리는 씩씩하고 뾰족하여 범할 수 없을 만큼 늠름하여, 비록 그 형세가 가운데 봉우리에 복종하고는 있으나 우뚝하니 결코 아부하는 뜻은 없다. 아! 공경할 만하구나. 감회가 있을 만하구나.

予家有三峰 予每思之 則疑其有數存乎其間 且其蘖而不殤 拱而不
夭 任爲棟梁而不伐 風拔水漂而不破折不腐 不破折不腐而不爲人之所
材 以及于斧斤之 出于湍沙之間 而不爲樵夫野人之所薪 而后得至乎
此 則其理似不偶然也 然予之愛之 則非徒愛其似山 而又有所感焉 非
徒愛之而又有所敬焉 予見中峰 魁岸踞肆 意氣端重 若有以服其旁之
二峰 二峰者 莊栗刻削 凛乎不可犯 雖其勢服于中峰 而岌然決無阿附
意 吁其可敬也夫 其可以有所感也夫

나무 중에서 비바람에 꺾이거나 사람 손에 벌목당하지 않고, 또 바람에 뽑히거나 홍수에 떠내려가지도 않고 남아서 이렇게 사람들의 사랑을 받는 것은 드문 일이고 귀한 일이다. 이 산처럼 생긴 나무둥치를 소순은 인재에 비유하고 있다. 사람도 온갖 역경을 헤치고 꿋꿋이 살아남아 훌륭한 인재로 성장하는 것이 드물고 귀한 일이란 것이다. 목가산의 세 봉우리 중 가운데 봉우리는 소순 자신을, 나머지 두 봉우리는 두 아들을 가리킨다고 보는 견해도 있다.

소순은 1059년 진사 급제한 두 아들과 함께 당시 수도인 개봉(開封)에 갈 때에도 이 목가산을 가지고 갔다고 한다. 그러나 원 목가산은 지금 행방이 묘연하다. 그후 1754년에 미주태수 염원청(閻源淸)이 소순이 살아 있을 때 목가산을 두었던 목가산방(木假山房)을 개조하고 항주 사람 송봉

'목가산당' 편액 아래 '나무로 만든 가짜 산'인 '목가산'이 놓여 있고 그 뒤에 소순의 「목가산기」 전문이 목각되어 있다.

기(宋鳳紀)로 하여금 '목가산당(木假山堂)' 편액을 쓰게 해서 지금 우리가 보는 목가산당이 이루어졌다. 현재 목가산당에 비치되어 있는 목가산은 1832년에 미산서원(眉山書院) 원장이던 이몽련(李夢蓮)이 민강(岷江) 가에서 발견한 것인데 세 봉우리의 모양이 소순의 「목가산기」의 기록과 흡사하다고 한다.

현재의 삼소사 목가산당의 편액은 송봉기의 글씨 그대로이다. 목가산당 안에는 소순의 「목가산기」 전문이 목각되어 있다. 건물의 바깥 기둥에는 육유(陸游)의 시 「목산(木山)」에서 집구(集句)한 대련이 걸려 있다.

書窓正對雲洞啓 (서창정대운동계)

叢菊初傍幽篁栽 (총국초방유황재)

창문은 하늘 향해 정면으로 열려 있고

국화는 대밭 옆에 이제 막 심었도다

이 대련은 목가산당의 아름다운 환경을 묘사한 것이다. 또 목가산당 안「목가산기」가 쓰여 있는 목판 양쪽 옆에는 다음과 같은 대련이 걸려 있다.

瑞蓮花作科名草 (서련화작과명초)

木假山開文筆峰 (목가산개문필봉)

상서로운 연꽃은 과명초(科名草)가 되었고

목가산은 문필봉(文筆峰)을 열어놓았네

소순은 집의 연못에 연꽃을 심어 길렀다. 그런데 두 아들 소식과 소철이 동시에 진사 급제한 1057년에 연못에서 병체화(幷蔕花)가 피었다. 병체화란 한 줄기 끝에 두 송이의 꽃이 피는 연꽃을 말한다. 그래서 이를 상서로운 꽃이라 해서 '서련(瑞蓮)'이라 부른다. 병체화가 핀 연못을 서련지(瑞蓮池)라 하는데 명나라 말에 없어진 것을 후에 다시 복원해서 지금 삼소사에서 볼 수 있다. 상련의 '과명초'는 과거에 합격해서 이름을 날리는 식물이란 뜻이다. 그래서 그런지 미산(眉山)에 인재가 많이 배출되어 북송·남송 시기 319년 동안 진사 급제자가 886명이나 나왔다고 한다. 이를 '양송(兩宋) 팔백진사(八百進士)'라 부른다. 하련의 '문필봉'은 앞에서 살핀 향전(饗殿)의 편액 '문봉정치(文峰鼎峙)'를 참고하기 바란다.

소씨 형제의 침실 겸 공부방, 내봉헌

내봉헌(來鳳軒)은 소씨 형제의 청소년 시절 침실 겸 공부방이었는데 원래는 소순이 '내풍헌(來風軒)'이라 이름 지은 건물이다. 소씨 형제가 이 집에서 공부한 결과 1057년 동시에 진사 급제하여 천하에 명성을 떨치자 시인 매요신(梅堯臣)이 1058년 소순에게 「제노인천기소명윤(題老人泉寄蘇明允)」이란 축하시를 써주었는데 제목의 뜻은 '노인천을 노래하여 소명윤에게 주다'이다. 이 시에 이런 구절이 있다.

日月不知老 家有雛鳳凰 (일월부지노 가유추봉황)
百鳥戢羽翼 不敢呈文章 (백조즙우익 불감정문장)

해와 달은 늙을 줄 모르는데
집안엔 봉황의 새끼 있네

내봉헌 소씨 형제의 청소년 시절 침실 겸 공부방이다. 문 좌우에 고려시대 이제현(李齊賢)이 지은 '악와독보노기린(渥洼獨步老麒麟) 단혈쌍비추봉황(丹穴雙飛雛鳳凰)'이란 대련이 걸려 있다.

온갖 새가 날개를 접고

감히 문채를 드러내지 않도다

봉황새는 국운이 번창하고 태평한 성세(盛世)에 나타난다는 전설상의 새인데 소식·소철 형제를 어린 봉황에 비유했다. 세상의 재주 있는 인사들이 소씨 형제 앞에서는 감히 재능을 자랑하지 못한다는 것이 하련의 뜻이다. 이 대련으로 인하여 후인들이 '내풍헌'을 '내봉헌'으로 바꾸었다. 그후 1665년 삼소사를 복원할 때 일시적으로 '목가산방'으로 불리다가 또 '제미당(濟美堂)'으로 이름을 바꾸기도 했다. 1982년에 중수한 후 다시 내봉헌으로 본래 이름을 회복했다. 이 대련은 현재 내봉헌의 영련으로 걸려 있다.

내봉헌은 우리나라 사람이 꼭 기억해야 할 건축물이다. '내봉헌(來鳳軒)' 편액 바로 밑에 고려 이제현(李齊賢, 1287~1367)의 대련이 걸려 있기 때문이다.

渥洼獨步老麒麟 (악와독보노기린)
丹穴雙飛雛鳳凰 (단혈쌍비추봉황)

악와(渥洼)에서 늙은 기린 홀로 걷는데
단혈(丹穴)에선 어린 봉황 쌍으로 날고 있네

이곳에 이제현의 대련이 걸린 사연은 이렇다. 1308년에 왕위를 충숙왕(忠肅王)에게 물려주고 원나라 연경(燕京)에 머물던 충선왕(忠宣王)은 1314년에 이제현을 불러들인다. 그는 충선왕과 함께 연경의 만권당(萬卷堂)에서 지내다가 1316년 충선왕을 대신하여 하늘에 제사 지내기 위해 아미산을 다녀오던 중 삼소사에 들러 「미주(眉州)」라는 시를 썼는데 위의 대련은 이 시의 제7·8구이다. '악와'는 감숙성에 있는 강(江)으로 여기서 신령스러운 말인 신마(神馬)가 난다는 전설이 있다. '단혈'은 봉황이 살고 있다는 전설상의 산이다. 여기서 악와는 소순의 거처를, 단혈은 소식·소철 형제의 거처를 가리킨다. 그러므로 '홀로 걷는 늙은 기린'은 소순을, '쌍으로 날고 있는 어린 봉황'은 소식·소철 형제를 가리킨다.

그런데 상련의 '기린(麒麟)'이 이제현의 시에는 '기기(騏驥)'로 되어 있다. 후인들이 대련을 만들면서 잘못 옮겨 쓴 것으로 보인다. 기기(騏驥)는 천리마인데 기린의 뜻으로 쓰이기도 한다. 그러나 뜻이 통용되더라도 원시의 낱말을 임의로 바꿔서는 안 된다. 더구나 상련의 끝 글자는 성조(聲調)가 측성(仄聲)이어야 하는데 원시에서는 측성인 '기(驥)'를 썼지만 대련에서처럼 '린(麟)'을 쓰면 평성(平聲)이어서 안 된다. 이 대련은 2003년에 시인 왕가신(王家新)이 다시 썼다고 하는데 그 전에 쓴 대련에도 '麒麟'으로 되어 있는지 어떤지는 알 수 없다.

삼소사에는 이밖에도 운서루(雲嶼樓), 피풍사(披風榭), 백파정(百坡亭), 포월정(抱月亭), 녹주정(綠州亭), 쾌우정(快雨亭), 식소헌(式蘇軒), 명향헌(茗香軒), 녹균헌(綠筠軒), 경소루(景蘇樓) 호죽정(好竹亭) 등의 정(亭)·사(榭)·누(樓)가 있고 그 안에 수많은 대련이 걸려 있는데 여기서는 일일이 다 소개하지 않는다.

삼소사의 명비(名碑)

삼소사에는 150여 개의 역대 비석이 보존되어 있다. 이 가운데 소동파의 수적(手迹, 손수 쓴 글씨나 그린 그림)이 88개나 된다. 가장 중요한 것은 '삼소사 4대 명비'로 알려진 유주비(柳州碑), 표충관비(表忠觀碑), 취옹정기비(醉翁亭記碑), 풍락정기비(豊樂亭記碑)이다. 이들과 함께 중요한 몇 개의 비석을 소개한다.

유주비(柳州碑)

819년 유주자사(柳州刺史)로 있던 유종원(柳宗元, 773~819)이 사망한 후 그의 친구인 한유(韓愈, 768~824)가 823년에 유종원 비문을 썼는데 이것이 '유주나지묘비(柳州羅池廟碑)'이다. '나지묘'는 지금의 광서장족자치구에 있는 유종원의 사당 유후사(柳侯祠)이다. 한유는 이 비문 끝에 "기사왈(其辭曰)"이라 한 운문을 붙여놓았다. 일반 묘지명의 '명(銘)'에 해당되는 운문인데 『초사(楚辭)』「구가(九歌)」의 문체를 본떠서 지었다. 당시 유주 사람들은 한유의 비문을 돌에 새겨 나지묘에 비치했다.

그후 1095년에 소동파가 한유 비문 중의 '사(辭)'를 모필로 쓰고 1217년에 돌에 새겼다. 이를 '나지묘시비(羅池廟詩碑)'라 하는데, 이 사(辭)가 "여자단혜초황(荔子丹兮蕉黃)"으로 시작하기 때문에 '여자비(荔子碑)' 또는 '여자단비(荔子丹碑)'라고도 부르며 그냥 '유주비(柳州碑)'라고도 부른다. 이 유주비를 호남성 영주(永州)의 유자사(柳子祠)에서 모각(摹刻)하여 비치하고는 제사를 지낼 때 이 부분을 악곡에 맞추어 가창했다고 해서 이를 '제가(祭歌)'라고도 한다.

소식의 유주비 유주비는 유주자사 유종원의 비로 '삼소사 4대 명비' 중 하나이다. 한유가 823년에 쓴 '유주나지묘비(柳州羅池廟碑)' 중의 사(辭)를 소동파가 모필로 쓰고 1217년에 돌에 새긴 것이다.

이 비(碑)는 한유의 시와 소식의 글씨와 유종원의 사적(事績)으로 이루어진 것이므로 '삼절비(三絶碑)'라 일컬어진다.

이후 세월이 흘러 마모된 것을 여러 차례 다시 새겼는데, 지금 삼소사에 있는 것은 두 개다. 하나는 1705년에 미주(眉州)태수 김일봉(金一鳳)이 마련한 것이고 다른 하나는 1916년에 다시 세운 것이다. 이해에 미주 사람 곽경종(郭慶琮)이 송나라 때의 옛 탁본을 구해서 마모된 1705년의 비석 대신에 새로 새겼다. 각(刻)은 미주 사람 왕용산(王龍山)이 했다.

표충관비(表忠觀碑)

1077년에 항주지주(杭州知州) 조변(趙忭, 1008~1084)이 오월왕(吳越王) 전류(錢鏐, 852~932)의 업적을 기려 표충관(表忠觀)을 짓고 이듬해에 서주지주(徐州知州)로 있던 소동파에게 비문을 요청하여 쓴 글이다. 이 비문은 동파가 지은 글 중에서 분량이 가장 긴 동파 중년(당시 43세)의 대표작이라 할 수 있다. 그후 비석은 마멸되었고 1942년에 삼소사가 소장하고 있던 명대(明代) 탁본을 소동파의 후예인 소해운(蘇海雲)이 모각(模刻)한 것이다.

취옹정기비(醉翁亭記碑), 풍락정기비(豐樂亭記碑)

두 비문 모두 구양수(歐陽修, 1007~1072)가 짓고 소식이 쓴 것인데, 북경 고궁박물원에서 보내준 송대(宋代) 탁본을 1982년 소해운이 모각한 것이다. 소동파의 후예인 소해운은 하루에 3글자씩만 새기는 정성을 들여 완성했다고 한다. 취옹정기비에 관해서는 소동파가 비문을 쓰게 된 경위가 졸저『중국 인문 기행』1권 365면에 자세하다.

마권비(馬券碑)

1086년 소식이 한림학사가 되었을 때 황제로부터 옥비성(玉鼻騂)이라는 명마를 하사받았다. 1089년 그가 항주지주로 부임할 때 또 황제로부터 명마 한 필을 하사받았는데 그는 말이 없었던 제자 이치(李廌)에게 이 말을 주면서 글도 써주었다. 글의 내용은, 후에 이치에게 좋은 말이 생기면 이 말을 팔지 않을 수 없을 것인데 그때를 위해서 이 글을 쓴다는 것이다. 즉 황제가 하사했다는 이 말의 내력을 알면 비싼 값으로 팔 수 있을 것이라 여겨서 쓴 글이기 때문에 이 글은 '말에 대한 증명서' 곧 '마권(馬券)'인 셈이다. 제자 이치가 그때 과거에 낙방하고 고향에 돌아와 가난하게 살고 있었기에 말과 함께 이 글을 써준 것이다.

후에 아우 소철이 이를 기리는 시를 짓고 제자 황정견이 발문(跋文)을 썼다. 그후 명대(明代)에 소식의 글과 소철의 시와 황정견의 발문을 비석에 새겼는데 세월이 흘러 마모되어 1982년에 소해운이 다시 새겼다. 지금 삼소사에는 두 개의 마권비가 있는데 하나는 명나라 때의 원비(原碑)로 소철의 시는 거의 알아볼 수 없게 마모되었고 소식과 황정견의 글도 25글자가 판독 불가능할 정도로 마모되었다. 다른 하나는 1982년에 새긴 비석인데 여기에는 소식과 황정견의 글, 그리고 청나라 옹방강(翁方綱)의 발문이 들어 있다.

동파반타상 앞의 저자 동파모를 쓰고 유복(儒服)을 입은 동파가 물속 큰 바위 위에 한 손으로 무릎을 짚고 앉아 있다. 반타상은 평평하지 않은 바위 위에 앉아 있는 소상을 말한다.

동파반타화상비(東坡盤陀畵像碑)

북송의 화가 이백시(李伯時)가 동파 좌상을 그리고 여기에 붙인 소철의 사(詞)와 황정견의 찬(贊)을 명나라 장적(張迪)이 해서로 썼는데 이것을 1396년에 미주지주(眉州知州) 조종구(趙從矩)가 주안(朱安)의 각(刻)으로 세운 비석이다. 높이가 1.22미터인 작은 비석이다.

삼소사에는 높이 4.1미터의 동파반타상이 있는데 이 동파반타화상비의 그림을 근거로 성도 출신의 저명 조각가 조수동(趙樹同)이 80일에 걸쳐 만든 것이다. 반타상은 평평하지 않은 바위 위에 앉은 소상(塑像)을 말한다. 동파모(東坡帽)를 쓰고 유복(儒服)을 입은 동파가 물속 큰 바위 위에

한 손으로 무릎을 짚고 앉아 있는 모습이다.

삼소기념관

삼소사 맞은편에 삼소기념관이 있는데 2007년 소식 탄생 970주년을 기념해서 지은 건물이다. 삼소사와는 달리 여기에는 소씨 삼부자의 일생과 업적을 문자, 사료(史料), 밀랍 인형 등을 통하여 다양하게 보여주고 있다. 특히 LED, 동영상 등 첨단 기술을 활용한 전시가 눈길을 끈다. 건물은 3개 층인데 1층은 소식 전청(蘇軾展廳), 2층은 소순·소철 전청과 미산역사 전청(眉山歷史展廳), 3층은 다공능 전청(多功能展廳)으로 구성되어 있다. 1층과 2층만 일반에 공개하고 있다.

1층 입구를 들어서면 혁명 원로 주덕(朱德)의 시가 쓰인 병풍 앞에 한백옥(漢白玉)으로 만든 소순, 소식, 소철 삼부자의 입상(立像)이 놓여 있다. 주덕은 1963년 삼소사를 참배하고 시를 남겼는데 제목은 「제삼소사(題三蘇祠)」이다.

한집안의 삼부자가
모두가 대문호라

시부(詩賦)가 천고에 전하니
아미산과 함께 높기도 하여라

一家三父子 都是大文豪

詩賦傳千古 峨眉共比高

　소식 전청에는 소식이 어렸을 때부터 과거에 급제한 후 벼슬살이하다
가 황주로 유배되고 또 각지의 지방관을 거쳐 혜주(惠州), 해남도(海南島)
로 다시 유배된 후 상주(常州)에서 일생을 마치기까지의 파란만장한 생
애를 보여준다. 또 여기서 문학가로서의 동파뿐만 아니라 서예가, 문인
화가로서의 그의 모습을 볼 수 있으며 그가 요리와 음악에 이르기까지
다양한 재능을 겸비했다는 사실도 알 수 있다.

　소식 전청에는 서주(徐州), 황주(黃州), 담주(儋州) 시절의 각기 다른
모습의 소동파 소상이 전시되어 있고 이른바 '소문 육군자(蘇門六君
子)'가 인물 초상과 함께 소개되어 있다. 소문 육군자는 황정견(黃庭堅,
1045~1105), 진관(秦觀, 1049~1100), 진사도(陳師道, 1053~1102), 조보지(晁補
之, 1053~1110) 장뢰(張耒, 1054~1114), 이치(李廌, 1059~1109)를 가리킨다. 이
에 앞서 황정견, 진관, 조보지, 장뢰를 소문 사학사(蘇門四學士)라 불렀는
데 후에 진사도, 이치를 추가해서 소문 육군자라 일컬은 것이다. 또한 강
희 황제의 어필 '파선유범(坡仙遺范, 동파 신선이 남긴 모범)' 편액이 걸려 있
고 그 옆에 이런 대련도 있다.

　　此地能開眼界 (차지능개안계)

　　何人可配眉山 (하인가배미산)

이곳에서 능히 시야를 열 수 있으니
어느 누가 미산(眉山)과 짝할 수 있으리오

'미산(眉山)'은 미산 출신의 소동파를 가리킨다. 소식 전청에는 그가 만들었다는 동파육(東坡肉), 동파 두부 등 요리의 유래와 만드는 방법도 동영상으로 보여주고, 그가 벼슬살이한 지방의 사진들, '양송(兩宋) 팔백 진사(八百進士)'의 명단도 전시되어 있다. 소순·소철 전청에도 두 사람의 벼슬살이와 문학적 성취를 보여주는 다양한 전시물이 진열되어 있다.

우리는 오후 5시경에 삼소사를 출발해서 6시 40분에 성도 시내의 금대로(琴臺路)에 도착했다. 금대로에 대해서는 앞서 「사마상여와 탁문군의 사랑이 깃든 문군정」에서 이야기한 바 있다. 금대로의 흠선재(欽善齋)에서 저녁 식사를 하고 금강극장(錦江劇場)에서 천극(川劇)을 관람했다. 천극은 사천 지방의 민요, 민속춤 등을 보여주는 것인데 이중 단연 눈길을 끄는 것은 이 지방 특유의 변검(變臉)이다. 순간적으로 얼굴의 가면을 바꾸는 기예인 변검은 볼수록 감탄을 자아내게 한다. 천극 관람을 마치고 공항으로 이동하여 0시 20분에 인천으로 출발했다. 우리나라에서 이곳으로 올 때도 밤에 도착하고 갈 때도 밤에 출발한다.

보이차 이야기

보이차의 정의와 분류

보이차(普洱茶, 푸얼차)는 중국 운남성(雲南省, 윈난성)에서 생산된 대엽종(大葉種) 차나무 잎을 햇볕에 말린(쇄청曬靑) 모차(毛茶)를 원료로 하여 후발효시킨 차를 말한다.(쇄청과 모차에 대해서는 '보이차의 제다 과정'에서 설명한다.) 차나무는 잎의 크기에 따라 크게 대엽종, 소엽종으로 나뉘는데 보이차는 잎이 큰 운남대엽종의 찻잎으로 만들어진다.

보이차는 오래전부터 운남성 남부의 소수민족인 합니족(哈尼族)이 만들어 음용하던 차로 알려져 있으나, 다른 소수민족인 태족(傣族)이나 이족(彝族)도 만들어왔다고 하는데 확실치는 않다.

보이차의 명칭은 대체로 청나라 옹정제 때 서쌍판납(西雙版納), 사모(思茅) 등 운남성 남부를 관할하던 관청 소재지 보이부(普洱府)에서 유래한 것으로 보고 있다. 당시 이곳에 차가 집산되어 차마고도(茶馬古道)를 타고 티베트까지 운송되었고, 청나라 황실에 공납하던 차 역시 이곳에서 관리되어 나갔기 때문에 보이차라는 명칭이 붙여졌다고 한다. 당시 차마고도 지역의 교역 거점 중 하나였던 이곳에서 차의 거래가 활발히 이루어진 것이다. 보이차는 청나라 옹정제 10년(1732년)에 공차(貢茶)로 선정되어 황제가 마시는 차로 널리 알려지게 되었다. 2007년에는 정부 차원에서 차 교역이 활발했고 보이차의 산지 중 하나였던 사모시(思茅市, 쓰마

오시)를 보이시(普洱市, 푸얼시)로 이름을 바꾸
었다.

보이차는 형태에 따라 산차(散茶)와 긴압
차(緊壓茶)로 구분한다. 산차는 말 그대로 압
축하지 않고 흩어진 차를 말한다. 긴압차는
산차에 수증기를 가한 다음 틀에 넣어 압축
성형한 것인데 형태에 따라, 원반 모양의 병
차(餅茶), 벽돌 모양의 전차(磚茶), 사발 모양
의 타차(沱茶), 정사각형의 방차(方茶), 버섯
모양의 긴차(緊茶) 등으로 불린다. 보이차나
흑차를 대부분 덩어리진 긴압차로 만든 이유
는 옛날 상인들이 차를 말에 실어 티베트나
홍콩 등 먼 데까지 운반하기 편리했기 때문
이다. 긴압차는 산차에 비해 부피가 작고, 부
서질 염려도 적고, 장기간 보관이 가능하다.

병차

전차

타차

제다(製茶) 방법에 따라서는 크게 생차(生
茶)와 숙차(熟茶)로 나뉜다. 햇볕에 말린 쇄청
모차(산차)를 증기에 쐬어 긴압하여 건조한
것이 생차이고, 쇄청 모차를 쌓아놓고 악퇴(渥堆) 발효 과정을 추가로 거
쳐 이를 긴압하여 건조한 것을 숙차라 한다. 아주 오래된 생차를 숙차라
고 부르기도 하지만, 쉽게 말해 발효시키지 않은 찻잎으로 만든 차가 생
차, 인공적으로 발효시킨 찻잎으로 만든 차가 숙차다. 갓 만들어진 생차
를 그냥 마시기는 곤란하고 이를 공기 중에 자연 발효를 시킨 후에 마신
다. 발효된 후의 생차는 은은한 꽃향이 나며, 통풍이 잘 되는 곳에서 자연

발효를 오래 시킬수록 맛과 향이 풍부해진다. 숙차는 생차보다 부드럽고 숙성된 맛이 난다. 그래서 숙차는 만들어서 곧바로 마셔도 속이 편안하다. 숙차는 보통 저렴한 원료로 만들고, 가격도 생차보다 싼 편이다. 이런 점들 때문에 숙차로 보이차를 접하는 경우가 많고, 이러한 숙차만의 장점으로 인해 보이차의 대중화에 상당 부분 기여한 측면이 있다. 나 자신도 처음 음용한 게 숙차였다.

보이차를 처음 접하는 이들은 숙차를 보이차로 알고 마시다가 나중에 생차를 마셔보고는 거부감이 들어 생차를 멀리하는 경우가 많다. 다원에서 재배한 개량종 차나무(이에 대해서는 뒤에서 설명한다) 잎으로 만든 생차(대지차)를 숙성시키지 않고 바로 마시면 속이 쓰리거나 불편한 경우가 많다. 그런데 숙차는 맛이 부드러워져 마시기 편하다. 그래서 처음에는 숙차로 보이차에 대해 알아가는 것이 좋다고 보며, 생차는 되도록 고수차(古樹茶)로 시작할 것을 권하는 편이다. 고수차에 대해서는 뒤에서 설명한다.

중국에는 보이차를 제다, 판매하는 많은 차창(茶廠)들이 있다. 대형 차창으로는 맹해차창(勐海茶廠)이나 하관차창(下關茶廠), 해만차창(海灣茶廠) 등이 널리 알려져 있고 그밖에 진승차창(陳升茶廠)이나 두기차창(斗記茶廠) 등 여러 중소형 차창들도 있다. 우리나라에는 여러 차창의 제품들이 수입되고 있는데, 맹해차창의 경우는 '대익차(大益茶)'라는 브랜드로 국내에 들어와서 여러 지역에 대리점과 찻집을 운영하고 있다. 또한 최근에는 보이차를 직접 맛도 보고 구매도 할 수 있는 숍들이 곳곳에 생기고 있다. 보이차에 관심이 있다면 이런 곳에 들러보는 것도 좋을 것이다.

유념을 끝낸 찻잎을 햇볕에 말리는 '쇄청'

보이차의 제다 과정

① 위조(萎凋): 채취한 찻잎을 말려서 시들게 하는 과정인데 이 과정에서 약간의 수분이 증발한다.

② 살청(殺靑): 녹차의 살청과 같은 원리인데 찻잎을 불에 덖어서 효소의 활성을 쾌속으로 둔화시켜 찻잎 속의 유효성분이 산화하지 않도록 하는 과정이다. 이 과정에서 수분의 약 50퍼센트가 증발하여 찻잎이 부드러워져서 다음 단계의 유념 작업을 편하게 도와주며 또 풀 비린내를 없애준다.

③ 유념(揉捻): 찻잎을 비비는 과정이다. 적당히 덖은 찻잎을 비빔으로써 찻잎의 세포벽을 파괴하여 잎 속의 내함물질(內含物質), 즉 다즙(茶汁)을 밖으로 유출시켜 찻잎 표면에 부착시킨다. 이렇게 해야 뜨거운 물을

부어 차를 쉽게 우려낼 수 있다. 유념의 강도와 유념하는 시간에 따라 나중에 차를 우렸을 때의 색과 농도와 맛이 달라지기도 한다.

④ 쇄청(曬靑): 유념을 끝낸 찻잎을 햇볕에 건조하는 것을 '쇄청'이라 한다. 전통적으로는 주로 쇄청 건조를 하지만, 불에 쬐거나 기계장치를 이용하여 고온으로 건조하는 홍청(烘靑)을 하기도 한다. 이 과정의 핵심은 유념을 마친 찻잎을 말려서 수분 함량을 10퍼센트 내외로 줄여줌으로써, 유념에 의해 파괴된 세포벽을 통해 유출된 내함 물질이 더이상 유출되지 않게 하는 것이다. 이와 같은 상태로 햇볕에 건조한 원료를 모차(毛茶)라 하는데 이런 형태의 차가 산차(散茶)이다.

⑤ 긴압(緊壓): 건조한 모차를 틀에 넣고 증기와 압력을 가하여 여러 가지 모양의 덩어리로 성형(成形)하는 과정이다. 이와 같이 쇄청 모차를 성형하여 건조하면 '보이 생차'가 된다. 이렇게 만들어진 보이 생차는 공기 중에서 자연 발효를 거쳐 완성된다. 자연 발효는 속도가 완만하여 짧게는 2년에서 길게는 8년까지 걸린다.

숙차를 만들기 위해서는 ④의 단계를 끝낸 모차에 다시 물을 뿌리고 일정한 보온·보습을 유지하면서 발효시켜 화학적 변화를 촉진하는 악퇴(渥堆) 과정을 거친다. 말하자면 인공 발효인 셈이다. 이 악퇴는 보이 숙차를 만드는 가장 중요한 과정으로 자주 뒤집어주어서 온도와 습도를 일정하게 유지해야 한다. 악퇴를 통한 후발효 기간은 최장 70일이 걸리기도 한다. 생차의 발효 기간에 비하면 그 기간이 놀랄 만큼 단축된 것이다. 악퇴 과정을 거친 모차를 틀에 넣고 성형하여 건조시키면 '보이 숙차'가 된다. 전통적인 보이차는 모두 생차였으나 1973년에 맹해차창(勐海茶廠)과 곤명차창(昆明茶廠)이 연합하여 악퇴 발효법을 성공시킴으로써 보이 숙차 시대를 열었다.

고수차와 대지차, 병배차와 순료차

차나무는 크게 야생종, 재래종, 개량종으로 나누어볼 수 있다. 야생종은 사람의 간섭을 전혀 받지 않고 자연 그대로 자라는 차나무를 말한다. 재래종은 야생 차나무 중에서 맛과 품질이 좋다고 생각되는 차나무의 씨를 받아 자연환경에서 인공적으로 키운 것이다. 말하자면 야생 차나무를 순화시킨 것이다. 이런 재래종 차나무는 나무와 나무 사이의 간격을 충분히 두어서 심기 때문에 한 그루가 차지하는 땅의 면적이 넓고, 뿌리가 땅속으로 1미터 이상 깊숙이 파고들어 양분을 섭취한다. 야생종이나 재래종 차나무는 수령(樹齡)에 따라 고차수(古茶樹), 대차수(大茶樹), 소차수(小茶樹) 등으로 나뉜다.

보통 수령이 100년 이상 된 차나무를 고차수라 부르고, 이 고차수의 잎으로 만든 보이차(생차)를 '고수 보이차(古樹普洱茶)'라고 한다. 고수 보이차는 '고수차(古樹茶)'로 약칭된다. 현재 운남성 정부에서 '고차수 보호 조례'를 제정하여 수령 100년 이상의 차나무를 보호 관리하고 있다. 그리고 수령이 30년에서 100년 사이인 차나무를 대차수라 부르고 이 잎으로 만든 보이차를 대수차(大樹茶)라고 한다. 요즘은 중국에서 약간 과장해서 수령이 50년 이상이면 고차수로 통칭하기도 한다. 소수차(小樹茶)는 30년 이하인 차나무 잎으로 만든 차를 말한다.

그런데 야생종이나 재래종 차나무, 특히 고차수는 원료(찻잎)의 생산성이 낮은 편이다. 그래서 찻잎을 대량으로 생산하기 위해 개발된 것이 키가 1미터 정도의 개량종(신품종) 차나무이다. 경사진 산비탈에 계단식 차밭(다원)을 조성하여 매우 빽빽하게 재배한 이 개량종 차나무로 만든 차, 즉 재배차를 중국에서는 대지차(臺地茶)라고 한다. 다원에 밀식(密植) 재

고차수 단지

배한 개량종 차나무는 뿌리가 땅속 깊이 내리지 못하고 병충해에도 약해 화학비료와 농약에 대한 의존도가 높다. 대지차(생차)는 쓴맛과 떫은 맛이 매우 강하고, 향도 약한 편이며, 내포성(차를 여러번 우려낼 수 있는 성질)도 떨어진다. 때문에 이런 찻잎은 주로 숙차 원료로 사용된다. 숙차로 만들면 생차와는 달리 맛이 부드러워진다.

고차수가 서식하는 해발 1,800미터 이상의 고산지대는 유해물질로부터 안전하고, 해충도 살 수 없어 농약을 칠 일이 없다고 한다. 그리고 수령이 오래될수록 뿌리가 땅속 깊이 파고들어 많은 양분을 뽑아 올리기 때문에 고수차는 다원에서 채엽하여 만든 대지차보다 영양 성분이 좋다고 한다. 또한 고차수는 개량종 차나무보다 찻잎이 크고 두껍고 탄력이 있다.

대지차 다원

　고수차는 맛과 향에서 대지차와는 비교 불가할 정도로 뛰어나다. 또한 내포성이 좋아 차를 여러 번 우려도 맛이 떨어지지 않고 농밀하다. 대지 차 생차를 많이 마실 경우 혀가 껄끄럽고 위를 자극해서 속이 쓰리거나 배탈이 날 수도 있으나, 고수차는 부드러워 많이 마셔도 속이 편안하고 혀나 위를 자극하지 않는다. 다만 생산량이 많지 않아 고가인 게 유일한 흠이다.

　우리나라에서 시중에 고수차로 판매되는 보이차는 진품이 아닌 경우 가 많고, 고수차 원료가 조금 섞인 차를 고수차로 판매하기도 한다. 설사 고수차 원료가 섞였다고 하더라도 소량이거나 품질이 떨어지는 원료를 섞은 경우도 많다. 판매를 위한 고육지책으로 판단되지만 씁쓸함을 느끼 는 건 어쩔 수 없다.

보이차의 주요 산지는 운남성 이무(易武, 이우), 맹해(勐海, 멍하이), 임창(臨滄, 린창) 등지이다. 이들 지역에는 기후와 토양 등 생태환경이 조금씩 다른 여러 차산(茶山)들이 분포해 있고, 각각의 차산에는 크고 작은 보이차 마을들이 들어서 있다. 이무 차산의 마흑채(麻黑寨)·괄풍채(颳風寨)·박하당(薄荷糖), 포랑 차산의 노반장(老班章)·노만아(老曼娥), 임창 차산의 빙도(氷島)·석귀(昔歸) 등이 고수차 마을로 유명하다. 이들 지역에는 수령 1000년이 넘는 야생 고차수 군락도 있다. 보통 이무 차산의 차들이 부드럽고 화려한 편이라면, 포랑 차산의 차들은 쓰고 기운이 강한 편이다.

보이차는 이들 지역이나 마을, 나무의 수령이나 채엽 시기 등에 따라 특유의 맛과 향을 지니고 있다. 그런데 보통 찻잎의 산지와 등급, 수령 등이 서로 다른 찻잎을 섞어서 보이차를 만드는데 이를 병배차(拼配茶)라고 부른다. 병배는 섞는다는 뜻으로 블렌딩과 같은 의미이다. 병배의 목적은 매년 일정한 맛과 향을 유지하고 생산량을 늘리는 데 있다. 지역적 특성을 가진 여러 찻잎들을 적절한 비율로 배합하여 조화로운 맛을 내게 하기 위해서는 전문적인 병배 기술과 경험이 필요하다. 대표적인 병배차로 대익의 '7542' '7572' 등이 있고, 현재 중대형 차창에서 출시하는 대부분의 보이차들은 병배차라고 보면 된다. 반면에 단일 지역, 단일 수령 등의 찻잎으로만 만든 차를 순료차(純料茶)라고 한다. 순료차는 특정 지역의 차 맛을 그대로 느낄 수 있는 장점이 있으나 생산량이 아주 적다.

고수차는 대부분 순료로 만든다. 어떤 지역의 고수차건 맛과 향에서 그들만의 개성을 가지기에 서로 우열을 가릴 수 없다. 생태환경이 좋은 유명 차산의 고수 보이차는 매우 귀하다.

노반장 보이차

나는 가끔 아끼는 노반장(老班章) 고수차 덩어리에서 찻잎 몇 개를 떼어내 찻잔에 띄워서 우려 마시곤 한다. 앞으로 이런 차는 구하기 어렵다는 아쉬움에 안타까워하면서도 노반장만이 가지는 깊은 세월의 향과 맛이 더할 나위 없이 마음과 몸을 즐겁게 한다. 찻잔 속에서 찻잎이 풀어지며 자기만의 색채를 서서히 드러내고, 차 한 모금은 깊은 맛의 울림과 함께 사색의 시간 속으로 빠져들게 한다.

노반장은 운남성 맹해현(勐海縣)의 포랑산(布朗山)에 있는 지명이다. 포랑산은 예전에는 포랑족(布朗族)이 살던 곳으로 어느 때부터인지는 정확히 알 수 없지만, 지금까지 1000년 이상 포랑족이 아닌 합니족(哈尼族)이 거주하고 있고, 포랑산을 둘러싼 노반장, 신반장 그리고 노만아라는 마을의 명칭도 합니족이 거주한 이후 붙여진 것으로 알려져 있다. 합니족은 보이차가 생산되는 운남성의 거의 대부분 지역에서 살고 있고 운남성과 국경을 마주하고 있는 라오스, 미얀마 베트남에도 널리 거주하고 있다.

'반장'이라는 지명은 태족어(傣族語)인 '파사(巴渣)'에서 유래한 것으로 '한 마리의 물고기'라는 뜻인데, 중국어로 음역(音譯)한 것이 '반장(班章)'이라고 한다. 운남성은 『삼국지연의』에서 유비가 조조의 위나라와 손권의 오나라에 대항하기 위해 세운 촉나라에 속했던 곳이다. 산세가 높고 험해서 적을 막기에는 유리했지만, 척박한 지형으로 인해 사람이 살기에 좋은 환경은 아니었다. 다만 덥고 습한 날씨와 높은 고도로 인해 야생 상태의 대엽종(大葉種) 차나무가 자라기에 더할 나위 없이 좋은 환경을 제공했고 워낙 외지이다 보니 사람의 왕래도 적어서 자연상태의 원시림이 그대로 보존된 몇 안 되는 지역이기도 했다. 또 이곳에는 높은 산에

노반장 마을 입구

서 자란 100년 이상의 고차수가 많기도 하다. 노반장 마을에 수령이 오래된 고차수가 많이 보존된 이유로는 험한 산세와 불편한 교통을 꼽을 수 있을 것이다.

1949년 신중국이 수립된 이후 사회주의의 시작은 개인의 소유권 상실과 함께 공동생산, 공동분배의 시작을 알리는 것이었다. 이런 변화는 높이 자란 차나무에 올라가 위험하게 찻잎을 따는 것보다는 좀더 생산적인 활동을 요구했고, 중국 정부의 생산성을 강조한 농업장려정책으로 인해 차나무가 자라던 곳에 고무나무를 비롯해 옥수수 등을 재배할 밭을 조성하기도 했는데, 이는 많은 야생 고차수 군락지가 파헤쳐지는 결과를 낳게 했다. 더욱이 1966년부터 1976년까지 벌어진 문화대혁명의 태풍은 외진 운남성에까지 영향을 미쳤고, 이 때문에 수공으로 만드는 보이차 제조법까지 사장될 위기에 놓이기도 했다.

정부의 정책을 충실히 이행한 조상을 두었던 운남성의 일부 지역은 수백 년 수령의 고차수를 베어내고 다른 작물을 심기도 했으나, 운남성에서도 낙후된 곳으로 알려진 포랑산 지역의 마을은 그나마 많은 고차수가 온전히 보존되었고, 지금까지 잘 보존된 고차수 덕분에 노반장 마을의 주민 소득이 운남성 안의 여타 지역보다 높다고 한다.

노반장 고수차는 강한 쓴맛과 강한 단맛을 동시에 느낄 수 있고 은은한 꽃 향과 함께 뒷맛이 긴 것이 특징이다. 우려낼수록 쓴맛이 사라지면서 단맛이 불시에 올라오는 특징은 노반장만의 뚜렷한 개성을 보여준다. 다른 지역의 고수차도 물론 훌륭하지만 이러한 노반장 보이차가 가지는 독특한 맛과 깊은 향은 포랑산 지역의 남성적인 차 맛을 대변하는 듯하다. 그러나 세상의 모든 일은 밝은 면과 함께 어두운 면도 같이 보여주는 것 같다. 노반장 보이차가 품질도 우수하고 경쟁력도 갖추게 되자 2008년 진승차창은 노반장 마을과 찻잎에 대한 독점 계약을 맺었고, 이후 진승차창의 마케팅 영향으로 노반장 보이차가 더욱 유명세를 타면서 노반장 지역의 모차(毛茶) 가격을 상승시켰다. 근래에 노반장 보이차 가격이 천정부지로 치솟

노반장 차왕수(茶王樹)

있는데도 찾는 사람들이 많아지자 생산량을 늘리기 위해 노반장 지역의 고수 찻잎과 다른 지역에서 생산한 찻잎을 혼합하여 보이차를 제조하고 있다는 이야기도 들린다. 노반장 지역 모차가 1퍼센트만 섞여도 노반장 보이차로 판매되기도 하고, 노반장이라는 이름을 붙인 가짜 보이차가 넘쳐난다고도 한다. 이 때문에 앞으로 노반장 보이차만의 개성을 잃어버리는 것은 아닌지 우려가 되기까지 한다.

노만아 보이차 한잔과 떡 한 조각

보이차를 마실 때 떡을 곁들이면 정말 잘 어울린다. 보이차의 맛뿐만 아니라 같이 먹는 떡의 맛도 더 도드라지게 만드는데, 아마도 보이차의 쓴맛과 떡의 단맛이 조화를 이루면서 서로 더 돋보이게 하기 때문일 것이다.

노만아(老曼峨) 보이차는 맛이 쓰다. 같은 포랑산 지역의 노반장이 기운이 강하고 쓴맛 말고 단맛도 충분히 가지고 있는 것에 비해 노만아는 단맛은 약하고 쓴맛은 아주 강한, 타협을 모르는 불도저 같은 남성미를 가지고 있다. 처음 우려냈을 때의 쓴맛이 몇 번을 우려도 끝까지 이어진다. 이렇게 단맛을 삼켜버리는 쓴맛을 품고 있는 것이 다른 지역의 보이차와 구별되는 노만아 보이차가 가지고 있는 특징이다. 그래서 달달한 떡이나 과자류와 잘 어울리는 보이차를 고른다면 첫손에 꼽고 싶은 게 노만아이다. 노반장도 원래 노만아 지역에 있던 차나무를 가져와 심었다고 알려져 있는데 가까운 포랑산 지역의 차 맛이 이리도 차이가 나는 것은 자연환경의 영향이라고밖에 설명할 길이 없다. 참으로 자연의 신비로움에 놀라움

을 금할 길이 없다. 노만아를 마실 때마다 혀로 느껴지는 강렬한 타격감
과 함께 밀려오는 쓴맛이 오히려 다과를 더욱 맛있게 느껴지게 한다.

　사람들은 살면서 항상 기쁨이 계속되길 바라지만 살다 보면 인생의 쓴
맛을 경험하게 되고, 인생은 결코 원하는 대로 흘러가지 않는다는 사실
을 깨닫게 된다. 그렇지만 기쁨만 있고 고난과 슬픔이 없는 삶이 과연 행
복하기만 할까. 영국의 극작가인 버나드 쇼는 『인간과 초인』에서 "평생
동안의 행복! 그런 것을 견뎌낼 사람은 아무도 없다. 그건 생지옥이나 마
찬가지이기 때문이다"라고 말하기도 했다. 그래서 인생은 기쁨과 슬픔이
뒤섞여 있기에 우리의 삶이 더 큰 의미로 다가오는지도 모르겠다. 노만
아의 쓴맛이 떡 한 조각의 단맛과 어우러지면서 더욱 돋보이게 되는 것
처럼……

보이차의 효능과 건강

일과를 마치고 저녁에 차 한잔과 마주하는 시간은 그날 있었던 일을 돌아보는 귀중한 시간이다. 중요한 일을 너무 성급하게 처리하지는 않았는지, 다른 이에게 상처를 주지는 않았는지 등을 돌아보기도 하고, 난처한 상황에 현명하게 대처한 스스로에게 고마움을 건네기도 한다.

중국과 인접한 인도에는 '아유르베다'(ayurveda)라는 5000년 이상의 역사를 가진 그들만의 건강 요법이 있다. 'ayur'는 삶, 'veda'는 안다는 의미로 '삶을 안다'는 뜻이다. 인도인들은 아유르베다를 실천함으로써 몸과 마음 그리고 영혼의 조화에 맞는 음식의 섭취와 명상을 통해 장수와 더불어 삶의 깨달음에 다가갈 수 있다고 믿어왔다. 그래서인지 차를 마신다는 것도 어찌 보면 몸과 마음의 조화를 추구한다는 점에서 아유르베다와 유사하다는 생각이 들곤 한다. 특히 18세기부터 중국 황제에게 진상되기 시작했던 보이차는 건강에 유익한 것으로 알려져 있다. 차라는 음식 자체가 피를 맑게 한다는 것은 익히 알려진 사실이지만, 특히 보이차는 여러 효능이 사람들에게 알려지면서 찾는 사람들이 늘어나는 추세이다. 나 개인적으로도 마음과 몸이 모두 지쳐 있을 때 보이차를 접하면서 그 효능을 체감할 수 있었다.

보이차의 효능으로 널리 알려진 것은 다이어트 효과이다. 방송에서도 소개된 적이 있어서인지 아직도 많은 이들이 보이차를 다이어트에 좋은 차로 알고 있는 것 같다. 미국 영양학회 연구에 따르면 동물 실험을 통해 보이차가 체지방 감소에 효과가 있는 것으로 밝혀졌는데, 발효과정에서 녹차 대비 14배나 높아진 갈산 성분이 음식물에 포함된 지방의 체내 흡수를 차단해서 체외로 배출하도록 돕는다고 한다. 또한 2011년 중국의 보이차에 대한 연구에서도 고지혈증을 일으키는 해로운 LDL 콜레스테롤과 함께 중성지방인 트라이글리세라이드의 수치를 낮추고 건강에 유익한 HDL 콜레스테롤을 증가시켜 심혈관 질환을 예방하는 것으로 밝혀졌다.

또한 보이차도 녹차와 마찬가지로 찻잎의 성분의 하나인 풍부한 폴리페놀을 함유하고 있다. 폴리페놀은 이미 항암 효과, 항산화, 혈압 안정, 혈당 수치 개선뿐만 아니라 소화 작용 등의 효과가 있는 것으로 입증되었다. 다만 소량이지만 카페인도 들어 있기 때문에 카페인에 민감한 체질인 경우 많은 양을 섭취하는 것은 피해야 한다. 그리고 일각에서 보이차의 불소 함유에 대해 우려를 나타내고 있으나 불소는 우리 몸을 이루는 필수 원소일 뿐만 아니라 함유량도 그리 높은 편은 아니다. 더구나 보이차를 마시기 전의 두세 번의 세차(洗茶) 과정에서 상당량의 불소 성분이 제거되기에 걱정할 필요는 없다.

그런데 청나라 황제에게도 진상되고 건강에도 좋다고 알려진 보이차의 중국 국내 수요는 녹차나 홍차, 청차에 비해 그리 많지 않은 편이다.

보이차 우리는 법

보이차를 마시기 위해서는 당연히 차를 우려낼 도구가 필요하다. 찻잎만 우려낼 수 있다면 어떤 그릇이건 상관없지만, 편리하게 차를 우리기 위해서는 다기를 사용하는 것이 좋다. 보이차를 우려내는 다기로는 자사호(紫沙壺)나 개완(蓋碗)이 대표적이다. 자사호는 차호(茶壺)의 일종으로 강소성(江蘇省, 장쑤성) 의흥(宜興, 이싱)의 특산품으로 자사(紫沙)라는 광

자사호

개완

석을 잘게 부수어 물에 개어 빚고, 유약을 바르지 않고 구워낸 작은 주전자 형태이다. 자사호는 자줏빛을 띠고 있는 것이 일반적이지만 원재료인 광석의 종류에 따라 붉은색, 녹색, 노란색, 흑색을 가진 것도 있다. 크기가 작고 모양도 예쁘고 다양해서 자사호를 모으는 수집가들이 따로 있을 정도이다.(자사호에 대해서는 창비에서 펴낸 송재소의 『중국 인문 기행』 제2권 406면 이하 참조)

　새로 구입한 자사호는 차를 우리기 전에 반드시 세척을 해야 한다. 세척이 제대로 되지 않았을 경우 흙냄새가 날 수 있다. 찬물로 자사호 내부를 닦아준 후 솥에 물을 채워 푹 담가 한두 시간 삶아주는 것이 좋다. 이러한 작업을 개호(開壺)라고 한다. 특히 자사호는 유약을 바르지 않았기 때문에 물을 흡수하는 성질이 있어서 세척 시에 주방세제는 반드시 피해야 한다. 주방세제를 쓸 경우 자사호에 냄새가 밸 수 있기 때문이다.

　자사호로 보이차를 우릴 때에는 생차용과 숙차용 자사호를 따로 구별해서 쓰는 것이 좋다. 혼용해서 쓰게 되면 차 맛을 제대로 느끼기 어려울 뿐만 아니라, 심한 경우 비린내가 올라올 수도 있다. 자사호에 나쁜 냄새가 배게 되면 찬물에 오래 담가두거나 차를 우린 물에 삶아 냄새를 제거해야 하는데, 여간 귀찮은 일이 아니다. 자사호를 장기간 사용하지 않을 때는 깨끗이 닦아서 서늘한 곳에 보관해야 하고 얼룩은 되도록 제거하는 것이 좋다.

　개완은 뚜껑을 가진 큰 찻잔 모양의 다기이다. 자사호와 비교해서 관리가 쉽다는 장점으로 인해 중국뿐만 아니라 우리나라에서도 많이 애용

되고 있다. 다만 찻잔 대용으로 쓰기도 하는
등 간편함을 가지고 있지만 숙달되기까지는
뜨거운 물에 데지 않도록 주의해야 한다. 개
완은 자사호와는 달리 유약을 입혀서 만든 것
으로 명나라 때는 찻잔에 뚜껑을 씌워 차의
온기와 향을 보존하기 위한 용도로 사용했
다고 알려져 있다. 그밖에도 유약을 입혀 구

숙우

운 여러 차호가 있으니, 어느 것이든 각자의 취향에 따라 선택하면 된다.

차를 우리는 방법 중에 다기를 이용하는 방식을 포다법(泡茶法)이라고
한다. 포다법은 차의 종류에 따라, 그리고 나라와 지역에 따라 각기 달라
서 일반화하기는 어렵다. 비교적 널리 통용되는 방식은 이렇다.

우선 물의 온도는 95~100도가 좋다. 보이차 특유의 맛과 향은 100도
에 가까운 물로 우렸을 때 잘 살아난다. 물의 온도가 중요하다. 물의 양은
1인 기준으로 약 300밀리리터(ml) 정도, 찻잎의 양은 3~5그램 정도가 적
당하다. 이는 차를 마시는 사람에 따라 다를 수 있다.

먼저 다기에 뜨거운 물을 부어 데운 뒤 물을 따라 버린다. 데운 다기에
찻잎을 넣고 찻잎이 살짝 잠길 정도로 뜨거운 물을 부은 후에 5~10초 지
나서 물을 따라 버린다. 이 과정을 차를 씻는 세차(洗茶)라 한다. 세차하
는 이유는 보이차의 제조 과정, 특히 햇볕에 말리는 쇄청 과정에서 먼지
나 이물질이 들어갈 수 있어서 이를 씻어내는 한편, 단단하게 압축된 차
를 살짝 풀어주어 우리기 쉽게 하기 위한 것이다.

세차 후에 다기에 다시 뜨거운 물을 부어 약 1~2분 정도 우린 후에 바
로 찻잔이나 숙우에 따라 조금 식혀서 마시면 된다. 이런 식으로 여러 번
우려 마시면 보이차의 맛과 향의 변화를 느끼기에 좋다. 처음 우렸을 때

의 맛이 뒤로 갈수록 어떻게 달라지는지 비교해보는 것도 재미있다. 찻잎의 양과 우리는 시간 등은 각자의 입맛과 취향에 따라 더하거나 빼면서 조금씩 조절해가면 된다. 이를테면 300밀리리터의 다기에 3~5그램의 찻잎을 넣고 5분 이상 우릴 경우는 농도가 진해지기 때문에 풍부한 맛과 향을 느끼기에 유리하다. 연하게 마시고 싶다면 우리는 시간을 짧게 잡으면 된다. 어떤 방식으로든 더이상 우려지지 않을 때까지 우려 마시면 된다. 고수차는 대지차에 비해 내포성이 좋아 짧게 우린다면 10회 이상 우릴 수 있다.

김남훈

이 책에 수록된 사진 중 일부는 원저작권자를 확보하기 위한 노력에도 불구하고 권리자의 허가를 확보하지 못한 상태로 출간되었습니다. 저작권자가 확인될 시 창비는 원저작권자와 최선을 다해 협의하겠습니다.

All reasonable measures have been taken to secure Korean translation copyright of the photos in this book, but some of them couldn't be legally secured. If the copyright holders appear, Changbi will take responsibility for the use of the photos and discuss the best way of copyright use.

시와 술과 차가 있는
중국 인문 기행 4

초판 1쇄 발행 / 2023년 12월 8일

지은이 / 송재소
펴낸이 / 염종선
책임편집 / 정편집실 · 박주용
조판 / 박아경
펴낸곳 / (주)창비
등록 / 1986년 8월 5일 제85호
주소 / 10881 경기도 파주시 회동길 184
전화 / 031-955-3333
팩시밀리 / 영업 031-955-3399 편집 031-955-3400
홈페이지 / www.changbi.com
전자우편 / human@changbi.com

ⓒ 송재소 2023
ISBN 978-89-364-8009-7 03910